Schriften

des

Vereins für Sozialpolitik.

Untersuchungen über Konsumvereine.

Herausgegeben von

H. Thiel und R. Wilbrandt.

151. Band.

Monographien aus dem Konsumvereinswesen.

Erster Teil.

Eduard Pfeiffer und die deutsche Konsum-genossenschaftsbewegung.

Verlag von Duncker & Humblot.
München und Leipzig 1915.

Eduard Pfeiffer

und die deutsche Konsum-genossenschaftsbewegung.

Von

Karl Bittel.

Verlag von Duncker & Humblot.
München und Leipzig 1915.

Meinem treuen und tapferen Kameraden

Mia Weißenborn.

Vorwort der Herausgeber.

Durch den Krieg unterbrochen, wird die Herausgabe der Konsumvereinsuntersuchungen zunächst nur in beschränktem Maße fortgesetzt.

Mit vorliegender Schrift wird die zweite Reihe der Untersuchungen („Monographien aus dem Konsumvereinswesen"), die in Band 151 vereinigt wird, eröffnet. Es handelt sich, wie der im Vorwort zu Band 150 I mitgeteilte Arbeitsplan gezeigt hat, um zweierlei Arten von Monographien:

1. solche allgemeineren Charakters, gewissen schwierigen Problemen sowie der Geschichte der Bewegung und ihrer Literatur gewidmet, und
2. Monographien über einzelne hervorragende Vereinigungen.

Die vorliegende Schrift, von Herrn Professor Fuchs als Mitglied des Unterausschusses für Konsumvereinsuntersuchungen dem Ausschuß angemeldet, gehört der erstgenannten Gruppe von Monographien an. Sie behandelt ein so gut wie völlig unbekannt gebliebenes Gebiet der Konsumvereinsgeschichte und zugleich der Literaturgeschichte der Bewegung; die Wurzeln der so ganz besonders gearteten, alle Schichten der Bevölkerung umfassenden süddeutschen Bewegung werden hier aufgedeckt. Eine längst verschüttete Literatur, wohl die erste durchdachte Theorie der Konsumgenossenschaft in Deutschland, wird ausgegraben. Eine Persönlichkeit, die sich praktisch wie theoretisch, als Organisator und Redner wie als Schriftsteller erfolgreich, der Sache gewidmet hat, wird unverdienter Vergessenheit entzogen. Wie Dr. Hans Müller für die englische Bewegung den vergessenen Dr. King ans Licht zog, so daß er nun neben Robert Owen als Urheber der Bewegung gewürdigt wird, so ist hier Eduard Pfeiffer zu seinem Recht gekommen. Und in seinen Bahnen schreitet die Bewegung vorwärts, wenn sie alle Klassen der Gesellschaft als Konsumenten heranzieht und vereinigt, mehr und mehr ihres Doppelcharakters bewußt: daß sie um so umfassender zur Befreiung der Arbeiterklasse beitragen kann, je weniger sie selber auf eine Klassenbewegung beschränkt wird.

H. Thiel. R. Wilbrandt.

Vorbemerkung.

Bis vor wenigen Jahren noch war die wissenschaftliche Behandlung des deutschen Genossenschaftswesens, im besonderen aber die des Konsumgenossenschaftswesens, eine recht stiefmütterliche. In einer gleichen Aschenbrödellage befindet sich heute noch die geschichtliche Erforschung der deutschen Konsumgenossenschaftsbewegung, wenn wir von der allgemein gehaltenen, schon 1893 erschienenen „Geschichte des deutschen Genossenschaftswesens der Neuzeit" von Hugo Zeidler, in der auch die Konsumgenossenschaftsgeschichte gestreift ist, absehen.

In dieser Arbeit, die einen Ausschnitt aus der deutschen Konsumgenossenschaftsgeschichte gibt, soll die erste große Blütezeit der modernen deutschen Konsumgenossenschaften in den 60er Jahren des vorigen Jahrhunderts betrachtet werden. Wir hoffen, damit ein Licht werfen zu können in eine fruchtbare Zeit, die bisher unbegreiflicherweise fast völlig im Dunkel gelegen ist. Eine große Konsumvereinszeit, mit Ereignissen, die selbst kaum von den Praktikern noch gekannt sind, welche auf die damals gelegten Grundlagen heute das stolze, volkswirtschaftlich so interessante, und national — wie wir soeben in dieser Kriegszeit erleben — so bedeutungsvolle Werk der deutschen Konsumgenossenschaftsorganisation aufbauen.

Eduard Pfeiffer, das zeigt diese Arbeit im besonderen, ist Kopf und Herz dieser ersten deutschen Konsumgenossenschaftsblütezeit gewesen; Begründer sowohl der Theorien, als auch Praktiker und Organisator einer anschließenden Bewegung. Es gilt in erster Linie denen, die heute am Ausbau des Kooperatismus wirken, den Mann, der als erster das Fundament des Ganzen gelegt hat, und sein überragendes Werk vor Augen zu stellen.

Und indem wir ein Bild jener Konsumvereinszeit und des in ihr lebenden Geistes hauptsächlich in dem Wirken ihres Führers Eduard Pfeiffer widerzuspiegeln suchen, sind wir uns bewußt, in eine gewisse Einseitigkeit zu verfallen, die jedoch durch die beabsichtigten, vorangehenden Teile unserer Konsumgenossenschaftsgeschichte: „Hermann Schulze-Delitzsch" und „Viktor Aimé Huber" ausgeglichen werden wird. Wir bitten dieses beim Lesen des Ausschnittes „Eduard Pfeiffer", auf den wir uns hier beschränken mußten, zu berücksichtigen.

Es ist versucht, in anschaulicher Weise konsumgenossenschaftliche Dokumente möglichst reichlich im Wortlaut zu übermitteln, um damit einmal den Reiz der Unmittelbarkeit und persönlichen Lebendigkeit geschichtlicher Ereignisse zu wahren, und zum anderen, um dadurch den verehrten Altmeister der modernen deutschen Konsumgenossenschaftsbewegung selbst in seiner ausgezeichneten Art sprechen und wirken zu lassen.

Für die Unterstützung während der Ausführung dieser Arbeit spreche ich Herrn Prof. Dr. C. J. Fuchs in Tübingen auch an dieser Stelle meinen herzlichsten Dank aus; ebenso Herrn Direktor J. Bodden vom Eßlinger Konsumverein für seine wertvollen Anregungen.

Eßlingen, Heimstätten,
Februar 1915.

Der Verfasser.

Bemerkung: Bei Zitaten in dieser Arbeit wird in der Regel nur der Verfasser genannt und die Seitenzahl angegeben. Die vollständigen Titel und Erscheinungsjahre sind in der Literaturangabe am Schlusse mitgeteilt. — Sperrdruck bei Zitaten aus älterer Literatur ist vom Verfasser veranlaßt, da dieses Mittel des übersichtlichen Hervorhebens von Pfeiffer zum Beispiel, der ja in der Hauptsache in Betracht kommt, nicht benutzt wurde.

Inhaltsangabe.

Seite

Vorbemerkung VII

Einleitung 1

Vorphase von Konsumvereinen (Liedke). Erste Phase von Konsumvereinen (Schulze-Delitzsch). Zweite Phase von Konsumvereinen (Eduard Pfeiffer).

A. Eduard Pfeiffer als Theoretiker.

1. Über Genossenschaftswesen (1863) 5

Die Lage der arbeitenden Klassen in den sechziger Jahren. Kritik der sozialen und wirtschaftlichen Zustände. Vorgeschlagene Mittel zur Verbesserung. Die Kommunisten und Sozialisten.

„Kooperatismus." Wesen und Wert der Kooperation. Anwendungsmöglichkeiten.

Das Genossenschaftswesen in England. In Frankreich. In Deutschland. Vergleiche der verschiedenen Genossenschaftsarten. Konsumvereine und Produktivgenossenschaften.

Zukünftige Wirkungen des Genossenschaftswesens. Die ökonomische Bedeutung der Kooperation. Soziale, wirtschaftliche, moralische und erzieherische Bedeutung der Genossenschaften.

Konsumvereine und Politik. Pfeiffer und Lassalle. Die Förderung der Genossenschaften durch Behörden und Regierung.

2. Pfeiffer als Begründer des Kooperatismus („Genossenschafts-Sozialismus") in Deutschland 31

Pfeiffer ist Sozialist! Pfeiffer, F. A. Lange und Lassalle. Kooperativer Sozialismus. Genossenschaftsbewegung und Kapitalismus. Sozialer Friede, nicht Klassenkampf. Ein genossenschaftliches Wirtschaftssystem. Der Konsumverein als erster Schritt und Grundlage für genossenschaftlichen Weiterbau.

Die Wirkung des Buches „Über Genossenschaftswesen". Die Überwindung der ersten Konsumvereinsphase in Deutschland. Eine Besprechung von Professor Schäffle. Pfeiffers Gegensatz zu Schulze-Delitzsch.

B. Eduard Pfeiffer als Praktiker, Agitator und Organisator.

1. Gründung (1864) und Leitung des Stuttgarter Konsumvereins 38

Seite

Ein Musterkonsumverein. Der Arbeiterbildungsverein. Theorie und Praxis. Mit einem Markenverein anfangend. Beteiligung aller Klassen. Die Entwicklung des Stuttgarter Konsumvereins. Propaganda für Konsumvereine.

2. „Die Consumvereine", 1. Auflage (1865) 46

Vom deutschen Arbeiterverein beauftragt, eine Anleitung für die Gründung von Konsumvereinen zu schreiben. Ein neuer Konsumvereinstyp für Deutschland. „Pfeiffersche Konsumvereine." Die Wirkung des Handbüchleins. 1867 ins Französische übersetzt.

3. „Die Consumvereine", 2. Auflage (1869) 65

Stark vermehrte und verbesserte Auflage. Angriffe auf Pfeiffer. Das eigene Ladengeschäft. Der unökonomische private Erwerbshandel. Die Konsumvereine als wirtschaftlicher Fortschritt und wirtschaftliche Macht. Erziehung der Käufer. Reformaufgaben für Konsumvereine. Solidarhaft? („Die Arbeit".)

4. Der Verband Deutscher Consumvereine (1867 gegründet) . 77

Verbandsbestrebungen der Konsumvereine. Die Entwicklungsmöglichkeit der Konsumvereine im „Allgemeinen Verbande von Schulze-Delitzsch". Pfeiffer gründet einen speziellen Konsumvereinsverband. Stuttgart als Vorort. Organisation, Aufgaben und Einrichtungen des Verbandes. Pfeiffer gibt das erste „Organ" für Konsumvereine heraus.

Neue Angriffe auf Pfeiffer. L. Parisius ein hartnäckiger Gegner. Die ersten Verbandstage. Eine Monatsschrift „Der Consumverein". Das Großeinkaufsprojekt; seine Bekämpfung und seine Verwirklichung. „Einkaufsgenossenschaft Mannheim." Angriffe von Interessenten auf die Konsumvereine. Eine Berufsstatistik für 1868. Internationale Beziehungen. Höhepunkt der Pfeifferschen Konsumvereinsepoche. Der widerspenstige „Allgemeine Verband".

Verschärfte Angriffe auf Pfeiffer aus dem „Allgemeinen Verband". Unterminierung der Pfeifferschen Konsumvereinsarbeit. Unbefriedigte Entwicklung der Einkaufsgenossenschaft. Eintritt in den „Allgemeinen Verband"? — Im Interesse der Genossenschaftssache notwendig geworden. Die letzten Nummern des „Consumverein". Pfeiffer zieht sich von der Konsumvereinsbewegung zurück. Das Ende der Pfeifferschen Konsumvereinsepoche; am Widerstand des „Allgemeinen Verbandes" gescheitert.

C. Die weitere Entwicklung der Pfeifferschen Konsumvereinsschöpfungen 134

Umwandlung der Großeinkaufsgenossenschaft in eine „Wareneinkaufs-Aktiengesellschaft". Ihre Liquidation. Eine Auferstehung. Die Unzufriedenheit mit den „Blättern für Genossenschaftswesen". „Unterverband Süddeutscher Konsumvereine". Die deutsche Konsumvereinsbewegung auf einem toten Punkt. Eine Ehrung Pfeiffers.

Seite

Schluß 144

Pfeiffers Wirken in Vergessenheit geraten. Falsche Kritik an Pfeiffer. Die Notwendigkeit, daß Pfeiffer die Konsumvereinsbewegung verließ. Pfeiffers Treue zur Genossenschaftssache. Eine Auferstehung der Pfeifferschen Konsumvereinsschöpfungen.

Eine neue Arbeitsperiode für Pfeiffer. Der Verein für das Wohl der arbeitenden Klassen. Billige Wohnungen. Persönliches aus Pfeiffers Leben. Schluß.

Quellennachweis und Literatur 167

Einleitung.

Theoretische Vorbereiter und praktische Vorläufer von Konsumvereinsgebilden können wir in Deutschland bis in die Mitte des vorigen Jahrhunderts, d. h. bis zum Beginn des Industrialismus, zurückverfolgen[1].

Vom Jahre 1845 ab rechnen wir eine Vorphase der Konsumvereine, verkörpert in den Produktenverteilgesellschaften und Wohlfahrtsvereinen, sowie Spar- und Lebensmittelvereinigungen, wie sie Liedke in Berlin erstmals begründete[2].

Neben diesen bildeten sich seit 1852 eigentliche Konsumvereine, deren Zweck die dauernde Verbilligung der Lebensmittelhaltung durch wohlfeileren gemeinsamen organisierten Einkauf ist, unter Zuhilfenahme des Selbsthilfeprinzips (selbst aufgebrachtes Kapital und Selbstverwaltung). Diese Verbilligungsvereine sind als Konsumvereine erster Phase zu betrachten. Ihnen stand Schulze-Delitzsch hauptsächlich nahe. Vor allem beabsichtigen diese Vereine einen möglichst billigen Verkauf ihrer Ware; im Vordergrund steht der Augenblicksnutzen.

Seit 1863 finden wir in Deutschland eine neue Art von Konsumvereinen, die wir als Konsumvereine zweiter Phase bezeichnen. Sie unterscheiden sich von denen der ersten Entwicklungsstufe sowohl in ihrer Organisation, vor allem aber in ihrer Zweckbestimmung und Zielsetzung.

Die Eigenart dieser neuen Konsumvereinsart und ihre weitgehenderen Aufgaben wollen wir im folgenden betrachten und ihre Schöp-

[1] Näheres in dem ersten Teil meiner umfassenderen geschichtlichen Arbeit: „Aus der Geschichte der deutschen Konsumgenossenschaften" in der „Konsumgenossenschaftlichen Rundschau" 1915, S. 98 ff.

[2] „Konsumgenossenschaftliche Rundschau" 1915, S. 259.

fung zu ergründen suchen. Die vorhandene Literatur weist gerade für diese Jahre eine besondere Lücke auf. Im allgemeinen finden wir bei Gelegenheit diesbezüglicher geschichtlicher Betrachtungen mit ein paar Worten über jene 60er Jahre hinweggegangen, und es scheint fast, als ob Einzelheiten aus dieser Zeit unbekannt sein und bleiben müßten. So sagen z. B. Hans Crüger[3]: „In den 60er Jahren begann auch die Konsumvereinsbewegung;" H. Zeidler[4]: „Dem Arbeitertum angehörige Genossenschaften sind in namhafter Zahl erst in den 60er Jahren entstanden;" W. Wygodzinski[5]: „Erst zu Beginn der 60er Jahre setzte eine lebhaftere Tätigkeit ein." Nur ganz selten hören wir ein paar nähere Andeutungen, die eine Aufklärung über die Triebkräfte und die Art jener „beginnenden Genossenschaftsbewegung" zu geben versuchen. — —

Im genannten Jahre 1863, von dem an wir die Konsumvereine zweiter Phase rechneten, erschien ein Buch „Über Genossenschaftswesen". Der Verfasser Eduard Pfeiffer hat in diesem Werk[6] als erster[7] den Versuch unternommen, eine zusammenfassende Abhandlung über das Genossenschaftswesen in den gesamten Kulturländern zu veröffentlichen und stellt darin ein vollständiges System des „Kooperatismus" auf. Das Buch trägt den Untertitel:

---

[3] Hans Crüger, Aus Vergangenheit und Gegenwart der deutschen Genossenschaften, Berlin 1899, S. 13.

[4] Hugo Zeidler, Geschichte des deutschen Genossenschaftswesens der Neuzeit, Leipzig 1893, S. 10.

[5] W. Wygodzinski, Das Genossenschaftswesen in Deutschland, Leipzig 1911, S. 204.

[6] Erschienen bei Georg Wigand, Leipzig 1863.

[7] Damit soll die Bedeutung zeitgenössischer Theoretiker des Genossenschaftswesens, vor allem die von Schulze-Delitzsch und V. A. Huber nicht verkleinert werden. Wie wir an späterer Stelle noch auszuführen haben, ist das genossenschaftliche System von Huber, wenn man von einem solchen überhaupt sprechen darf, eine oft unklare und utopische, keineswegs so planvoll-praktisch ausgedachte Theorie wie die von Pfeiffer, der im übrigen die Huberschen Ausführungen kannte und sicherlich von ihnen befruchtet ist. Vielleicht sogar ist Pfeiffer durch Hubersche Schriften erstmals auf die englischen Konsumvereine aufmerksam gemacht worden. Was Schulze-Delitzsch anbetrifft, so bleibt ihm der alte unsterbliche Ruhm, der „Vater" der deutschen Genossenschaften im allgemeinen zu sein; nicht aber der hier vor allem in Betracht kommenden Konsumvereine. Pfeiffer übertrifft Schulze besonders dadurch, daß er den fundamentalen Wesensunterschied zwischen Konsumvereinen und den eigentlichen Schulzeschen Genossenschaften entdeckt, und daß er in ihnen zwei entgegengesetzte Bestrebungen erkennt und daraus die Konsequenzen der Nichtzusammengehörigkeit zieht.

Was ist der Arbeiterstand in der heutigen Gesellschaft? Und was kann er werden? Damit ist die Aufgabe angezeigt, die sich der Verfasser gestellt hat, nämlich: Der Arbeiterklasse ein Mittel zu bieten und einen Weg zu weisen zur Besserung ihrer augenblicklichen Lage.

Es ist ein eigenartiges Werk, dieses Pfeiffersche Buch. Und es hatte ein sonderbares Schicksal. Obwohl vor nun mehr als 50 Jahren veröffentlicht und von ausgesprochener Bedeutung für seine Zeit, wie für alle Zeiten, wird es heute kaum noch dem Namen nach gekannt oder zitiert[8], viel weniger seiner hervorragenden Bedeutung gemäß gewürdigt. Nicht einmal von den praktischen und theoretischen Genossenschaftern unserer Zeit ist es, soweit ich feststellen konnte (und so seltsam das klingen mag) gekannt oder verwertet. Sicher wurde es von dem Genossenschaftsgeschichtschreiber nirgendwo bisher als wichtiges Ereignis in der Konsumgenossenschaftsgeschichte verzeichnet. Uns will scheinen, als würde seine Zeit, in der man es versteht, würdigt und schätzt, erst noch kommen. Vielleicht können wir mit folgenden Ausführungen dazu den Anlaß geben.

Überhaupt ist der Persönlichkeit Eduard Pfeiffers und seiner einstigen erfolgreichen genossenschaftlichen, theoretischen, wie praktischen Betätigung erst noch der würdige Platz in der Geschichte der deutschen Konsumgenossenschaften zuzuweisen.

Mit dem genannten Buche legt Pfeiffer im Jahre 1863 die theoretische Grundlage zu der modernen Konsumgenossenschaftsbewegung und wird zum Begründer der neuen, zweiten Phase von Konsumvereinen. Oder bezeichnen wir ihn, unserem Nachweise vorgreifend, als den Schöpfer des sogenannten „Genossenschafts-Sozialismus“ (mit Pfeiffers Ausdruck, der empfehlenswerter ist: Kooperatismus), d. h., jener Genossenschaftsströmung, welche, die Konsumvereine in den Mittelpunkt stellend, sie aus ihrer Anfangsstufe als Verbilligungsgenossenschaften hebt und sie zur Grundlage eines ausgedehnten Genossenschaftsorganismus macht, der eine wirtschaftlich und sozial, wie Pfeiffer

[8] Verfasser hat es noch in keiner zeitgenössischen Literaturangabe verzeichnet gefunden. Sehr oft hat Otto Gierke in § 70 seiner „Rechtsgeschichte der deutschen Genossenschaften“, Berlin 1868, auf Pfeiffers Buch Bezug genommen.

einmal sagt, transformierte und reformierte Gesellschaft schaffen will.

Für das gesamte deutsche Genossenschaftswesen würden wir nach den einzelnen Persönlichkeiten etwa folgende Gruppierung machen:

Arbeiter-Produktivgenossenschaften. (Lassalle);

Konsumentengenossenschaften. (Pfeiffer); aus diesen Konsumvereinen heraus entwickeln sich und gliedern sich ihnen an: die „Konsumenten-Produktivgenossenschaften“;

landwirtschaftliche gewerbliche Produzentengenossenschaften. (Raiffeisen);

städtische gewerbliche Produzentengenossenschaften. (Schulze-Delitzsch);

Siedelungsgenossenschaften. (V. A. Huber).

A. Eduard Pfeiffer als Theoretiker.

1. Über Genossenschaftswesen (1863).

Im folgenden soll, indem über den Inhalt des genannten Buches zunächst berichtet wird, ein erster Einblick in die Ideen, Theorien und das System Eduard Pfeiffers gegeben werden. Ausgehend von der ihm gegenwärtigen Lage der arbeitenden Klassen in Deutschland zu Beginn der 60 er Jahre des vorigen Jahrhunderts, in einer mit großem sozialen Verständnis und feiner sozialer Empfindsamkeit vorgetragenen Schilderung und einer scharfen Kritik der gesellschaftlichen Zustände — besonders geschärft durch persönliche Anschauung der noch krasseren Zustände in England — erhebt Pfeiffer die Forderung einer dringend notwendigen Reform der sozialen Verhältnisse.

Wie jede ältere Zeit ihre Makel gehabt, die eine spätere Zeit aber erst entdeckte, so entspreche auch der soziale Zustand in Deutschland keineswegs den billigsten Anforderungen an Vernunft und Gerechtigkeit und es gelte, sich von eingewurzelten Anschauungen und Vorurteilen loszumachen, um dies zu erkennen. „Fort mit dem Gedanken, daß etwas gut sei, weil es seit Jahrhunderten uns so überliefert! Fort mit jener Logik, die da sagt: alles was ist, ist zweckmäßig! Fort mit der Ängstlichkeit, die es nicht wagt, das Bestehende anzugreifen! — Der Mensch ist ein kulturfähiges Wesen und darum soll er seinen Geist anstrengen, überall das Rechte und Beste zu suchen, und glaubt er einen Mangel entdeckt zu haben an unseren Einrichtungen, so soll er nicht ruhen und rasten bis er verbessert hat, was ihm schlecht scheint... Nur indem er stets vorwärts strebt, weiter zu arbeiten sucht an dem großen Bau der Kultur, verdient der Mensch seinen Namen." (S. 2.)

Das „ganz neue nichtgeahnte industrielle Leben unseres Jahrhunderts" hat neue Verhältnisse geschaffen, vor allem im sozialen Leben. Die Lage der arbeitenden Klassen im besonderen zeigt solche Ungerechtigkeiten, die es zu erkennen und auszusprechen gilt und Wege zur Abhilfe zu suchen. Ist nur einmal das Wahre gefunden, dann werden auch bald die Taten folgen, und es wird dann in nicht gar zu fernen Jahren die Zeit kommen, „wo die soziale Gliederung eine andere sein wird, wie heute — wo keine so schroffe Kluft mehr Kapitalist und Arbeiter trennt“. (S. 5.)

Diese Hoffnung Pfeiffers ist sein Evangelium! Die Versöhnung zweier Gesellschaftsklassen, welche die hereinbrechende Zeit des Industrialismus gespalten hatte, herbeizuführen, „Herren und Knechte“ zusammenzuführen, verwachsen als nützliche Glieder eines Volkes, das wurde die Arbeit seines Lebens. Zur Erreichung dieses Zieles sind die ersten Kapitel seines Buches eine Vorbereitung. Sie dienen der Aufklärung und der Erkenntnis.

Pfeiffers Gedankengänge dort, zusammengefaßt, sind kurz folgende: Versucht man, sich auf den Standpunkt eines unbefangenen und logisch denkenden Menschen zu stellen, so muß man zugeben, daß der jetzige Zustand der arbeitenden Klassen und ihr Verhältnis zu den sogenannten besitzenden Klassen eine schreiende Anklage gegen die Einrichtungen unseres Jahrhunderts ist. Die fundamentalen Mißstände unserer sozialen Einrichtungen treten immer schärfer hervor, je mehr die wirtschaftliche Entwicklung vor sich geht. Geschichtliche Bilder, Betrachtungen der frühesten Zeit, des Mittelalters und der Neuzeit (mit der Herrschaft der Maschine!) und schließlich ein Blick auf die Londoner Welt-Industrieausstellung von 1862[9] zeigen leicht erkennbar den Weg des Werdens und der Entwicklung, und täglich beweist neues Fortschreiten, daß dies erst der Anfang einer neuen, kommenden Zeit ist. Diese großartigen Fabriken und genialen Einrichtungen, dieses „rosige Bild des riesigen Wachstums unserer Industrie und unseres Handels, hat leider eine schwarze Kehrseite: es ist dies der Zustand, in dem sich die arbeitenden Klassen befinden“. (S. 16.) Ihr Zustand ist, relativ genommen, unerträglich geworden, obwohl unsere Arbeiter heute in bezug auf Kleidung und Kost besser

[9] Pfeiffer hatte diese Londoner Ausstellung persönlich besucht. Auf diese Ausstellung wurden damals auch auf Kosten des Nationalvereins 12 deutsche Arbeiter, unter Führung von Max Wirth, geschickt („Arbeiterexpedition“). Sie lernten dort, wie H. Oncken einmal sagte, „das Selbstbewußtsein und die wirtschaftlichen Organisationen des englischen Arbeiterstandes kennen; die Leistungen der berühmten Weber-Assoziation, der Pioniere von Rochdale blieben ihnen nicht fremd: sie kehrten zurück mit einem lebhaften, wenn auch unklaren Drang, ihre Geschicke selbst in die Hand zu nehmen.“

daran sind, als früher. „Konnte das Verhältnis zwischen Meister und Gesellen und Lehrlingen hart erscheinen, so ist das zwischen Fabrikherrn und Arbeitern empörend, fast unmenschlich." (S. 17.)

Durch ein „getreues Bild" des jetzigen Zustandes legt Pfeiffer die Übelstände im einzelnen dar, um danach zu versuchen, Mittel zur Abhilfe anzugeben.

Welch harte Gegensätze! Der einzelne kann sich bei der Erfordernis so großer Kapitalien, wie Fabriken sie benötigen, nur immer schwieriger selbständig machen. Der Weg vom Arbeiter zum Fabrikherrn ist ein fast unmöglicher geworden. Die Lebensweise wird immer unterschiedlicher: Der Geselle und der Lehrling lebten früher im Hause des Meisters und gehörten im gewissen Sinne zur Familie. Heute jedoch, zwischen Fabrikherrn und Arbeiter, eine ungeheure Kluft. Herr und Arbeiter kommen nicht mehr miteinander in Berührung, kaum noch bei der Arbeit. Wir sehen den Herrn und Besitzer von Luxus und Überfluß umgeben — und auf der anderen Seite, den fleißigen Arbeiter, in Mangel und Dürftigkeit sein Leben in ungesunden, schlechten Baracken verbringend. Wie gering Einkommen und Lebensweise schon bei einem (noch) selbständigen Handwerker sind, zeigt Pfeiffer in anschaulichem Bilde. Wie aber entrollt sich dem sehenden Auge erst das Bild der Lebensweise eines Taglöhners und Fabrikarbeiters. Wo bleibt da die Gerechtigkeit? Wo die so vielgerühmte Humanität unseres Zeitalters? — Nur die dürftigste Existenz kann der Lohnarbeiter sich verschaffen — mit der härtesten Arbeit eines ganzen Lebens kann er nicht, kann kaum einer von tausend, so viel erübrigen, um im Alter vor den herbsten Entbehrungen und vor Not geschützt zu sein. Und: je größer die Not, desto größer die Sterblichkeit. Ja, so führt die große Notlage oft zum Hungertode, zum langsamen Dahinsterben infolge Mangels kräftiger, gesunder Nahrung. In diesen mißlichen Zeiten müssen die Proletarier dann an die öffentliche Mildtätigkeit appellieren. Die Möglichkeit, etwas zu sparen, bleibt nur den Glücklichsten, den Allermäßigsten unter ihnen. „Wenn dann die greise Hand den Dienst zur Arbeit versagt, muß sie zum Bettelstabe greifen und sich nach dem Almosen ausstrecken." Ja, nicht einmal solange er arbeitskräftig ist, ist der Arbeiter gesichert. Irgendeine Krise, oder eine neue Maschine, kann ihn täglich brotlos machen, und solche Möglichkeiten nehmen stetig zu. Bei aller Entbehrung auch nicht einmal ein Gefühl der Sicherheit — immer die Angst, daß auch dieser dürftige Unterhalt plötzlich ein Ende hat. „Wo bleibt da die Gerechtigkeit?“ — „Eine wunderbare Einrichtung hat die Kanäle unserer Güterzirkulation so gestaltet, daß fast alle neu erzeugten Güter in die wenigen Reservoire laufen müssen, wo bereits die meisten Güter angesammelt sind. So wird der Reiche durch den ihm stets neu zufließenden Reichtum fast ebenso erdrückt, wie der Besitzlose durch seine Arbeit. — Der Proletarier, durch dessen Anstrengung diese ganze Güterbewegung [10] vor sich geht, sieht das demoralisierende Schauspiel einer unwürdigen Vergeudung durch wenige — während er selbst darbt und das Notwendigste entbehren muß.“ (S. 31.) „Eine Reform unserer Zustände wird immer dringender, und zwar im Interesse der Besitzenden selbst“ (S. 32), denn nur so allein können sie die soziale Revolution vermeiden! — Und: „So sicher Europa seine politische Umgestaltung im demokratischen Sinne vollenden wird, so gewiß muß auch eine gesellschaftliche Neugestaltung Platz greifen.“ (S. 32.) Die politische Reform bleibt teils unausführbar, teils leerer Wortschall, solange ihr eine soziale Umgestaltung nicht vorausgegangen ist.

Der Proletarier beginnt, seine Lage zu erkennen. „Er wird sie ändern!“ Nun kommt es nur darauf an, diese Bewegung zum allgemeinen Besten zu leiten. Pfeiffer wendet sich an die Reichen und Mächtigen und sagt: „Um Eurer selbst willen, im Interesse der Menschheit verschließet Euer Ohr nicht gegen die Stimmen, die es versuchen, den richtigen Weg anzugeben, stemmt Euch nicht gegen die ruhige Bewegung, damit sie nicht zum verheerenden Strome anschwelle, vielmehr begünstigt und fördert sie, soviel es in Euren Kräften steht, es muß Euch dies Euer eigenes enges und egoistisches Interesse so angeben, wenn es Euch nicht die Menschlichkeit gebietet!“ (S. 32.) Mit diesem Satze schließt Pfeiffer seine Kritik der gegenwärtigen Zustände.

Der Anblick und die Erkenntnis dieser Zustände verlangen dringend Abhilfe. „Dies sehen auch die meisten Menschen ein, und es fehlt nicht an Vorschlägen der verschiedensten Art, wovon wir die hauptsächlichsten kurz erwähnen wollen.“ (S. 34.) Eine gewisse Art Leute machen es sich mit ihren Ratschlägen bequem und sagen, der Arbeiter sei an seiner Lage selbst schuld; er müsse sparsam und

[10] Es sei darauf aufmerksam gemacht, daß der erste Band des „Kapital“ von Karl Marx erst vier Jahre (1867) nach Pfeiffers Buch erschien.

enthaltsam werden, so wird sich sein Zustand verbessern. Nun ist es „eine sonderbare Mahnung, jemand solle mäßig und sparsam sein, der ohnehin nicht imstande ist, sich auch nur das Allernotwendigste zum Leben zu verschaffen" (S. 34); und dies ist — eben darin besteht das Empörende — bei unseren Arbeitern häufig der Fall. Kann man überhaupt dem Arbeiter mit gutem Gewissen raten, immer nur das Notwendigste auszugeben? Kann er dadurch seinen Zustand auf bleibende Weise verbessern? „Wem kämen die Ersparnisse schließlich wirklich zugute? Bei eintretendem Arbeitsmangel fänden sich dann Leute, die die Arbeit täten, selbst für weniger, als zur notdürftigsten Erhaltung erforderlich ist, das Fehlende würden sie dann aus ihrem kleinen Sparkapital ergänzen, bis auch dieses aufgezehrt wäre, ohne daß der Arbeiter, trotz vollkommenster Enthaltsamkeit und größter Sparsamkeit irgendwelchen Genuß davon gehabt oder seine Lage irgendwie verbessert hätte; der Kapitalist aber hätte den Vorteil, eine Zeitlang Arbeiter beschäftigt zu haben, für einen Lohn, der selbst unter dem Existenzminimum stand." (S. 35.) Es ist ja klar, daß Sparsamkeit gut und anzuraten ist — — aber es ist keine Möglichkeit, dadurch allein die Lage der Arbeiter im großen Ganzen und dauernd zu verbessern.

Auch die Annahme, daß eine vervollständigte Anwendung des Systems der freien Konkurrenz (Gewerbefreiheit, Freihandel usw.) eine Änderung der sozialen Mißstände bewirken würde, ist nicht stichhaltig, wie uns dies ein Blick auf England und besonders auch Frankreich zeigt.

Eine andere Klasse von Verbesserern gehört der sogenannten „école humanitaire" an und besteht aus Philanthropen; sie machen Vorschläge edler Art und appellieren an die allgemeine Menschlichkeit. Gute Schulen, Spar-, Kranken-, Sterbekassen usw. Das alles sind lobenswerte Bestrebungen, aber es fehlt der gesunde Grundgedanke. Man will einen Schaden zustopfen, der sich stets von neuem wieder erzeugt. Man bekämpft wohl die Folgen unserer mißlichen Zustände, wagt sich aber nicht an den Kern und Grund der Sache. Eine wirkliche Abhilfe wird erst dann möglich sein, wenn die Ursache der bestehenden Übel weggeräumt ist.

Auch jener Vorschlag zur Regulierung der Löhne oder doch zur Festsetzung eines Lohnminimums ist unausführbar, denn ein für normalen Zustand bestimmter Lohntarif wird bei der nächsten Krise wieder fallen. Eine ebenso geringe Wirkung haben die Streiks, weil in der Regel die Fabrikanten am längsten werden durchhalten können.

„Alle diese angeführten Mittel, die zum besten der arbeitenden Klasse vorgeschlagen oder versucht wurden" (S. 40), können keine endgültige Besserung bringen, weil sie entweder den Keim des Übels nicht beseitigen, oder weil sie andererseits künstliche Zustände schaffen wollen, die zu den gegebenen Grundlagen unseres Lebens nicht passen. Hier gibt es „nur eine einzige Weise", sagt Pfeiffer, das ist die Selbsthilfe der von den Mißständen Betroffenen. „Von oben herab läßt sich hier nichts kurieren — wer bauen will, muß von unten anfangen. — Die Intelligenz kann hierbei nur den Weg ebnen und auf die richtige Bahn lenken. Einen Baum kann man veredeln, aber nur wenn er fest auf den eigenen Wurzeln steht." (S. 41.) — Die Proletarier können von den Gebildeten geleitet werden durch deren Wissen und Erkenntnis — ihren sozialen Zustand dauernd und wahrhaft bessern können sie nur, indem sie sich selbst helfen! Diese Aufgabe ist schwierig, aber nicht unmöglich. Ihnen entgegen steht die Übermacht des Kapitals und die — oft beeinflußten — Vorschriften der Gesetzgebung, „aber sie haben für sich ihre Zahl! Um diese zur Geltung zu bringen, gibt es nur das eine Mittel: ‚Cooperation', gemeinschaftliches Zusammenwirken (Genossenschaft). Während der einzelne nichts vermag, nicht einmal Widerstand zu leisten fähig ist, sind sie vereinigt die größte Macht, unwiderstehlich." (S. 41.) Das Problem hierbei ist nun das der richtigen Anwendung des vereinigten Zusammenwirkens. Nicht blindes Umstoßen von allem, was nicht gefällt. Die physische Übermacht zu Gewaltsamkeiten und Revolution nicht mißbrauchen. Jeder gewaltsamen Revolution folgt nur eine um so stärkere Reaktion. Die zerstreuten Kräfte sollen sich vielmehr friedlich vereinigen zum heilsamen, aufbauenden Wirken, und unwiderstehlich werden sie damit eine Reform anbahnen.

Neue Wege schlugen weiter dann die Sozialisten und Kommunisten vor. Da über diese Lehren noch so unklare Anschauungen verbreitet seien, besonders aber, weil die Ideen, welche Pfeiffer vertritt, gewisse verwandtschaftliche Beziehungen zu jenen Theorien haben, im Grunde jedoch völlig von ihnen verschieden sind, geht Pfeiffer ausführlicher und gesondert auf diese Systeme ein und setzt sich, um Verwechslungen und falscher Beurteilung vorzubeugen, mit ihnen auseinander:

Schon Plato predigt für seine Republik vollständigen Kommunismus, nach ihm Thomas Morus in seiner Utopia. Ebenso, etwa ein Jahrhundert später, der italienische Mönch Campanella und noch viele andere. „Alle diese Männer,“ sagt Pfeiffer, „sind von den Ungerechtigkeiten, die sie umgeben, verletzt; sie erkennen so viel Schlechtes in den staatlichen und gesellschaftlichen Einrichtungen ihrer Zeit, sehen aber keine Möglichkeit zur Abhilfe.“ Sie flüchten sich somit auf das Gebiet der Phantasie und erdichten Zustände, die ihnen behagen — sie lassen sich von ihren eigenen Neigungen und Liebhabereien fortreißen. Meist denken sie selbst nicht daran, ihre Träume für wirklich ausführbar zu halten; — sie wollen oft nur eine Kritik üben, indem sie den tatsächlich vorhandenen Übelständen eine ideale Welt gegenüberstellen. Dies tun sie ohne Rücksicht auf die Menschen mit ihren Fehlern. Sie erschaffen sich besondere Geschöpfe dazu, wie sie ihnen passen. So fehlt ihrem oft kühnen Gedankenbau die grundlegende Basis.

Erst mit der französischen Revolution, die zeigte, daß eine radikale Umgestaltung der Gesellschaft nicht unmöglich sei, treten die Utopisten in die Wirklichkeit. Jetzt handelte es sich nicht mehr darum, „durch Aufstellen eines Ideals die Schattenseiten des Bestehenden zu zeigen“. Der nächste Gedanke war nun immer der, das Bestehende, was am meisten störte, zu stürzen, unbekümmert um die Mängel des nun folgenden. Pfeiffer schildert den Plan und Versuch eines Babeuf in seiner nationalen Gemeinschaft, und sagt, es ist mehr eine Ausgeburt der Revolution, als ein wirklich durchdachtes System.

Nach der französischen Revolution traten andere friedlichere und ruhigere Systeme auf den Plan. Nicht Gewalt, sondern Beispiel und Überzeugung sollten wirken. In England machte Robert Owen im kleinen einen höchst gelungenen Versuch mit einem eigenen System. Aber sein Versuch im großen mit einer Kolonie in Amerika mißglückte schon. Er hatte nicht mit den Menschen gerechnet, wie sie in Wirklichkeit sind. Auch eine von seinen Schülern unternommene Gründung, sowie viele andere Nachahmungen seines Systems mißlangen ebenso. — Pfeiffer sagt zu diesem Owenschen Kommunismus: Nur oberflächlich betrachtet zeigen sich schon die gröbsten Mängel. Denn: Eine absolute Gleichheit auf den von der Natur geschaffenen Ungleichheiten zu errichten birgt größere Ungerechtigkeiten in sich, als das soziale System, in dem wir heute leben. Unter der wohlwollenden, edlen Leitung Owens, der allen an Geist und Bildung überlegen war, konnte bei dem kleinen Anfangsversuch in New-Lanark und der nur teilweisen Verwirklichung der Ideen dies patriarchalische und milde System eine wohltuende Wirkung üben, allein die Annahme, daß es für die ganze Menschheit möglich oder gar förderlich sein könne, war ein Irrtum der gröbsten Art. „So schön und gut auch Owens leitender Gedanke sein mag, so heißt es doch das Höchste und Edelste im Menschen ganz verkennen, den *Individualismus* so vollständig unterdrücken zu wollen; das heißt geradezu den Fortschritten der Menschheit plötzlich Stillstand gebieten, und indem alles und jeder auf das gleiche Niveau gebracht werden soll, das Hohe und Erhabene aus der Gesellschaft verbannen!"

In *Frankreich* war fast zur gleichen Zeit St. *Simon* auf ähnliche Gedanken gekommen. — Und *Fourier* und *Louis Blanc* stellten kommunistische und sozialistische Systeme auf.

Zusammenfassend kommt Pfeiffer über sie zu dem „Ergebnis, daß diese kommunistischen und sozialistischen Systeme — vulgär gesagt — *das Kind mit dem Bade ausschütten*. Um den Leiden einzelner Klassen abzuhelfen, würden sie die ganze Menschheit ins Elend stürzen". (S. 67.) Um *einzelne* von der Unterdrückung zu befreien, tyrannisieren sie die Gesamtheit. „Ihr Staat, der alle Wirtschaftsfunktionen zu führen hat, ist mit nur mäßiger Freiheit gar nicht zu denken." (S. 67.) Der Egoismus, der jetzt indirekt das Wohl des Ganzen fördert, würde dort das umgekehrte Resultat hervorrufen: einen Wetteifer, bei der *geringsten Leistung am meisten zu genießen*. Der Reichtum liegt aber allein in der *Arbeit*; dem Aufhören oder Abnehmen derselben folgt bald eine entsprechende Abnahme des allgemeinen Wohlstandes. „So versuchen die Kommunisten vergebens, *eine absolute Gleichheit* herzustellen. Denn sie ist nach der Natur des Menschen *nicht möglich*, da er mit verschiedenen Anlagen, Kräften und Neigungen geboren wird." (S. 67.) Ein Wohlstand ohne Arbeit ist nicht denkbar. „Der mächtigste Sporn zur Arbeit bleibt aber das Privateigentum." (S. 68.)

Trotz aller Mängel darf man nun doch den *Wert* der sozialistischen und kommunistischen Bestrebungen nicht verkennen. Diese gesellschaftlichen Reformatoren haben das große Verdienst, eine scharfe Kritik geübt und dadurch erst die *Erkenntnis für viele Mißstände* geweckt zu haben. Auch haben sie übereinstimmend die Vorteile, welche sich aus der „Assoziation“ und „Kooperation“ entwickeln, klargelegt, wenn sie auch in ihren Systemen dies meist nur in untergeordneten Punkten behandeln. — „Diesen einen großen, ausbildungsfähigen Gedanken ihres Systems ergreift nun die soziale Wissenschaft und baut darauf weiter.“ (S. 69.)

Über den Kooperatismus im besonderen handelt das folgende Kapitel. Ich zitiere Pfeiffer: „Wir wollen uns hüten, in denselben Fehler zu verfallen, den die Kommunisten und Sozialisten begehen und wollen kein fertiges System aufstellen, das bis in die kleinsten Details ausgearbeitet ist. Dies kann a priori nicht festgestellt werden, aber man kann das Prinzip und den Weg der Reform angeben, und soll sie dann lebensfähig sein, so muß sie sich dem Leben anschließen und auf diese Weise wird sie sich überall den Verhältnissen angemessen entwickeln, hier so, dort wieder anders.“

„Dies ist es auch, was wir gerade bei der Kooperation sehen, und deshalb kann man mit Sicherheit dem neuen System (das wir, im Gegensatz zu dem Kommunismus und Sozialismus, Kooperatismus nennen möchten) einen glücklichen Erfolg und schließlichen Sieg voraussagen, denn hier handelt es sich nicht darum, mit einem Schlage alles Bestehende umzuwerfen und ganz neue Verhältnisse zu schaffen, sondern das Bestehende soll nur ganz allmählich zum Besten der unglücklichsten Klassen umgeändert werden. Auch soll nicht von oben herab eine Reform oktroyiert werden, vielmehr soll sie die betreffende Klasse selbst, auf eigene Kraft gestützt, zur Ausführung bringen, und nur so wird ein besserer Zustand, wenn einmal erreicht, auch gegen jeden Umsturz stehen.“ (S. 69.)

Worin besteht das Wesen und Wirken der Kooperation? „Sie soll besonders die arbeitenden Klassen zu gemeinschaftlicher Tätigkeit zusammenführen.“ (S. 70.) Diejenigen, welche gleiche Interessen haben, sollen sich in Genossenschaften zusammenfinden und nach gemeinschaftlichem Plan vorwärtsgehen. Es gilt hier die Lehre von der Schwäche des einzelnen und der Macht der Vereinigung.

Das Prinzip der Assoziation ist fast so alt wie die Welt. Vereinigungen zu gemeinschaftlicher Kriegsführung, zur Sicherheit, zu gemeinschaftlicher Gottesverehrung, später die Ritter-, Mönchs- und Nonnenorden, das alles sind Beispiele freiwilliger Assoziationen. In der Neuzeit bilden sich hauptsächlich Assoziationen des Kapitals zu gemeinschaftlichen Unternehmungen mit großem Erfolge. Wir sehen die Resultate in den — aus solchen ersten freiwilligen Vereinigungen hervorgegangenen — Staaten, weiter an der großen Macht des Rittertums und der religiösen Orden. Die Eisenbahnen, Kanäle, große Bauten, sowie industrielle und kommerzielle Unternehmungen aller Art beweisen zur Genüge den Wert der Assoziation. Wir sehen geistige und sittliche Interessen sowie die Kapitalien in diesen Vereinigungen größte Resultate erzielen. Nur der Arbeit allein fehlt bisher eine solche Vereinigung. Dies soll die Kooperation nachholen, mit dem Endzweck, nicht nur eine geistige und materielle Hebung der Genossen zu bewirken, sondern hauptsächlich auch, um der Arbeit wieder zu ihrem Rechte zu verhelfen und sie von den Fesseln, in der das Kapital sie heute gefangen hält, zu befreien. Der arbeitende Mensch braucht Produktionswerkzeuge, Rohmaterialien, Lebensunterhalt bis zu dem Zeitpunkt, wo er den Erlös für seine Arbeit erhält, kurz gesagt: er braucht Kapital. Hat er es nicht selbst, so hängt er vollkommen von den Kapitalisten ab, die heute die ganze Industrie beherrschen und dem Arbeiter das „Arbeiten" und „Leben" erst ermöglichen. Es geht alles gut, so lange sie ihr Kapital zirkulieren lassen, halten sie es aber aus irgendwelchen persönlichen Gründen zurück, sofort tritt eine Stockung ein. Anders aber, wenn die Arbeit selbst nun zur Kooperation schreitet. Ihr gegenüber verliert das Kapital seine Macht; sie wird es nun in ihre Dienste nehmen. Der einzelne Arbeiter genießt nur wenig Vertrauen, vereint werden sie Kredit haben. Die Sparpfennige des einzelnen sind gering, die vieler zusammengelegt geben schon ein großes Vermögen; so schaffen sie sich eigenes Kapital. Mit dieser, durch Zusammenstehen geschaffenen Unabhängigkeit vom fremden Kapital haben die Arbeiter die Umgestaltung ihrer Verhältnisse in den Händen. Die Arbeiter werden dabei bestrebt sein, Ungerechtigkeiten, unter denen sie lange zu leiden hatten, zu vermeiden und eine gerechtere Verteilung des Nutzens — als dies bisher der Fall war — vornehmen. Sie, die Arbeitenden, werden sich von anderen Gesichtspunkten leiten lassen, als der Kapitalist, der nur um die Vermehrung seines Kapitals bemüht ist.

Die Kooperation ist in ihrer Entwicklung begriffen. Mit jedem Tag nimmt sie an Ausdehnung zu. Sie hat schon bedeutendere Erfolge erzielt, als die meisten wohl ahnen. Aber auch sie will gelernt sein. Es bedarf dazu Menschen mit für ersprießliche Gemeintätigkeit notwendigen Tugenden. Das Genossenschaftswesen braucht, ehe es sich voll entfalten kann, eine Entwicklung, eine Vorschule.

Wer mit den Arbeitern sympathisiert, wer ihnen ein besseres Los gönnt, wird ihnen hierbei hilfreich zur Seite stehen, und es werden sich ihnen alle diejenigen anschließen und ihre Bestrebungen fördern, welche jedes Unrecht und jede Unterdrückung empört, auch wenn sie selbst nicht davon betroffen werden; und endlich werden sie von allen denjenigen unterstützt werden, welche das wahre Menschliche in sich noch bewahrt, und die nicht vergessen haben, daß sie vor allem Mensch sind.

Pfeiffer zeigt nun in einer Reihe von Kapiteln, wie sich der Gedanke der Kooperation in den verschiedenen Ländern bereits entwickelt hat und je nach den Verhältnissen andere Gestaltung annahm. „Diese Untersuchung wird uns am besten zeigen, was, dank dieser neuen Richtung, schon erreicht und was noch zu erwarten oder zu erhoffen ist." (S. 73.) Großenteils auf Grund persönlicher Anschauung und Studiums in England und Frankreich unter Zuhilfenahme der Schriften von Victor Aimé Huber gibt Pfeiffer Bilder der Arbeiterassoziationen in **England**, und schildert zunächst den Rochdaler Konsumverein. Die kommunistischen Bestrebungen Robert Owens hatten vor allem die Lehre gegeben, daß das Prinzip der Assoziation gesund, und Großes damit zu erreichen sei. „Es sprachen dafür auch alle die Eisenbahnen und Kanäle, die großen Fabriken und Minen, die vielseitigen Dampfschiffverbindungen, die alle ihr Dasein der Assoziation verdanken. Wie, wenn sich die Arbeiter nun auch zusammentäten und ihre kleinen Ersparnisse zusammenbrächten, um selbst Handel und Industrie zu treiben?" (S. 74.) Betrachtet man den verwegenen Plan der Rochdaler Pioniere, ihre „fast tollen Gedanken": materielle Verbesserung und Hebung der sozialen und häuslichen Lage der Mitglieder, Gründung von Magazinen zum Verkaufen von Lebensmitteln, Spezereien und Kurzwaren; Wohnungsbau, eigene fabrikmäßige Produktion und Güterankauf, eine Siedelung schließlich, und dann viele sich selbst erhaltende inländische Kolonien.

„Meint man hier nicht ein kleines Kind vor sich zu sehen, das, den hölzernen Säbel in der Hand, von Welteroberungsplänen träumt? — Ganz wenige Arbeiter, die es nur mit vieler Mühe dahin bringen, wöchentlich ihre zwei Silbergroschen zu ersparen, um sie zu gemeinschaftlichen Zwecken zusammenzulegen, sprechen davon, eine soziale Umgestaltung ihres ganzen Landes herbeizuführen. Wie sollte es ihnen nur möglich sein, ihr erstes Objekt, die Gründung eines Magazins zu erreichen...; und sie maßten sich an, mit den prächtigen und reichen Magazinen der Stadt in Konkurrenz treten zu können." (S. 76.) Der Anfang am 25. Dezember 1844 in Rochdale war winzig klein, aber grundgesund: „Mit dem ersten Kapital sollte ein Geschäft, zunächst mit Spezereiwaren angefangen werden, dessen Nutzen aber nicht, wie bisher, den Gründern des Geschäfts, den Kapitalisten, zugute kommen sollte, sondern den Konsumenten selbst" (S. 76), je nach dem Verhältnis ihrer gemachten Einkäufe. Das Kapital sollte, außer einer 5 prozentigen Verzinsung, keinerlei Gewinn haben. „Dies ist der Hauptpunkt, in dem sich dieser Verein von den gewöhnlichen Aktiengesellschaften trennt. Es wird das Prinzip ausgesprochen, daß der Käufer es ist, welcher der Gesellschaft den Nutzen bringt, nicht der Kapitalist, und daß, je mehr einer in der Gesellschaft kaufe, desto mehr sei ihm von dem gemachten Nutzen zu verdanken, desto mehr habe er also auch davon zu beanspruchen." (S. 77.) Außerdem: „die Reihe der Teilnehmer in dieser Gesellschaft wird nie geschlossen — im Gegenteil ist jeder Neuhinzutretende stets willkommen." (S. 77.) Wichtigstes Grundprinzip ist: Barzahlung. Der Käufer erhält bei seinem Einkauf, dem Betrag entsprechend, Kupfermarken, wonach später die Verteilung des Nutzens geschieht. Eigentlicher Zweck dieser Vereine ist nicht das Erzielen eines hohen Gewinns, sondern vor allem: den Mitgliedern eine gesunde und unverfälschte Ware zu vermitteln.

Der anfängliche Fortschritt in Rochdale war nur sehr langsam, aber voran ging es, Schritt für Schritt. Das Bild, das Pfeiffer von dem Zustande gibt, der sich ihm bei seinem Besuche 1862 dorten darbietet, berechtigt ihn vollkommen zu dem Rufe: „**Hier handelt es sich nicht bloß um Prinzipien, sondern um Wirklichkeiten, um einen neuen Faktor, der ganz dazu angetan scheint, die sozialen Verhältnisse einer Nation umgestalten zu können.**" (S. 82.)

Und dasselbe Prinzip, Teilung des Nutzens unter die Konsumenten im Verhältnis ihrer Konsumtion, findet sich angewendet auf die angeschlossene Produktion. Pfeiffer urteilt zusammenfassend und die Bedeutung dieser Konsumvereinsanfänge erkennend: „Der Nutzen gilt hier eigentlich stets nur als Nebenzweck; als erste Bedingung aber wird Loyalität und strenge Rechtlichkeit im Handel hingestellt.

Trotz Lieferung von nur Qualitätsware wird doch noch ein ansehnlicher Gewinn erzielt, was sich durch die wohlfeile Verwaltung und das Sparen an verschiedenen Seiten erklärt. Die Läden sind, unter Verzicht auf jeden äußeren Prunk und Luxus, zweckmäßig und bequem errichtet. Kostspielige Fensterauslagen, Anzeigen und Reklamen, zu denen jetzt ein ganzes Kapital erforderlich ist, sind in diesen neuen Geschäften überflüssig, denn ein bedeutender und zuverlässiger Absatz ist ihnen für ihre Waren zugesichert, und dabei ist nicht ein launenhaftes Modepublikum zu versorgen, sondern sind die Bedürfnisse, denen entgegengekommen werden soll, ziemlich genau vorauszubestimmen." (S. 88.) Durch die Barzahlung wird Verlust an Kapital und Zinsen vermieden. „Der Nutzen, den die einzelnen Mitglieder am Schlusse jedes Vierteljahres erhalten, gibt ihnen eine Gelegenheit zum Sparen. Diese 5—10 Taler, die so der Arbeiter mit einem Male bekommt, wird er weit leichter zurücklegen," als hätte er den Nutzen groschenweise. „Da nun diese Vereine für alle Einlagen 5 % vergüten, und da ihre Sicherheit eine unbestrittene ist, so verrichten sie gleichzeitig den Dienst von Sparkassen," mit größeren Vorteilen und besserer Anregung zum Sparen als die gewöhnlichen Sparbanken. „Aber," fügt Pfeiffer hinzu: „mit dieser gebotenen Gelegenheit für die Arbeiter, *Kapitalisten zu werden*, ist nicht allein gedient, ebensowenig mit der durch diese Vereine bewirkten Erleichterung und Hebung der Bildung unter der arbeitenden Klasse. Das Grundübel unserer heutigen Zustände, die eigentliche soziale Stellung der Arbeiter wird dadurch nicht geändert, das Verhältnis des Kapitals zur Arbeit bleibt dasselbe." (S. 90.)

Einige Erleichterungen in diesem ungleichen Kampfe gewährt das kleine, angesammelte Kapital dem Arbeiter wohl, indem es ihn selbständiger macht, aber er ist noch lange nicht unabhängig. „Die alte Ungerechtigkeit dauert fort," daß der Lohn des Arbeiters den zur Bestreitung einfachster Lebensbedürfnisse notwendigen Betrag kaum übersteigt; daß der Kapitalist alles, er selbst aber nichts von dem durch seinen Fleiß geschaffenen Vermögen profitiert. Jetzt, solange diese Kooperation nur von einer verhältnismäßig kleinen Zahl praktiziert wird, genießen diese wenigen vollständig den daraus erwachsenden Vorteil. Die erzielten Ersparnisse können sie dazu verwenden, behaglicher zu leben, oder sich ein kleines Kapital zu sammeln. Sobald aber einmal — das erkennt Pfeiffer bereits — sämtliche Arbeiter solchen Konsumvereinen beigetreten sein werden, dann werden sie aufhören,

Vorteil daraus zu ziehen. „Es darf dann nur ein Arbeitsmangel eintreten, so wird der Arbeiter sehen, daß er, Dank der Kooperation, um einige Pfund Sterling weniger Verdienst des Jahres leben kann. Da sich aber die Höhe des Lohnes nach Angebot und Nachfrage richtet, wird dieser oder jener Arbeiter, um sich seinen Unterhalt zu sichern, lieber auf einen Teil oder das Ganze des Überflüssigen verzichten und nun ebensoviel in seinen Lohnansprüchen heruntergehen. Der Jahreslohn wird dann gerade um die paar Pfund sinken, welche der Arbeiter durch die besprochenen Konsumvereine ersparen kann, und von diesem Augenblicke an wird der ganze Nutzen dieser Einrichtung wieder den Kapitalisten zugute kommen und die Arbeiter trotz aller Anstrengungen, die sie gemacht haben, werden nicht mehr wie früher imstande sein, irgend etwas zu erübrigen. So wohltätig also auch für den Augenblick diese Anwendung des neuen (Konsumvereins-) Prinzips wirken mag, trägt es in sich den verderblichen Keim: daß, je mehr es Ausdehnung erlangt, desto weniger es geeignet sein wird, die Lage der arbeitenden Klassen auf eine dauernde Weise zu verbessern. Es ist zu bezweifeln, ob dies von den Rochdaler Pionieren so deutlich eingesehen worden ist, aber jedenfalls haben dieselben die schönen, weitgreifenden Gedanken nicht vergessen, die sie bei der Gründung ihres Vereins beseelten. Unter diesen Grundgedanken war einer der vorherrschenden: eine Reorganisation der Arbeit anzustreben." (S. 91.) Diesen nächsten dazu notwendigen Schritt haben die Rochdaler Konsumvereinsmitglieder im Jahre 1855 durch die Gründung einer Baumwollspinnerei und Weberei getan und „nun erst kam man auf den wirklich wunden Fleck unserer jetzigen Zustände". (S. 91.) Nämlich auf die Ungerechtigkeit, daß der Arbeiter nur seinen geringen Lohn erhalte; ein Minimum, das gerade für den notwendigsten Lebensunterhalt genügt, um die Arbeit zugunsten des Kapitalisten fortsetzen zu können. Sobald aber der Gewinn höher ist, als ein mäßiger Zins für das im Betriebe arbeitende Kapital, ist es hart und ungerecht, wenn der Kapitalist alles einsteckt und der Arbeiter leer ausgeht. Zwar waren die Rochdaler Pioniere nun auch Kapitalisten geworden, aber sie hatten nicht aufgehört, Arbeiter zu sein und auf den sozialen Fortschritt ihrer Klasse hinzuwirken. Mit einer Fabrik, in der alle darin beschäftigten Arbeiter auch am Gewinn beteiligt wären, wollten sie ein Beispiel geben. „Nach Abzug aller Kosten und 5 % Zinsen für das Aktienkapital sollte jedes halbe Jahr der Nutzen Pfund für Pfund in gleichem

Verhältnis zwischen Arbeit und Kapital verteilt werden. Ein Kapitalist also, der 50 Pfund in der Gesellschaft hätte, bekäme ganz genau denselben Anteil am Nutzen, wie ein Arbeiter, der 50 Pfund Lohn erhalten hätte. Das Gerechte in dieser Anordnung war, daß die Arbeit und das Kapital im Verhältnis nach den Diensten, die sie bei der Fabrikation leisteten, belohnt wurden." (S. 92.)

Eine ganze Reihe von Fabriken ähnlicher Art, bei denen die Arbeiter selbst im Besitz der kleinen Aktien waren und die Leitung selbst erwählten, gründeten sich dann nach und nach in England, so daß es im Jahre 1860 bereits 31 größere Fabriken mit zusammen 7 Millionen Talern Kapital waren, die ihre Entstehung diesen Arbeiterassoziationen verdankten. „Alle sind auf Aktien von ganz kleinem Betrage gegründet und unterscheiden sich nur durch die Art, den Nutzen zu verteilen." Einige folgen dem Rochdaler Beispiel, andere begünstigen noch mehr die Arbeit. „Aber selbst die, die dem Kapital den ganzen Gewinn zuerkennen, haben, obwohl sie nicht das Grundübel erfassen, doch gezeigt, daß die Arbeiter selbst auch die Leitung eines solchen Unternehmens zustande bringen und durchführen können. Sie haben die Möglichkeit gezeigt, „die Ideen der Kooperation in ihrer vollsten Ausdehnung zu verwirklichen" (S. 96), und daß unser Zeitalter reif dazu ist. Dadurch, daß die Fabriken schon harte Zeiten und schwere Krisen überstanden, ist der Beweis für diese Möglichkeit ein vollständiger. — „Und die Arbeiter sollen unfähig sein, selbst ihre Angelegenheiten zu leiten?" (S. 96.)

Zwar läßt sich bei den bis heute nur wenigen Erfahrungen noch nicht mit Gewißheit die beste und gerechteste Verteilung des Nutzens bestimmen. Dies werden die weiteren Versuche und Erfahrungen erst ergeben. Als Grundsatz ist aber unterdes aufzustellen, „daß die Gerechtigkeit und Zweckmäßigkeit es verlangen, den Arbeiter an dem Ergebnis seiner Arbeit zu beteiligen." (S. 97.)

Eine ganze Menge von Gewinnverteilungsarten lassen sich noch denken und sind vorgeschlagen worden, aber für diese Streitfrage ist bis zu dieser Stunde noch keine für alle Teile befriedigende und wahrhaft gerechte Lösung gefunden, sagt Pfeiffer.

In **Frankreich** sind verschiedene Versuche zur sozialen Hebung des Arbeiterstandes von seiten der Fabrikherren selbst gemacht worden. Aber nicht von dieser Seite, meint Pfeiffer, kann die durchgreifende

2*

Reform angebahnt werden. Die Arbeiter müssen mit Hilfe der Kooperation die Leitung ihrer Angelegenheiten selbst in die Hand nehmen.

Seit 1831 zeigen dann auch Versuche in Frankreich einen überraschenden Aufschwung solcher Assoziationen. Sie geben den Arbeitern Gelegenheit, nach und nach ein kleines Vermögen zu kapitalisieren, das sie unabhängig macht. Alle diese gewerblichen Assoziationen, auch wenn sie keinen größeren direkten Gewinn abwerfen, bieten dem Arbeiter ungemeine Vorteile durch die Beschäftigung das ganze Jahr hindurch und das Bemühen, sämtliche Arbeiter in der stillen Geschäftszeit nützlich zu verwenden. In Privatbetrieben kennt man solche Rücksicht wenig. In den Monaten der besten Saison für das Geschäft rekrutieren diese dann nach Möglichkeit Arbeiter, um sie ebenso schnell wieder zu entlassen, sobald das Geschäft wieder stiller ist.

Hervorzuheben sind bei diesen Assoziationen ferner die verschiedenen schönen Einrichtungen, z. B. für kranke Mitglieder. Und dies alles verdanken die Arbeiter niemand anderem, als sich selbst, ihrer Energie und ihrem Fleiße und vor allem dem richtig angewandten Prinzip der Kooperation.

Die Maurergenossenschaft in Paris hat sogar „einen Lesesaal und ein Unterrichtslokal mit eigener Bibliothek gegründet; sie bemühen sich soviel wie möglich, in ihrer sittlichen und intellektuellen Hebung gleichen Schritt zu halten mit der materiellen Verbesserung ihrer Lage.“ (S. 119.)

Pfeiffer erwähnt noch im besonderen einen kooperativen Verein in Frankreich, der durch seine großartige, schnelle Ausdehnung merkwürdig ist und auch als einziger größerer Konsumverein Frankreichs berührt werden soll. Es ist dies die Gesellschaft zu Lille, die unter dem Namen „Humanität“ im Jahre 1848 gegründet wurde.

Hier zahlt jeder während seiner Mitgliedschaft einen wöchentlichen Beitrag von 15 Cts., der zur Ansammlung eines Geschäftskapitals verwendet wird. Von Zeit zu Zeit muß jedes Mitglied Anzeige von seinen voraussichtlichen Bedürfnissen machen, so daß annähernd festgestellt werden kann, was der Verein von jedem Artikel braucht; dieser voraussichtliche Bedarf wird dann in Kommission gegeben, „statt also, wie die englischen ‚stores‘, selbst einen Laden zu halten, trifft diese

Gesellschaft mit den Produzenten und Händlern nur Übereinkünfte; und wer den größten Rabatt gewährt, erhält die Bestellung. Der größere Teil des Rabattes kommt sogleich den Mitgliedern wieder zugute und nur das noch Übrigbleibende wird zum Gesellschaftskapital geschlagen." (S. 121.) „Wie mit dem Bäcker, wird mit dem Kohlenhändler, dem Schneider, Schuster, Spezereihändler, Apotheker usw. eine Übereinkunft getroffen." Nur in bezug auf das Fleisch verfährt der Verein zu Lille logischer und betreibt nach Art der „stores" selbst das Geschäft, und gerade dieser Zweig ist es, der, wie natürlich, den größten Aufschwung genommen hat, und dem der Liller Konsumverein hauptsächlich sein rasches Gedeihen danken muß.

In **Deutschland**, so beginnt Pfeiffer sein achtes Kapitel, sind die Arbeitergenossenschaften eine verhältnismäßig neuere Erscheinung. Mit der späteren Entwicklung der Industrie wurde auch der Notstand unter der arbeitenden Klasse erst später fühlbar. Das Genossenschaftswesen hat hier noch nicht dieselbe Bedeutung erhalten, obwohl schon in den 30 er Jahren über die trostlose Lage unserer Arbeiter zahlreiche Klagen geführt wurden. Aber weder Regierung noch die Arbeiter selbst unternahmen einen Versuch zur Abhilfe. „In den 40 er Jahren vermehrten sich die Klagen infolge Mißwachs und Handelskrisen immer mehr, aber es geschah wieder nichts, außer etwa auf dem Wege der privaten Mildtätigkeit, um das Los der Arbeiter zu erleichtern." (S. 123.) Erst im Jahre 1849 war es Herm. Schulze aus Delitzsch, der den Assoziationsgedanken unter den Arbeitern anbahnte und eine Kranken- und Sterbekasse stiftete. Zwar stehen diese Vereine noch auf einer sehr niedrigen Stufe des Zusammenwirkens, obwohl sie geeignet sind, als ein Mittel zur Gewöhnung an dieses Zusammenwirken zu dienen, und um den Arbeitern deutlich die Vorteile der Kooperation zu zeigen. Auch bieten sie gute Gelegenheit zu lernen, wie man seine Sachen selbst in die Hand nimmt. An diese Kranken- und Sterbekassen „reihten sich dann als nächstes genossenschaftliches Glied die Assoziationen zum Zwecke der Herbeischaffung der nötigsten Lebensbedürfnisse, die Konsumvereine". (S. 127.) Diese „machen es sich zur Aufgabe, gesunde und unverfälschte Waren im großen einzukaufen und dieselben mit einem mäßigen Nutzen im einzelnen wieder abzugeben". Hierdurch wird es den Mitgliedern möglich, in ihren Vereinsmagazinen ihre Bedürfnisse, selbst in den kleinsten Quantitäten, weit besser und billiger zu befriedigen, als dies sonst möglich ist.

Ein solcher Konsumverein war auch in Delitzsch[11] und anderen Orten gegründet worden, aber sie unterscheiden sich, sagt Pfeiffer, „sehr wesentlich von den ähnlichen Assoziationen Englands und, wie es scheint, zum Nachteil der deutschen Genossenschaften. In Deutschland wird nämlich zur Berechnung des Detailpreises ein bestimmter Prozentzuschlag auf den Einkaufspreis gelegt" (S. 128), meist 5 %, wovon 3 % der Verwaltung zufallen, 2 % den Nutzen abgeben, der bei dem raschen Umsatz dieser Geschäfte immerhin ganz erträglich ist, jedoch im Vergleich zu den englischen Unternehmungen sehr unbedeutend. „Dort (in England) wird möglichst wohlfeil im großen eingekauft und der Verkaufspreis nach den mittleren, ortsüblichen (Tages-) Preisen angenommen." (S. 128.) „Es ist nicht richtig, zu glauben, daß dies beides auf dasselbe herauskomme, denn hier kommt der Hauptgewinn den einzelnen Arbeitern groschenweise zugute, dort jedoch wird er im Geschäft zusammengehalten und kapitalisiert. Und eben dieser Unterschied hat auch ganz verschiedene Wirkungen zur Folge. In Deutschland ist durch die Konsumvereine kein besonderer Reiz zum Sparen gegeben." (S. 129.) Der deutsche Arbeiter kann für seinen Lohn zwar bessere Waren und größere Quantitäten anschaffen, als früher, wird aber meist seinen ganzen Lohn verbrauchen. Ganz anders in England. Dort dient dem Arbeitsmanne anfänglich diese Assoziation keineswegs dazu, besser zu leben; er muß alles ebenso teuer wie sonst bezahlen, und erst später, nachdem er schon ein kleines Kapital bei der Gesellschaft stehen hat, wird ihm der Nutzen, der auf ihn fällt, ausgeteilt, und er kann diesen zu weiteren genossenschaftlichen Zwecken, z. B. in der Produktion, verwenden. „In ganz neuester Zeit ist in Offenbach die Gründung eines Konsumvereins ganz nach englischem Muster[12] unternommen worden." (S. 129.)

Es ist erstaunlich, daß diese Art Genossenschaften, diese Konsumvereine in Deutschland nicht mehr verbreitet sind. Es sind Pfeiffer nur 14 Konsumvereine namentlich bekannt. Am meisten haben bei uns,

---

[11] Es ist bemerkenswert, daß diese hier im Oktober 1852 gegründete Assoziation für nötige Lebensbedürfnisse nicht auf eine Anregung Schulzes zurückzuführen ist. (Wie er es selbst in seinem Assoziationsbuch S. 101 sagt.) Die 36 Gründer hatten lediglich durch Schulzes Wirken die Wohltätigkeit des Assoziationsprinzips im allgemeinen erkannt, und fielen nun von selbst darauf, es auch auf diesem Gebiete ihrer Hauswirtschaft anzuwenden.

[12] Die Bewegung hierzu ging von zwei Arbeitern aus, die auf der, Seite 6 genannten Expedition zur Londoner Weltausstellung, Manchester und Rochdale besucht hatten.

den Verhältnissen entsprechend, eine in anderen Ländern unbekannte Art der Assoziation, die Vorschuß- und Kreditvereine unter Schulze-Delitzsch Verbreitung gefunden. Aber „man darf sich keinen zu sanguinischen Hoffnungen hingeben und glauben, mit dieser Einrichtung könne allen Mängeln unserer sozialen Verhältnisse abgeholfen werden". (S. 138.) Hier hört die Aufgabe der Kooperation noch keineswegs auf, und man soll sich durch die immerhin schönen Erfolge bei den Vorschußvereinen keineswegs behindern lassen am Weiterstreben zu den „produktiven Genossenschaften, die erst den eigentlichen und letzten Schlußstein des großen kooperativen Baues bilden müssen." (S. 138.) Denn „es wäre ein trauriges Ergebnis des Genossenschaftswesens, wenn es weiter nichts bezwecken könnte, als dem handwerksmäßigen Kleinbetrieb ein kümmerliches Dasein zu geben. Denn überall, wo dieser mit einem logisch eingerichteten Fabrikbetrieb zu konkurrieren hat, wird er auf die Länge den Kampf doch nicht bestehen können." (S. 139.) „Somit darf es auch nicht der letzte Zweck der Arbeiter-Assoziationen sein, Gesellschaften, wie die eben besprochenen Kreditvereine zu bilden. Als höchstes und zuletzt zu erstrebendes Ziel in dieser Richtung muß die gemeinschaftlich betriebene Produktion im großen gelten. Den Vorschußvereinen bleibt immerhin die Aufgabe und das Verdienst, den Boden vorzubereiten." (S. 139.)

Ein vergleichender Rückblick auf das Kooperationswesen in England, Frankreich und Deutschland zeigt uns, daß dasselbe in England am leichtesten Anklang und die weiteste Entwicklung gefunden hat. Und zwar aus dem Grunde, weil dort die soziale Zersetzung und die neue industrielle Entwicklung am weitesten schon vorgeschritten und die daraus entstehenden Übelstände am meisten fühlbar waren. Nachdem in England die großartige Verbreitung der „friendly societies" die Massen von den Vorteilen der Assoziation überzeugt hatte, war die Gründung von „stores" (Konsumvereine) ein leichtes. Der einzelne gibt hier seine Beihilfe dazu, daß die gewöhnlichen Lebensbedürfnisse von der Assoziation für gemeinschaftliche Rechnung im großen gekauft werden, und erzielt so einen nicht unbeträchtlichen Nutzen, den früher der Zwischenhändler einsteckte. Für diese Konsumvereine hat sich ein vorbildliches System herausgebildet, das den Arbeitern — indem es den Gewinn zunächst zurückbehält, ansammelt, und kapitalisiert — die Mittel gibt in genossenschaftlichen Organisationen weiterzufahren.

In neuer Zeit wird dort nun als nächster Schritt das Projekt angeregt, eine Anzahl solcher Vereine zum Betreiben eines Engrosgeschäftes (in den Hauptabsatzartikeln) zu verbinden. Auf diese Weise wollen die Arbeiter nicht nur den verteuernden Zwischenhandel ausschalten, sondern überhaupt die Verteilung derjenigen Güter, deren sie am meisten bedürfen, völlig selbst in die Hand nehmen. Die höchste Stufe der Kooperation ist dann die der Anwendung des Assoziationsprinzips auch auf die Produktion. Und auch wiederum in England beginnt die Kooperation bereits aus dem Bereiche der Konsumvereine heraus, in das neue Stadium, der gemeinschaftlichen Produktion zu treten. Einige solcher im Werden begriffenen Assoziationen sind auf den handwerksmäßigen Betrieb eingerichtet, die meisten jedoch beabsichtigen eine fabrikmäßige Produktion.

Die deutschen genossenschaftlichen Einrichtungen von Schulze-Delitzsch werden unsere Arbeiter in der kooperativen Tätigkeit üben, doch werden sie nie eine Umgestaltung unserer Verhältnisse herbeiführen. Diese wird nur durch die Umgestaltung der Produktion herbeigeführt werden. „Die höchste Stufe der Kooperation ist entschieden diejenige, welche auf gemeinschaftliche Produktion angewandt wird.“ (S. 147.) Nebenher muß die Einrichtung getroffen werden, daß immer gewisse Prozente vom Nutzen ($2^1/_2$ %) für Erziehungs- und Bildungszwecke der Arbeiter verwendet werden. Denn erst dadurch wird „dem hohen Zwecke der Kooperation zugesteuert und bessere Erziehung und größeres Wissen soviel wie möglich allen Klassen der Gesellschaft zugänglich gemacht.“ (S. 152.)

Was dürfen wir für die zukünftigen Wirkungen des Genossenschaftswesens erwarten?

Durch die Verbreitung der Konsumvereine wird zunächst eine gerechte Verteilungsweise der Güter gefördert werden. Es werden auch die bemittelteren Klassen einer so zweckmäßigen Einrichtung sich nach und nach anschließen und damit die Genossenschaften stärken.

Eine Hauptbedeutung der Konsumvereine liegt jedoch noch in anderen Wirkungen. So bieten diese in volkswirtschaftlicher Beziehung wesentliche ökonomische Vorteile dadurch, daß die Verteilung der Güter durch möglichst wenige Hände bewerkstelligt wird und so Ersparnisse erzielt werden, die der Gesamtheit zugute kommen müssen.

Wieviel weniger Unterhaltungskosten macht ein großer Vereinsladen statt 20 kleiner privater Läden. Ersparnisse an Personal, an

Geschäftsführung, an Unterhaltskosten, an Miete; vollständigere und zweckmäßigere Ausnutzung des Vorhandenen; dazu „hören endlich mit Einführung der Konsumvereine so viele unnötige Auslagen auf; alle Reklamen, die Marktschreierei und so vieles andere, und dadurch wird an Zeit und Material gespart". Zu dem Angeführten kommen hinzu die Vorteile einer Konzentration im Großeinkauf. Das sind volkswirtschaftliche Gewinne! Durch die Einführung dieses Systems wird die Arbeit der Güterverteilung von einer weit geringeren Anzahl von Menschen versehen werden können.

Dies wird von einigen Seiten nun als Mangel hingestellt, indem man sagt, daß durch die Einführung der Konsumvereine viele kleine Geschäftsbesitzer ihren Verdienst verlieren und der Mittelstand um seine unabhängige Stellung gebracht würde. Erstens wird diese Ausschaltung, oder besser gesagt, Umschaltung nur allmählich herbeigeführt werden, so daß jeder zum Übergang an eine andere Stelle Zeit hat und zweitens ist es gut so, daß überflüssige Glieder der Wirtschaft, welche auf Kosten der Gesamtheit in unwirtschaftlichen und unnötigen Einrichtungen ihren Unterhalt fanden, hier ausgeschaltet und an anderen Stellen eingeschaltet werden. Die Folge von all dem ist vielmehr wohl die, daß mehr Güter produziert werden können und somit der einzelne dann (durchschnittlich) über eine größere Quantität davon verfügen kann oder — wenn nicht mehr Güter wie vordem hervorgebracht werden, während die Zahl der Produzenten gestiegen ist —, daß dann der einzelne weniger hart arbeiten muß, also mehr Freiheit hat, ohne daß darum die Gesamtheit ärmer an Gütern geworden ist. Pfeiffer fügt aber hinzu, daß der Natur des Menschen nach, wahrscheinlich durch die allgemeine Einführung der Konsumvereine eine Steigerung der Produktion stattfinden würde, d. h. die Menschheit wird durch eine größere zur Verfügung stehende Menge von Gütern reicher werden und besser leben.

Dem Einwande, daß vielen durch die Aufgabe eigener Geschäfte die Selbständigkeit verloren gehe, stellt Pfeiffer gegenüber, daß durch die konsequente Durchführung der Kooperation der Mensch im allgemeinen aber vielmehr unabhängig und selbständig werde.

„Ein wichtiges Lebensbedürfnis, welches von den Konsumvereinen bisher unberührt bleibt, sind die Wohnungen; es ist daher Sache der immer mehr sich verbreitenden Baugesellschaften" (S. 158), für Zweckmäßigkeit und Billigkeit der Wohnungen zu sorgen. Solche

Assoziationen können als Ergänzungen zu den Konsumvereinen betrachtet werden. Und es ist klar: wenn beim Erbauen von Häusern nach einem wohlüberdachten Plan gehandelt wird, so kann viel erspart werden. Pfeiffer erhofft so eine Vereinigung der verschiedensten Kräfte, damit statt dem vielen Durcheinander der egoistischen Interessen ein gemeinsames, gemeinnütziges Wirken nach einer Richtung eingeschlagen werde.

Auch auf dem Gebiete der ländlichen Wirtschaft wird sich das genossenschaftliche Prinzip anwenden lassen. Pfeiffer meint, daß die „genossenschaftliche Landwirtschaft" die Vorteile der Groß- und Kleinkultur verbinden werde. Vor allem mache hier „die Kooperation dem ländlichen Proletariat und den kleinen Grundbesitzern alle jene Vorteile, wie Maschinen und landwirtschaftliche Nebenbetriebe zugänglich, die bis jetzt nur die Höchstbegüterten genießen konnten; von allen den Nachteilen, die bis jetzt für eine große Gutswirtschaft so hemmend wirkten, hat sie hingegen nichts zu fürchten!" (S. 166.) Diese verschiedenen Genossenschaftsarten mögen zueinander in Beziehungen treten und einen großen genossenschaftlichen Organismus darstellen — von der Konsumtion bis zur letzten Produktion schließlich!

Über die moralische Bedeutung der Kooperation sagt Pfeiffer, daß „die sittlichen Fortschritte, die dadurch angebahnt werden, womöglich noch bedeutender als die materiellen sind", und das ist ein besonders wichtiger Grund, sich für das neue System zu interessieren und dafür zu wirken. Pfeiffer meint, daß durch den wachsenden Wohlstand die Massen moralisch gehoben, ihre Sitten verfeinert und sie einer größeren Bildung und höheren Kultur zugänglich werden. In Produktion und Handel wird weniger Möglichkeit zu Betrug und Ausbeutung gegeben. An Stelle der Spekulation wird kluges Maßhalten und strenge Loyalität treten. Es werden sich dann in der Gesellschaft schließlich nicht mehr zwei feindselige Klassen gegenüberstehen, die, gleich den ägyptischen Kasten, eine Spaltung unter den Menschen zu verewigen drohen. Wenn die völlig unversöhnbaren Interessen, welche heute die Gesellschaft trennen, beseitigt werden, so wird auch der Streit zwischen Unternehmern und Arbeitern aufhören. Es gibt dann keine, nur lediglich Herren und keine unterdrückten Arbeiter mehr, alle sind assoziiert und haben gleiche Interessen, und es wird der Arbeiter aus der „Arbeitsmaschine" zum „intelligenten Mitarbeiter am gemeinschaftlichen Werke".

Und so sind Gerechtigkeit, Freiheit und Friede im Keime in der Kooperation enthalten. Bei Durchführung der genossenschaftlichen Prinzipien wird unsere Gesellschaft einen geistigen und sittlichen Aufschwung nehmen. Es wird die Leistungsfähigkeit eines aus solchen Elementen zusammengesetzten Staates beträchtlich steigen. Und damit ist schließlich die Genossenschaftsbewegung von höchster nationaler Bedeutung.

Bisher hatte Pfeiffer von der sozialen und wirtschaftlichen Bedeutung der genossenschaftlichen Bewegung gesprochen und hat die Möglichkeit einer Umgestaltung der gesellschaftlichen Verhältnisse gezeigt, wie erst eine materielle und danach geistige und moralische Hebung des Arbeiterstandes erfolgen werde. So haben die englischen genossenschaftlichen Vereine gleich von Anfang an besondere Sorgfalt auf die Verbreitung einer besseren Bildung unter ihren Mitgliedern verwandt, durch Bibliotheken, Leseräume usw. Nachdem sich der Arbeiter sozial unabhängig gemacht, wird er nun auch politisch dieselbe Stellung und Gleichberechtigung geltend machen, wie jeder andere Staatsbürger. Und „der geistige Fortschritt wird, sobald er einmal klar hervortreten wird, ganz von selbst den Arbeitern auch in politischer Beziehung eine andere Stellung anweisen, als die, welche sie heute inne haben." (S. 191.)

Der Arbeiter wird dann in dieser sozial und wirtschaftlich neugestalteten Gesellschaft auch imstande sein, richtigen Gebrauch von seinem gleichen Rechte, z. B. dem Wahlrechte, zu machen. „In einer sozial transformierten und reformierten Gesellschaft aber, wie sie die genossenschaftliche Bewegung schaffen wird, kann von Gefahren und Befürchtungen, wie sie heute vorhanden sind, nicht mehr die Rede sein. (Pfeiffer sieht diese einmal darin, daß die arbeitenden Klassen jetzt stets mißvergnügt und gereizt sind im Gefühle ihrer unterdrückten Lage und der besitzenden Klasse feindlich gegenüberstehen, und zum anderen darin, daß ihr derzeitiger Bildungsgrad ihren Einfluß mißbrauchen lasse. Pfeiffer sieht vor sich die Exzesse der französischen Revolution von 1848.) Denn dann ist das Verhältnis der Menschen zueinander ein ganz anderes geworden. Man weiß nichts mehr von einer Bevölkerung, die in zwei sich feindlich gegenüberstehende Klassen geteilt ist. Die Besitzenden und Besitzlosen sind nicht mehr schroff voneinander getrennt, und die Gesellschaft nicht mehr gespalten in Ausbeuter und Ausgebeutete. Die Arbeit kann nun jedem zum Besitze verhelfen." (S. 192.)

„Freilich,“ so sagt Pfeiffer, „ist schon jetzt das Verlangen natürlich, daß alle Staatsbürger gleiche Rechte haben, und daß besonders das allgemeine Stimmrecht eingeführt werde.“ (S. 193.) Und weiter: wenn sich im Prinzip auch nichts gegen eine derartige Forderung sagen läßt, so ist es doch fraglich, ob es zweckmäßig ist, sie gerade jetzt (vor Durchführung einer sozialen Reform) zu stellen.

Im allgemeinen geht „auch unsere Ansicht dahin, daß erst die Grundlagen geschaffen werden sollten, auf denen die politischen Freiheiten stehen und sich weiter entwickeln können, sonst werden sie, selbst im besten Falle — wenn errungen — doch nur von wenig Dauer sein können“. (S. 194.) Aber „man darf diese politische Agitation weder mit der genossenschaftlichen Bewegung verwechseln, noch sich ihr entgegenstellen, beide Bestrebungen können nebeneinander hergehen, jede mag, so gut es geht, Propaganda machen, nur aber sollen sie sich nicht gegenseitig hemmend in den Weg treten“. (S. 194.)

„Die politischen Forderungen,“ fährt Pfeiffer weiter fort, „sind aber vielfach nicht nur um ihrer selbst willen gestellt worden, sondern sie sollten sogleich den Weg zu einer sozialen Reform anbahnen. Statt des von uns angegebenen Entwicklungsganges sollte erst die vollständigste politische Freiheit für den Arbeiterstand erstrebt werden, und dieser sollte dann seine so erkämpfte Macht dazu verwenden, eine soziale Umgestaltung auf dem Weg der Gesetzgebung herbeizuführen. Und es fragt sich nun, ob dieser Vorschlag geeignet wäre, mehr oder schnellere Erfolge zu erzielen?“ (S. 194.) Pfeiffer verneint diese Frage und illustriert seine Überzeugung an dem Beispiele Frankreichs. Ja, auf welche Weise wäre es überhaupt denkbar, daß auf solchem Wege der Zweck zu erreichen sein könnte?

Etwa auf dem Wege, in dessen Richtung Lassalle in neuester Zeit seine Vorschläge machte, die so viel Aufsehen erregten? Ferdinand Lassalle, der in diesen 60er Jahren seine Agitation auf die Spitze trieb, forderte vom Staate Kapital und Kredit zur Unterstützung von Fabrikgründungen, die von „freien individuellen Assoziationen der Arbeiter“ (wie Pfeiffer sich ausdrückt) ins Leben gerufen werden sollten. Mit einem solchen System, sagt Pfeiffer, ist es den Leuten „gar leicht gemacht, auf Kosten des Staates zu leben, ohne ihm irgend etwas dagegen zu bieten. Es liegt auf der Hand, daß selbst der reichste Staat auf die Dauer ein solches System nicht aushalten“ (S. 201) könnte. Und „dann stehen tausend andere Unmöglichkeiten, tausend andere unvermeidliche Ungerechtigkeiten der Ausführbarkeit der Lassalleschen Pläne entgegen".

„Die Arbeiter müssen sich zunächst erst recht klar werden, was sie erlangen können und wollen, und dann müssen sie selbst die Verbesserung ihrer Lage erstreben. Sie kann nicht geschenkt werden, man muß sie selbst verdienen und erringen. Nur so hat sie wirkliche Bedeutung, nur so wird sie auch Bestand haben." (S. 204.)

Damit will Pfeiffer aber keineswegs sagen, daß der Staat zur sozialen Hebung der Arbeiterklasse und zur Förderung der Assoziationen nichts tun könne. Nur während Lassalle es für unmöglich hält, daß die Arbeiter, „allein auf ihre eigene Kraft gestellt, etwas Ersprießliches in dieser Richtung erreichen können, und deshalb vom Staate verlangt, ihnen die nötigen Kapitalien zu diesen genossenschaftlichen Unternehmungen zu schaffen", geht Pfeiffers Ansicht dahin, „daß der Arbeiter wohl durch eigene Anstrengung das erwünschte Ziel erreichen kann" (S. 205), und er glaubt dies durch die gegebenen Beispiele zur Genüge bewiesen zu haben. Pfeiffer stellt also an den Staat lediglich die Forderung, eine gute Sache zu fördern und soweit als möglich zu unterstützen, ohne eine staatliche Einmischung in die inneren Angelegenheiten der Genossenschaften und ohne Verletzung fremder Rechte.

Obwohl Pfeiffer die feste Überzeugung hat, daß sich die genossenschaftliche Bewegung ohne fremde Hilfe Bahn brechen wird, so unterliegt es doch für ihn keinem Zweifel, „daß die Regierung sehr viel zur Beschleunigung und Erleichterung der angestrebten Reform tun könne". Darum sieht er es als erste Aufgabe einer jeden Regierung an, alle die gesetzlichen Hindernisse, die der Entfaltung des Genossenschaftswesens im Wege stehen, wegzuräumen.

Man glaubt mit Unrecht, sagt Pfeiffer, daß zur Beseitigung dieser Mängel die Arbeiter sich erst „durch das allgemeine Wahlrecht einen hinreichenden Einfluß auf die gesetzgebenden Körperschaften sichern müßten". Es ist ohne Zweifel viel leichter, „die für die Genossenschaften zunächst erforderlichen Freiheiten zu erlangen, als Prinzipienfragen, wie die über das allgemeine Stimmrecht, zur Entscheidung zu bringen". (S. 205.)

Aber nicht nur durch die Beseitigung hemmender, gesetzlicher Bestimmungen könnte die Regierung zur Verbreitung des Genossenschaftswesens beitragen, sondern auch durch ihre moralische Unterstützung. So könnte z. B. von seiten der Lokalbehörden Stimmung für die Kooperation gemacht werden. Durch Aufklärung der Massen, durch Bekanntgeben erzielter guter Resultate usw. „Endlich könnten die Regierungen die Arbeiterassoziationen auch materiell" — ohne Eingriff in ihre Rechte — „auf leichte Weise unterstützen, wenn sie z. B. bei ihren Submissionen, bei gleichen Preisen, prinzipiell den Genossenschaften den Vorzug einräumen würden." (S. 206.) So gibt es tausenderlei Wege, „wie die Regierung eine Sache fördern und ihr nützen kann, wenn sie nur ernstlich will" (S. 206), ohne daß gleich große und durchgreifende Maßregeln erforderlich wären.

Und: „Die Regierungen werden selbst einsehen — denn dies müssen ihnen sehr bald ihre eigenen Erfahrungen sagen —, daß durch die Kooperation eine viel stabilere Grundlage im Staate geschaffen wird, daß hierdurch an die Stelle einer flottanten, stets mißvergnügten und zum äußersten bereiten Masse eine Volksschichte tritt, welche mit allen übrigen Teilen der Bevölkerung gleiche Interessen hat, die von ihrer Tätigkeit nur dann schöne Resultate erhoffen kann, wenn Friede und Ordnung herrschen, daß damit den Agitatoren die Möglichkeit abgeschnitten ist, die Menge aufzureizen und zu Gewalttaten zu treiben."

Pfeiffer glaubt, daß die Regierungen, sobald sie dies alles eingesehen haben, die ersten einmal sein werden, die die genossenschaftliche Bewegung mit allen ihnen zu Gebote stehenden Mitteln begünstigen.

Pfeiffer schließt sein Buch über Genossenschaftswesen in der Hoffnung, daß es das Streben aller wahren Freunde der arbeitenden Klassen sein werde, „diese Einsicht in den maßgebenden Kreisen zu erwecken, und solche Anschauungen und überhaupt eine richtige Erkenntnis der neuen Bewegung zu verbreiten." (S. 207.)

Wir gingen hier nicht näher auf die produktivgenossenschaftlichen Anschauungen und Lehren Pfeiffers ein, da die Produktivgenossenschaft im Laufe seiner weiteren Entwickelung stark in den Hintergrund tritt und für seine Hauptbedeutung fast belanglos ist. Nur gesagt sei noch, daß seine produktivgenossenschaftlichen Bestrebungen, wie es allgemein zutrifft, den „Arbeiter die Rolle mit dem Kapitalisten tauschen lassen" wollen und die soziale Frage (Gegensatz zwischen Arbeiter und Kapitalist) zu lösen glauben, indem sie die Arbeiter zu „Kollektivkapitalisten" (Staudinger) machen.

Pfeiffer erkannte bereits klar den entscheidenden Mangel der kapitalistischen Wirtschaftsorganisation, seiner und unserer Tage, die sich auf dem ungehinderten Spiel der freien Kräfte aufbaut. Denn in ihr liegt die Tat-

2. Pfeiffer als Begründer des Kooperatismus („Genossenschafts-Sozialismus") in Deutschland.

Mit diesem Werke „Über Genossenschaftswesen" rechnen wir Pfeiffer zu den sogenannten „kooperativen Sozialisten", und zwar ist er in Deutschland der erste, er ist der theoretische Begründer des „kooperativen Sozialismus", oder wie wir diesen mit Pfeiffers Wort: „Kooperatismus" besser bezeichnen. Pfeiffer ist „Sozialist" insofern, als er die politischen und kulturellen Fragen dem Prinzipe der gesellschaftlichen und wirtschaftlichen Reform unterordnet. Wohl war er es nicht im engeren Sinne, etwa im Sinne eines Lassalle, der gerade im Frühjahr dieses Jahres 1863 seine Agitation begann, um „Sozialismus" in Wort und Schrift in die aufkeimende Arbeiterbewegung zu säen. Sehr wohl aber ist er es im Sinne eines F. A. Lange (Sozialist im weiteren Sinne), wie dieser sich zwei Jahre später in seiner „Arbeiterfrage" (Februar 1865) verkündete, und der ja auch in der Genossenschaftssache — allerdings nicht so ausschließlich wie Pfeiffer — ein Mittel sah, den aufstrebenden Arbeiterstand nicht zu beschwichtigen, sondern ihn im Sinne Robert Owens zu emanzipieren. Mit dem Sozialisten Lassalle haben sie jedoch auch manche Forderungen

---

sache begründet, daß das wirtschaftlich schwächere Einzelwesen, das in seiner Vereinzelung und Machtlosigkeit ohne Zugang zum Kapital (und Boden; den Produktionsmitteln) bleibt — also z. B. der freie, unorganisierte Lohnarbeiter — im Kreislauf der Wirtschaft stets und ewig das schwächere bleiben muß, ohne je aufsteigen zu können. Der Begründer des Kooperatismus in Deutschland, Pfeiffer, sieht damals noch die einfache Lösung darin, daß der Arbeiter sich den Zugang zum „Kapitalisten" (Besitzer von Kapital) schafft auf dem Wege genossenschaftlicher Selbsthilfe in „Konsum- und Sparvereinen". Und diese, durch solche Ersparnisse zu „kleinen Kapitalisten" Gewordenen, schließen sich darnach zusammen zur genossenschaftlichen Produktion; können auf dem freien Markt nun als Produzenten, wie die Kapitalisten, auftreten. Mit Hilfe des genossenschaftlichen Zusammenschlusses ist also vermeintlich der wirtschaftliche Aufstieg ermöglicht, die soziale Frage damit gelöst.

gemein. Beide, Pfeiffer und Lange, hatten für Lassalles Aufklärungen und Bestrebungen Verständnis, und es ist ihnen Gerechtigkeit, die bei den zeitgenössischen Gebildeten so sehr zu vermissen ist, in ihrem Urteile nachzurühmen. So wenig sie zwar Lassalles Forderungen für richtig halten und billigen konnten, so wenig konnten sie doch auch seine Kritik, in der er ihnen nahe verwandt war, verwerfen. Pfeiffer bemerkt so einmal an einer Stelle seines Buches: „Der Leser wird vielleicht erstaunt sein, mich für keinen der beiden streitenden Teile entschieden Partei ergreifen zu sehen, allein es war mir weder um Schulze-Delitzsch, noch um Lassalle zu tun, sondern um die Sache selbst. In Lassalles Schriften fand ich in der kritischen Beobachtung des Bestehenden Ausgezeichnetes geleistet und erkannte darin eine Menge meiner eigenen Ansichten wieder, wo er aber Neues leisten will, war ich ganz überrascht, aus einem so logisch denkenden Kopfe längst Abgetanes kommen zu sehen." (S. 207.)

Die Bezeichnung „kooperative Sozialisten" fand ich zum erstenmal von L. Pumpiansky [13] in „Die Kooperation und der Sozialismus in England in den 20er und 30er Jahren des 19. Jahrhunderts" angewendet. Und zwar sind von ihm damit William King, Robert Owen, William Thompson, John Gray u. a. bezeichnet. Der kooperativ-sozialistischen Theorie und Praxis jener Engländer lag etwa folgendes Schema (nach Pumpiansky) zugrunde. Erste Stufe des kooperativen Sozialismus: Der Sparverein; zweite Stufe: die Handelsgenossenschaft; dritte: die Produktivgenossenschaft und vierte Stufe: das kooperative Gemeinwesen. Das gleiche Schema ließe sich etwa dem Pfeifferschen System des Kooperatismus zugrunde legen, der sich bald größere Aufgaben setzte als die Lösung der Arbeiterfrage, wie wir im Verlaufe der Arbeit näher auszuführen haben. Bemerkt sei jedoch, daß wir bei Pfeiffer nur die drei ersten Stufen entwickelt finden.

Den „Kooperatismus" oder „genossenschaftlichen Sozialismus" teilen wir nach Eduard Jacob in einen „produktivgenossenschaftlichen Sozialismus" und einen „konsumgenossenschaftlichen Sozialismus", je nachdem der genossenschaftliche Sozialismus von der Produktivgenossenschaft oder der Konsumgenossenschaft als Basis ausgeht.

Wir werden Pfeiffer nach seinen theoretischen Ausführungen, belegt und illustriert durch die praktischen Beispiele in England und

---

[13] In Grünbergs Archiv II, 1912, S. 330.

Frankreich, als „konsumgenossenschaftlichen Sozialisten" betrachten, obwohl der Zusammenhang zwischen seinen Konsumvereinen als Kapitalbildner und Erzieher zu den Produktivgenossenschaften nur ein recht loser ist und von ihm noch nicht die heute für das Wichtigste angesehene Bedeutung der Konsumvereine als Absatzorganisation für eine genossenschaftlich zentralisierte Produktion — von den Konsumvereinen schließlich selbst betrieben! — erkannt wird. Ein Recht, Pfeiffer als „konsumgenossenschaftlichen Sozialisten" oder, wie wir es besser bezeichnen, als „Kooperatisten" anzusehen, erhalten wir vor allem auch durch seine später zu betrachtende praktische Genossenschaftsbetätigung. Es war schließlich (nicht von Anfang an) der neue große, volkswirtschaftlich organisatorische Gedanke Pfeiffers, den Neuaufbau der gesamten Volkswirtschaft zielbewußt von unten auf zu beginnen, mit den Konsumvereinen den Anfang dieser großen Reformarbeit zu machen, mit der freiwilligen Organisation des wirtschaftlichen Grundelementes „Konsument" die Unterlage eines wirtschaftlichen und gesellschaftlichen Reformwerkes zu legen.

Es wird hier die Frage einzuwerfen sein, ob diese kooperativen oder genossenschaftlichen Theorien und Bestrebungen überhaupt als „sozialistisch"[14] bezeichnet werden dürfen? Wir glauben dieses hier schon behaupten zu sollen, indem wir als Charakteristikum für die Theorien und Bewegungen „Sozialismus", die Ersetzung eines privaten Kapitals durch kollektives, durch Kapital in Gemeineigentum ansehen. Und: hier ist gemeinschaftlicher, ist genossenschaftlicher Kapitalbesitz angestrebt.

Noch mehr Berechtigung ergibt sich dazu bei der Betrachtung des Widerstreites, der zwischen dem Genossenschaftsprogramm, das Pfeiffer entwickelt hat und dem Kapitalismus besteht. Bereits klar ist hier die Unzufriedenheit mit der bestehenden Eigentumsverteilung (nicht mit dem Privateigentum selbst) ausgesprochen und scharf die augenblickliche (kapitalistische) Wirtschaftsordnung kritisiert. Zur Abhilfe ist ein System vorgeschlagen, das damit beginnt, als erstes zunächst einmal den kleinen Handel (Detailhandel) und seinen Nutzen aus den privaten Händen einzelner in die gemeinsamen Hände einer Mitgliederschar zu bringen. Damit soll die Grundlage gelegt werden zu einer

---

[14] Es empfiehlt sich jedoch dafür den Begriff „sozialwirtschaftlich" oder „gemeinwirtschaftlich", wie wir es im folgenden gebrauchen, zu nehmen.

weiter fortschreitenden Vergesellschaftung, z. B. des Großhandels, der Produktion, der Landwirtschaft und anschließender weiterer wirtschaftlicher Funktionen; aber auch des Häuserbaues, der Sparkassen usf., ohne eine bestimmte Grenze festzusetzen. Als Mittel zu diesen Reformen, die sich jedoch nicht nur organisch folgen, sondern zweckmäßig auch nebeneinander schon einzugreifen versuchen, ist die freie Assoziation, die Genossenschaft angegeben. Mit Hilfe der Kooperation in friedlicher Reformtätigkeit Stück um Stück zur Sozialwirtschaft. Dieses Programm ergibt sich sinngemäß aus Pfeiffers praktischer Genossenschaftsarbeit, wenn er auch selbst theoretisch dieses Thema nicht mehr behandelt hat. Der „Sozialismus" besteht hierbei, kurz gesagt, in der Forderung von Kapitalbesitz kooperativer Natur, in der Gemeinwirtschaft, angefangen mit dem gemeinschaftlichen Detailhandel durch den Konsumverein. Ein Endziel ist hierbei nicht angegeben und nicht greifbar ausgemalt. Die fortschreitende Reform**bewegung** ist die Hauptsache.

Der Konsumverein nach Pfeiffer ist die praktische Verwirklichung eines sozialwirtschaftlich-demokratischen Wirtschaftsprinzips, er ist bereits der Anfang zu einer Verbesserung, einer Um- und Neugestaltung, wenn man so sagen will, zur „Sozialisierung" der heutigen Wirtschaftsordnung. Der Konsumverein nach Pfeiffer ist werdende Sozialwirtschaft! Der nächste Schritt wäre der genossenschaftliche Großeinkauf und die genossenschaftliche, lokalisierte (Bäckereien, Metzgereien usw.) und dann zentralisierte Eigenproduktion.

Das Motto dieser aufbauenden Reformarbeit heißt: „Sozialer Friede und schöpferische soziale Arbeit". Der erhabene Gedanke der Klassenversöhnung: Die Durchdringung aller Klassen mit sozialen gleichgerichteten Ideen als Weg zur Sozialisierung der Gesellschaft, ist Pfeiffer, wie dem englischen Genossenschaftspfadfinder Robert Owen, eigen. Fremd und feindlich steht dabei abseits alles Revolutionäre, aller Klassenkampf. Schrittweise umwandelnd soll friedlich hier der Weg zu einem gerechten sozialen wirtschaftlichen, wie gesellschaftlichen Zustande gebaut werden. Es gelten die — nicht gekannten — Sätze des englischen „Pioneer" von 1834: „Wahnsinn ist es, zur Befreiung des Menschen Gewalt zu gebrauchen... Das Stiften von Frieden ist vor allen Dingen notwendig. — Brüder, hört auf Vernunft, hört auf Weisheit und wendet Eure Energie (nur) dem einen großen Ziele... der Organisation zu." Die arbeitenden Klassen werden die Verbesserung ihrer eigenen wirtschaftlichen wie sozialen Zustände schneller und besser durchführen können mit Hilfe der höheren Klassen, in deren eigenem Interesse letzten Endes ja die Wohlfahrt der arbeitenden Klassen liegt, als wenn sie sich diese zu Feinden machen. Deshalb klingt Pfeiffers soziales Programm gleich demjenigen Robert Owens[15] aus, „wie eine biblische Apostrophe zum Frieden und gemeinsamen Handeln aller Klassen".

Bei Pfeiffers System des Kooperatismus steht das hohe Ziel in der Ferne. Nicht groß sind, damit verglichen, die Augenblickserfolge. Und das ist ja gerade das Neue und Entscheidende: diese Konsumvereine, als erster Schritt, sollen nach Pfeiffer nun nicht mehr vor allem verbilligen und die Waren einfach wohlfeiler liefern und damit ihre Aufgabe erfüllt sehen, wie die Vereine der ersten Konsumvereinsphase in Deutschland. Nein, sie sollen Mittel ansammeln zu weiteren Zwecken, zum Ausbau eines ganzen genossenschaftlichen Wirtschaftssystems. Den Konsumvereinen sollen sich eigene Produktionsbetriebe anschließen, sie sollen den Großhandel, den Wohnungsbau, die Sparkassen usw. selbst in die Hand nehmen. Sie wirken vorbereitend und vorerziehend, sie sind nur die Vorbedingung zur Verwirklichung von Pfeiffers sozialökonomischem System, sind die allererste Voraussetzung einer erstrebten neugeordneten Wirtschaft und neuorientierten Gesellschaft.

Die folgende Entwicklung der Geschichte zeigt noch reichlich, inwieweit und wie heiß der Kampf geführt werden muß zwischen erster und zweiter Phase von Konsumvereinen. Noch lange nicht ausgekämpft hat „das kooperativ-sozialistische Ideal mit dem momentanen praktischen Interessen der Mitglieder" (Pumpiansky). Nur zu oft ist es besiegt worden. Wo die egoistische Gewinnsucht über die Opferbereitschaft Herr wurde, da ist gar bald das sozialwirtschaftliche Ideal und das erhabene Ziel aus den Augen verloren worden. Da wurden mehr und mehr Zugeständnisse den sehr bald geweckten und gereizten kapitalistischen Instinkten gemacht. Da verfällt die Genossenschaft schließlich ganz dem Dienste profitlicher Interessen ihrer „dividendenhungrigen" Mitglieder, damit hört sie aber auf, die Sozialwirtschaft vorzubereiten, damit gleitet sie wieder abwärts von der neuen höheren Stufe. Diese Gefahr ist von der Stunde der Verkündung durch Pfeiffer an: „Ihr

---

[15] Helene Simon: Robert Owen 1905, S. 245.

sollt kleine Kapitalisten werden" immer nahe. Aber Pfeiffer fügte hinzu und legte darauf den Ton: um dann weiter zu bauen! Wenn nun jedoch diese „kleinen Kapitalisten" damit schon vollauf befriedigt waren? Wenn der durch Dividenden und Billigkeitsforderungen um Forderungen oft nicht unbeträchtlich gewordene Nutzen des Gewinnanteils, den sie alljährlich erhielten, ihre kleinsten und kleinlichen Interessen schon befriedigte? Wenn ihnen dieses Allernächste schon vollauf genügte und ihr Streben damit am Ende ist? — Seitdem die neue Stufe erklommen ist, geht der Weg der Konsumgenossenschaften hier beständig am Abgrund vorüber und es droht das Beste, das Wertvollste, das Ideal verloren zu gehen. An diesem Punkte ergibt sich das Kriterium für die Frage: Ist die Konsumgenossenschaftsbewegung wirtschaftlich umgestaltend? Sind die Konsumvereine der Anfang einer neuen Wirtschaftsordnung und Wirtschaftsverfassung, sind sie schon ein Teil „Sozialismus" oder besser gesagt, führen sie zur fortschreitenden Gemeinwirtschaft? Sie haben diese Mission, wenn sie die erste Konsumvereinsentwicklungsstufe des Verbilligungsvereins überwunden haben und nach dem neuen Pfeifferschen System bewußt in der Richtung der immer weiter greifenden Sozialwirtschaft arbeiten; wenn also der Weg weitergeschritten wird und dem genossenschaftlichen Kleinhandel (Konsumverein), die genossenschaftliche Eigenproduktion, der vergenossenschaftlichte Großhandel (Großeinkaufsgenossenschaft) usw. folgt. — Diese Erörterung haben wir aber erst wieder am Schlusse dieser Abhandlung aufzunehmen. In diesem ersten Pfeifferschen Buche von 1863 sind diese Probleme nur im Keime, ihm selber noch unklar im Einzelnen, an dem wir nur wenig zu erkennen vermögen, enthalten.

Über die direkte praktische Wirkung dieses ersten Pfeifferschen Werkes auf die deutsche Konsumgenossenschaftsbewegung können wir keinen zahlenmäßig erfaßten Nachweis bringen. Es sei nur eine zeitgenössische — durch die Persönlichkeit des Kritikers jedoch höchst gewichtige — Besprechung des Buches hier mitgeteilt. Prof. A. Schäffle charakterisierte in einer ausführlichen seitenlangen Besprechung in seiner „Zeitschrift für die gesamte Staatswissenschaft"[16] das Pfeiffersche Buch u. a. wie folgt: „... Es ist statistisch sowie theoretisch die übersichtlichste und vollständigste Darstellung, die wir kennen, von umsichtigem nationalökonomischem und politischem Urteil, voll von Hin-

---

[16] 20. Jahrgang 1864, Tübingen, S. 747 ff.

gebung für den Stoff, und es scheint auf Autopsie zu beruhen ... in der negativen Kritik dieser (kapitalistischen) Verhältnisse zeigt es viel Wahlverwandtschaft sogar mit Lassalle ... Ganz neu an der Pfeifferschen Darstellung der Genossenschaftssache sind, nach dem (vielleicht unvollständigen) Wissen des Referenten von der diesfälligen Literatur, z. B. folgende Ausführungen: Das Prinzip der Berechnung der laufenden Marktpreise für die Bezüge der Konsumvereinsgenossen möge auch in Deutschland angewendet werden, weil darin eine indirekte Spareinrichtung, die Nötigung zur Kapitalansammlung gegeben sei ..." Mit diesem letzten Satze trifft Schäffle die Hauptbedeutung, welche das Buch für die deutsche Konsumvereinsbewegung gewonnen hat.

Nach verschiedenem ist anzunehmen, daß das Pfeiffersche Werk über Genossenschaftswesen damals weit verbreitet worden ist, Anklang fand und seine Aufgabe: Anregungen zur Praxis zu geben, mannigfach erfüllte. Andererseits ist es wohl denkbar und anzunehmen, daß es gerade in den Kreisen, welche den bisherigen Konsumvereinen nahe standen, Ablehnung, wenn nicht Widerstand fand. Wir denken hier vor allem an den ehrwürdigen Vater des allgemeinen Genossenschaftswesens in Deutschland, an Hermann Schulze aus Delitzsch und seinen Kreis. Für sie hatte dieser junge, unbekannte Idealist und plötzlich aufgetauchte Genossenschaftsreformer mehr gesagt, als sie wollten — als sie zugestehen durften und als sie verantworten konnten. Aber erst später wurde dieser Zwiespalt offensichtlich und schließlich immer unüberbrückbarer; in diesen 60er Jahren war der Pfeiffersche Kooperatismus ja nur erst eine Lehre, ein System, eine Theorie für sie — um nicht zu sagen, eine: Utopie.

B. Eduard Pfeiffer als Praktiker, Agitator und Organisator.

Mit drei nun folgenden Tatsachen, die eine Verwirklichung der theoretischen Grundsätze bedeuten, macht sich Pfeiffer auch zum praktischen Vorbereiter, Schöpfer und Organisator einer neuartigen Genossenschaftsbewegung in Deutschland, die wir nach Pfeiffer als „Kooperatismus" („Konsumgenossenschafts-Sozialismus") bezeichnen wollen.

Erstens gründet er selbst einen Musterkonsumverein in Stuttgart. Zweitens schreibt er eine ausführliche Anweisung zur Gründung und Einrichtung von Konsumvereinen und agitiert für dieselben. Drittens begründet und leitet er einen Verband deutscher Konsumvereine.

Von dem Jahre 1864 ab nimmt in Deutschland eine Konsumgenossenschaftsbewegung ihren Anfang, die sich aus einer bisher nicht gekannten Art von Konsumvereinen zusammensetzt. Eine neue Art von Vereinen, sowohl in ihrer inneren Organisation, als vor allem in ihrer Zwecksetzung. Das zugrunde liegende Prinzip dieser neugebildeten, oder nach ihm umgestalteten Vereine, ist von Pfeiffer angegeben und eingeführt worden, weshalb wir es als das Pfeiffersche Konsumvereinsprinzip bezeichnen wollen. Nicht unähnlich sind die neuartigen Vereine dem englischen Muster, wie es in Rochdale erstmals so großartig gegeben war. An ihm hatte sich Pfeiffer ja vor allem orientiert. Die Eigentümlichkeit und Selbständigkeit der deutschen Vereine in gewissen Einzelheiten erlauben es jedoch nicht, sie einfach als „Rochdaler Typ" zu bezeichnen, wie es in der bisherigen Literatur allgemein üblich war.

1. Gründung (1864) und Leitung des Stuttgarter Konsumvereins.

Den Anfang der Umsetzung seiner Theorie in die Wirklichkeit macht Pfeiffer selbst. Am 24. Oktober 1864 gründete er (mit dem Stuttgarter Arbeiter-Bildungsverein in näheren Beziehungen stehend) mit 52 Mitgliedern dieses Vereins den „Consum- und Ersparnisverein des Arbeiter-Bildungsverein in Stuttgart“ [17]. Es war die erste Probe Pfeiffers auf das uns bekannte Exempel. „Der Stuttgarter Konsumverein gehört nicht zu den ersten in Deutschland“ — schrieb ich [18] in einem Gedenkblatt zu seinem 50. Geburtstag: — „schon 1852 war der Delitzscher Verein gegründet, und der Jahresbericht der Anwaltschaft zählt auf im Jahre (die eingeklammerte Zahl ist eine Schätzung der Gesamtzahl der Konsumvereine):

1861 . . .	14	Konsumvereine	(50)
1862 . . .	41	„	(100)
1863 . . .	66	„	(200)

Seine Bedeutung liegt vor allem in seiner Eigenart, bedingt durch die Persönlichkeit seines Gründers Eduard Pfeiffer. Mit der reichen Kenntnis des Genossenschaftswesens der Welt — von England, Frankreich und Deutschland — aus eigener Anschauung, vollzog Pfeiffer im Jahre 1864 mit dieser Gründung das praktische Experiment auf seine ausführlichen Theorien (Eduard Pfeiffer: „Über Genossenschaftswesen“. Leipzig 1863.) Die Rochdaler Pioniere, die er persönlich besucht hatte, haben ihn wohl am meisten zu der Erkenntnis gebracht, die er 1863 ausrief: „Das arbeitende Volk soll nur für und durch sich selbst wirken — und dies wird auch genügen... Hier (bei den Konsumvereinen) handelt es sich um einen neuen Faktor, der ganz dazu angetan scheint, die sozialen Verhältnisse einer Nation umzugestalten!“ Er warf damals einen Blick in die Zukunft, wie ihn heute kaum unsere Kühnsten wagen; er sprach von einer sozialen, sittlichen, volkswirtschaftlichen, ökonomischen und erzieherischen Bedeutung, er bezog Sparkassen, Wohnungs- und Bau-

---

[17] Es scheint in Stuttgart auch schon vor 1864 ein Konsumverein bestanden zu haben. Leider ist es uns bisher nur gelungen, die folgende Spur zu finden: Das erste Heft des Jahrgangs 1856 (1857 gedruckt) der Württembergischen Jahrbücher, herausgegeben vom kgl. statistisch-topographischen Institut, verzeichnet unter seiner Chronik des Jahres 1856 auf Seite 30: „Der Consumverein Stuttgart hielt am 13. Okt. 1856 eine Generalversammlung. Nach dem mitgeteilten Rechenschaftsbericht besitzt der Verein an Aktiven, in Baar- und Naturalvorräthen 938 fl. 42 kr.; die Passiven für Anlehen betragen 942 fl. 55 kr. Das kleine Defizit kann als gedeckt angesehen werden, da die Vorräthe zu niederen Preisen angeschlagen wurden. Seit seinem Bestehen hat der Verein die Summe von ca. 2500 fl. umgesetzt. Die Vorräthe bestehen in Welschkorn, Erbsen, Linsen, Bohnen rc.“

[18] „Konsumgenossenschaftliche Rundschau“ 1914, S. 784 ff. (gezeichnet: E. Br.).

genossenschaften, Kreditvereine und besonders Produktivgenossenschaften u. a. in seinen herrlichen Gedankenbau; aber als Grundlage, als erste Stufe des allen stand der Konsumverein. Und Pfeiffer selbst wollte daran helfen: als Schriftsteller, als Redner, als Nationalökonom, als Gründer, als Organisator. Jahrelang hat er es getan, mit reichen Erfolgen. Von der großen Idee — zur großangelegten Tat. Der Konsumverein als Mittel zur materiellen, geistigen und sittlichen Hebung des Volkes! In solchem fruchtbaren Boden keimte der Stuttgarter Konsumverein. Die ersten Konsumvereine in Deutschland waren meist Wohltätigkeitsvereine. Mit Anfang der 50er Jahre kamen dann in Norddeutschland solche, die sich auf Selbsthilfe gründeten und teilweise eigene Geschäfte betrieben, wobei sie die Vorteile den Mitgliedern sogleich beim Einkaufe durch Billigkeit — soweit sie keine eigenen Geschäfte betrieben: durch Marken — zugute kommen ließen. Diese Vereine konnten weder große Verbreitung noch die angemessene Ausdehnung finden; Pfeiffer hatte sich eigene Prinzipien und eine eigene gut fundierte Organisation aus ausländischen Vorbildern zurechtgelegt, wobei der Spargedanke („Ersparnisverein") eine Hauptrolle spielte, und verwirklichte sie erstmals in seinem Stuttgarter Verein.

Mit der Gründung des Stuttgarter Vereins folgte die Praxis hier einer wohlausgebauten, gründlich verarbeiteten und mit großer Liebe vorgetragenen Theorie. Über die Gründung berichtete das „Stuttgarter Neue Tagblatt" vom 24. November 1864: Der erste Markenkonsumverein in Stuttgart und in Württemberg überhaupt hat dieser Tage seine Tätigkeit begonnen. Er besitzt dahier ein eigenes Wirtschaftslokal mit Kosttisch und hat Kontrakte mit einem Bäcker, Ochsenmetzger, Schweinemetzger, Kaufmann, sowie einem Holz- und Kohlenhändler abgeschlossen, wonach alle diese Lieferanten die Marken des Vereins annehmen und dagegen denselben einen Rabatt von 7—10 % gewähren. Teilnehmer sind bis jetzt viele Mitglieder des Arbeiter-Bildungsvereins. Mitglied kann jedoch jeder werden, der sich den Statuten des Konsumvereins unterwirft.

Ein recht bescheidener, vorsichtiger Anfang ist dieser Vertragsschluß mit sogenannten Lieferanten und dieses Markensystem. Aber man sammelte und schulte dabei Mitglieder, bedurfte nur kleiner Kapitalien und hatte ein geringes geschäftliches Risiko. Sobald aber die Mitgliederzahl genügend groß sein würde und die erforderlichen Geldmittel aufgebracht wären, dann wollte man — das sagte man sich sogleich — ein eigenes Geschäft in Betrieb nehmen. Hier ist nicht der Rochdaler Knabe, der mit dem hölzernen Säbel in der Hand träumt, daß er eine Welt einst erobern wolle; hier ist ein Kluger, der nicht laut sagt, was er will, der still, ruhig und fleißig ist und unerkannt wartet und sich vorbereitet, bis seine Zeit gekommen, bis er die Kraft in sich fühlt und die sichere Gewißheit hat, jetzt kannst du es wagen und wirst nicht dabei fallen. Hier ist nicht das gewagte Experiment, hier ist die genaue Berechnung und die langsame Erziehung zur bewußten Tat.

Diese Vorbereitung und Schulung mit dem Markenverein dauerte ein Jahr und unter recht schwierigen Verhältnissen wurde 1865 ein eigenes Ladengeschäft in Stuttgart eröffnet. Jedoch bald schon kann Pfeiffer von einem „so raschen Aufschwung des Vereins" berichten, daß er „in verhältnismäßig ganz kurzer Zeit die meisten vorher in Deutschland gegründeten Vereine überflügelte, sowohl in bezug auf Umsatz als Mitgliederzahl... Dieses rasche Gedeihen ist ohne Zweifel zum großen Teile der zweckmäßigen Einrichtung dieses Vereins zu danken, die sich daher für andere neuzugründende Vereine zur Nachahmung empfehlen dürfte". Ohne Zweifel wurde der Stuttgarter Verein zu einem Vorbild, welches viel Nachahmung gefunden hat, zunächst in Süddeutschland, besonders in Württemberg und Bayern. Und noch heute stellt der Stuttgarter Konsumverein in gewissen Dingen den Mustertyp eines Vereins der modernen Richtung dar.

Es ist neben der Art des teilweisen Beibehaltens von Lieferantengeschäften und dem ausgesprochenen Ziele der Angliederung der zentralen Produktivgenossenschaft (was nebenbei gesagt, der Verein heute nicht mehr in jeder Beziehung zum Ausdruck bringt), der Charakter der allgemeinen Mitgliedschaft, die dem Wesen der wirtschaftlich sozialen, sonst in jeglicher Beziehung neutralen Konsumgenossenschaft entspricht und bewußt zur natürlichen Überbrückung der Klassenfeindschaft führen will. So verzeichnet schon eine der ersten Mitgliederlisten des Stuttgarter Vereins neben dem Fabrikarbeiter den Fabrikanten, ebenso Handwerker, Beamten vom Rathausdiener bis zum Oberjustizrat, Briefträger wie Pfarrer, Lehrer und Professoren, Offiziere bis hin zum Generaladjutanten des Königs, Ärzte, Kaufleute, Schriftsteller und viele andere. Und geradeso ist es heute nach 50 Jahren. Noch immer ruht der Verein auf der breiten, sicheren Grundlage der Beteiligung aller Klassen. Von den rund 33 000 Mitgliedern sind ungefähr die Hälfte Arbeiterfamilien, und die andere Hälfte setzt sich aus Staats- und Gemeindebeamten, Handwerkern, Geschäftsleuten, Lehrern, Offizieren und Schriftstellern zusammen. „Eine Mischung" wie Fr. Feuerstein[19] sagt, „die nicht auf Philanthropentum, sondern auf wohlverstandenen wirtschaftlichen Interessen beruht und beiden Teilen von Nutzen ist". Zu bemerken ist noch, daß die Verteilung der Ersparnisse in der Anfangszeit in der Weise geschah, daß die Mitglieder drei Viertel desselben als „Dividenden" erhielten, ein Achtel wurde zum Reservekapital geschlagen und ein Achtel erhielt der Arbeiter-Bildungsverein für Bildungszwecke.

Über die Geschichte des Stuttgarter Konsumvereins soll hier[20] nichts Weiteres berichtet werden, da wir die Gründung, Eigenart und Entwicklung eines Konsumvereins der Pfeifferschen Richtung an einem anderen allgemeineren Beispiele in ihren Einzelheiten studieren wollen[21]. Nur ein paar Zahlen mögen hier das ungeheuere Wachstum und die Riesenkraft eines gesunden Keimes andeuten:

(Siehe Tabelle auf Seite 43.)

Mitte der 60er Jahre kam eine deutsche Konsumvereinsbewegung in Fluß. Das Buch „Über Genossenschaftswesen" erregte für die Genossenschaftssache Interesse, von den verschiedensten Seiten kamen Anfragen an Pfeiffer, die weiteren Aufschluß wünschten über diese und jene Fragen, insbesondere in bezug auf die Gründung und Einrichtung von Konsumvereinen. Es ergab sich, daß der Mann, der dieses Buch geschrieben hatte und dabei die Konsumvereine zum erstenmal derartig in den Vordergrund der Genossenschaftsarten rückte und ihnen die bisher nicht zugeschriebene Bedeutung einer Unterstufe zu einer neuen, höchst wichtigen sozialen Reformbewegung gab, bald im weiten Kreise als die Konsumvereinsautorität galt. Vereine luden Pfeiffer ein, um in Vorträgen ebenso unterrichtet zu werden wie die Stuttgarter. Es beginnt jene Zeit des

---

[19] „Konsumgenossenschaftliche Rundschau" 1914, S. 783.

[20] Über den Stuttgarter Konsumverein siehe die wertvolle Denkschrift von Franz Feuerstein: Die Geschichte des Spar- und Konsumvereins Stuttgart 1864—1914. (Stuttgart 1914.)

[21] Nämlich am Konsumverein Eßlingen. Dieser Teil meiner geschichtlichen Untersuchung ist in dieser Arbeit nicht enthalten. Siehe auch: „Fünfzig Jahre Eßlinger Konsumverein" von Karl Bittel in der „Konsumgenossenschaftlichen Rundschau" 1915, S. 196.

	Jahr 1865	1874	1884	1894
Mitgliederzahl	218	2 368	2 544	10 985
Umsatz	41 297	1 055 909	1 369 708	3 901 199
Reingewinn	3 704	54 756	102 881	337 619
Mitgliederersparnisse[23]	2 685	51 377	91 704	323 663
Geschäftsanteile } Spareinlagen	1 863	186 212	68 362	281 115
Spareinlagen			259 028	489 967
Steuern und Abgaben	—	—	15 905	43 441
Zahl der Läden	1	9	13	19

	Jahr 1904	1914[22]	Gesamtsumme von 1864—1914
Mitgliederzahl	21 926	32 980	—
Umsatz	6 401 676	ca. 10 000 000	193 490 777
Reingewinn	637 336	„ 400 000	13 287 572
Mitgliederersparnisse	583 404	„ 820 000	14 206 672
Geschäftsanteile	577 461	„ 900 000	—
Spareinlagen	1 498 398	„ 1 400 000	—
Steuern und Abgaben	101 802	„ 161 080	2 743 907 {von 1880 bis 1913
Zahl der Läden	28	43	—

„Reisepredigers" Pfeiffer, der von Stadt zu Stadt kommt, um für die Konsumvereine Propaganda zu machen. Neben dieser rednerischen Tätigkeit entfaltete Pfeiffer bald eine lebhafte schriftstellerische Agitation für die Sache, der er ganz zu dienen bereit war. Zahlreiche Zeitschriften ersuchten ihn um Ausführungen über das Genossenschaftswesen, für das man Interesse gewonnen hatte. So finden wir in einer Reihe von Zeitschriften, besonders in den beliebten viel gelesenen illustrierten Haus- und Familienblättern, Pfeiffers geschickte Darstellungen. Es seien hier nur drei solcher Abhandlungen als Beispiele erwähnt: „Wie man aus Groschen Millionen schafft" lesen wir in „Die illustrierte Welt" (Stuttgart, Oktober 1865, 14. Jahrgang, Seite 6 und 14, vier Spalten) mit dem

[22] Die Zahlen von 1914 sind durch eine Durchschnittsberechnung nach dem ersten Halbjahr 1914 ermittelt, da bei Ausgabe der Denkschrift, der diese Statistik entnommen ist, der Bericht über das ganze Jahr noch nicht vorlag.

[23] Als „Mitgliederersparnisse" sind hier nur die Rückvergütungen (die sogenannten Dividenden) und baren Rabatte angegeben. Bei einer Gesamtberechnung des volkswirtschaftlichen Nutzens wären außerdem die Steuern, billigeren Preise bei Qualitätsware, die mustergültigen Arbeiter- und Angestelltenverhältnisse und die verschiedenen sozialen Einrichtungen und Leistungen in Berechnung zu ziehen.

Untertitel: Die Konsumvereine. „Wir sind überzeugt" — schreibt Pfeiffer da — „daß jeder gern das Rezept kennen lernen möchte, wie man in kurzer Zeit aus Kreuzern und Groschen Millionen machen kann. Dieses Rezept ist äußerst einfach, von ganz schlichten Arbeitern erfunden, die gewiß nie Chemie studiert und nie Alchemie probiert haben. Und doch — wo nur immer die Vorschriften genau eingehalten worden sind, wo man das Beispiel der Erfinder getreu nachgeahmt hat, ist der Versuch auch ebenso glänzend gelungen. Darum wird es gewiß nicht ohne allgemeines Interesse sein, etwas Näheres von jenen Arbeitern zu erfahren, die es so gut verstanden haben, ihre mühsam zusammengebrachten kleinen Sparpfennige so üppig wuchern zu lassen, daß in wenigen Jahren Summen zu ihrer Verfügung standen, von denen sie sich selbst früher nie hätten träumen lassen. — Es war im Jahre 1843, als in England alle Baumwollarbeiter in schwerer Not waren...

... Hoffen wir, daß die Arbeiter und die Mittelklassen überall all die Vorteile aus diesen Vereinen ziehen werden, die ihnen da geboten sind, und daß sie auch hier bald aus ihren Groschen Millionen schaffen! Die paar tausend Gulden, die hierbei einem jeden einzelnen zufallen, müßten allein zwar schon genügender Grund sein, um jeden Menschenfreund zu bestimmen, nach Kräften diese Vereine zu fördern, aber wichtiger als die Möglichkeit von ziemlich beträchtlichen Ersparnissen, die hier auch dem Ärmsten geboten wird, ist der Schlüssel, welcher hier gegeben ist zur allmählichen Lösung der ganzen sozialen Frage. Selbsthilfe und Assoziation ist fortan das Losungswort, unter dem alle diejenigen kämpfen, denen es ernst ist mit der Hebung des Arbeiterstandes und die in Wahrheit die Lösung der sozialen Frage anstreben."

In Hackländers großer illustrierter Wochenzeitung „Über Land und Meer" ist eine sehr umfangreiche Abhandlung von Pfeiffer „Die Arbeiter-Assoziationen und die Konsumvereine", welche sich über vier Hefte erstreckt. (Stuttgart, 8. Jahrgang, Seite 110, 118, 131, 149. Im November 1865 beginnend.) Es heißt dort zu Beginn: „In unserem Zeitalter, wo sich alles assoziiert — vom Opernsänger an, der sich in einen Verein einkauft, um sich eine Pension zu sichern, wenn einmal seine Stimme ausgesungen sein wird, bis zum Gutsbesitzer, der sich mit anderen Genossen vereinigt, um seine Saaten gegen Hagelschaden zu versichern, vom kleinen Krämer an, der wenigstens eine Aktie haben will zu einer Eisenbahn oder zu irgendeinem anderen industriellen Unternehmen, bis zu jenen Börsenkönigen, die in den Banken und Kreditmobiliers ihre Millionen zusammenlegen zu gemeinschaftlichen Spekulationen..."

Um schließlich noch ein Beispiel zu geben: In „Die Stadtglocke — Illustriertes Unterhaltungsblatt zu Lust und Lehre für alle Stände" (Stuttgart, A. Kröners Verlag 1866 S. 26 ff.) heißt es über: „Die Consumvereine" von Pfeiffer: „Gewöhnlich, wenn man die Vorteile des festen Zusammenhaltens Mehrerer auseinandersetzen will, erzählt man die bekannte Geschichte von dem sterbenden Vater, der seinen Söhnen die Vorteile der Einigkeit dadurch zu veranschaulichen wußte, daß er eine Anzahl dünner Stäbe in ein Bündel zusammenschnürte; während jeder einzelne dieser Stäbe von einem kleinen Kinde hätte zerbrochen werden können, reichte die Kraft des stärksten Mannes nicht aus, um das Bündel zu zerbrechen. Dieses Beispiel zeigt die stärkere Widerstandskraft, die durch festes Zusammenhalten einer größeren Menge erreicht wird, daß aber auch durch einiges Zusammenwirken Mehrerer nach demselben Ziele Größeres erreicht werden kann, als wenn jeder für sich seinen Weg geht, erhellt aus hundert Dingen, die wir täglich sehen. Es fragt sich nur, ob jeder auch die Lehre daraus zieht, die klar genug aus den Dingen sprechen, die uns umgeben? Wer hätte es nicht schon mit angesehen, daß ein schwerbeladener zweispänniger Wagen irgendwo stecken blieb?..." Und so weiter, leicht verständliche und anziehende Ausführungen, auf die wir nicht zuletzt die günstige Aufnahme der Konsumvereinsbewegung, von der wir noch hören werden, gerade in den Kreisen, welche solche illustrierten Blätter lesen, zurückführen dürfen. Die Behandlung des Stoffes ist immer ähnlich derjenigen, welche wir schon kennen, in steigendem Maße jedoch berücksichtigt Pfeiffer die Konsumvereine, denen ja in seinem Programm von vornherein, wenn auch nicht wie später, die Hauptmission, so doch die erste Mission innerhalb des Genossenschaftswesens zugedacht war.

2. „Die Consumvereine", 1. Auflage (1865).

Am 26. März 1865 bekam Pfeiffer nach Beschluß einer Sitzung des ständigen Ausschusses des Vereinstages deutscher Arbeitervereine den ehrenvollen und bezeichnenden Auftrag, eine Broschüre über die Errichtung und den Betrieb von Konsumvereinen zu verfassen. Schon im nächsten Monat (April 1865) lag ein kleines — wie Pfeiffer sagt — mit einer gewissen Flüchtigkeit geschriebenes Handbüchlein „Die Consumvereine, ihr Wesen und Wirken. — Nebst einer praktischen Anleitung zu deren Gründung und Einrichtung" vor. Es ist das erste Buch in Deutschland, das sich speziell und ausschließlich mit Konsumvereinen beschäftigt.

In der Einleitung sagt der Verfasser, daß er einem allgemeinen Bedürfnis zu entsprechen glaube, indem er im vorliegenden Werkchen kurz zusammenfasse, was sich über Konsumvereine sagen läßt. Es heißt dort wörtlich weiter: „Man kann wohl sagen, daß nun die Zweckmäßigkeit (und Berechtigung) der hier in Rede stehenden Assoziationen ganz allgemein anerkannt wird, nur über die Tragweite und über die Rolle, die denselben in bezug auf die Lösung der sozialen Frage beizumessen ist, herrscht noch Streit." Eine „brauchbare Anleitung fürs praktische Leben" sollte mit dem Büchlein, das die Konsumvereine „zu fördern sucht", gegeben sein. Es hatte die Aufgabe, das „große Publikum über das Wesen und Wirken der Konsumvereine im allgemeinen aufzuklären und denjenigen, die sich besonders für derartige Assoziationen interessieren, Material an die Hand zu geben, um ihnen die Gründung und Einrichtung ähnlicher Vereine zu erleichtern. Mit Hilfe der Angaben, die sich in diesem Buche vorfinden, glaube ich, wird jeder imstande sein, die nötigen Schritte zu tun, um einen Konsumverein ins Leben zu rufen, und wenn er den hier gegebenen Weisungen folgt, wird er gewiß manchen vergeblichen Versuch und manche bittere Erfahrung vermeiden können, die er sonst nicht wohl umgangen hätte". (S. V.) Und wenn es „hier oder dort vielleicht die Anregung gibt zur Gründung eines Konsumvereins, oder wenn es nur denen, die eine solche Assoziation ins Leben rufen oder ihr vorstehen, ihr Geschäft erleichtern kann, so hat es Nützliches gewirkt und seine Aufgabe erfüllt". (S. VI.)

Nach dem mit diesem Büchlein gegebenen Rezepte mögen manche Vereine gegründet und andere danach umgestaltet worden sein. Kurz gefaßt, in manchem etwas deutlicher und bestimmter sind die Gedanken wiederum ausgeführt, welche wir schon in dem größeren Werk über Genossenschaftswesen kennen gelernt haben. Vor allem aber diesesmal, wie gesagt, berechnet und auf dieses eine ganz zugespitzt: zu wirken auf den Willen zur Begründung von Konsumvereinen.

Durch Anwendung der Assoziation und der Selbsthilfe soll den sozialen Übelständen entgegengewirkt werden. England wird wieder vorgeführt, wo der ganze genossenschaftliche Bau auf der Grundlage der Konsumvereine fuße und wo man von vornherein die Absicht gehabt habe, von dieser Grundlage aus, sobald es die Umstände erlauben würden, weiter zu schreiten. In Frankreich übte man dieses langsame bedächtige von unten herauf Bauen nicht und scharte sich, das Mittelglied überspringend, sofort schon zur gemeinschaftlichen Produktion zusammen, ohne das Fundament des genossenschaftlichen Gebäudes durch die Konsumvereine gelegt zu haben. Dieses ohne jegliche Vorschule in dem gemeinschaftlichen Zusammenwirken und ohne Erfüllung der nötigen Grundbedingungen gewagte Experiment hatte, trotz einzelner prächtiger Erfolge, seine natürlichen Folgen. In Deutschland ist am verhältnismäßig wenigsten für den Arbeiterstand bisher geschehen. Die Arbeiter-Bildungsvereine, sowie die damit zusammenhängenden Spar- und Krankenkassen, so nützlich sie auch wirken mochten — besonders im Anfang solange sie die Schule bildeten zu weiterem gemeinschaftlichen Vorgehen —, konnten nicht ganz die ihnen gestellte Aufgabe — die Lösung der sozialen Frage — erfüllen, wenn sie sich nicht eben nur als die große Grundlage betrachten zu weiterem Vorangehen, und aus ihnen heraus neue andere Assoziationen erwachsen. Lassalles Agitation zeigte im besonderen, daß für die materielle Hebung des Arbeiterstandes noch so gut wie nichts bei uns in Deutschland getan war. Aber, statt daß er ihnen nun den Weg zeigte und sie daran gewöhnt hätte, „auf ihre eigene Kraft zu bauen und durch und für sich selbst zu wirken, vertröstete er sie auf die zukünftige Staatsunterstützung". (S. 11.) Trotz allem war Lassalles Auftreten für die Arbeiterbewegung sehr förderlich. Es entwickelte sich ein regeres Leben in ihr, neue Kreise wurden auf sie und ihre Zustände aufmerksam und interessiert und man schaute nach anderen schon weiter entwickelten Ländern, um kennen zu lernen, was dort schon unternommen sei. Konnten so doch z. B. 1861 erst 20 Konsumvereine in Deutschland gezählt werden, so mögen es heute (1863) jedenfalls schon 200 sein. Und schon können Ergebnisse berichtet werden, die zur Nachahmung anspornen müssen. Aber neben diesen bestehenden Konsumvereinen, die sich in kleinen Zwecken verlieren, indem sie nur eine verbilligte Ware liefern wollen und keinen Wert auf die Ansammlung von Kapitalien zum genossenschaftlichen Weiterbau legen, mögen neue treten oder diese sich umwandeln. Pfeiffer gibt deshalb Grundsätze und Anweisungen für die Gründung von neuartigen Konsumvereinen, die er sich aus den in den verschiedenen Ländern bestehenden Konsumvereinen konstruiert hat, und die geeignet sind, die Grundlage für anschließende weitere genossenschaftliche Unternehmungen zu bilden. „Da es aber (so schließt das einleitende Kapitel) doch häufig vorkommt, daß man eben bei der Gründung oder während der ersten Zeit des Bestehens solcher Vereine auf Schwierigkeiten stößt, so wird es gewiß von Nutzen sein, in möglichst genauer Weise Aufschluß zu geben und Einsicht zu verbreiten über das eigentliche Wesen und den Zweck der Konsumvereine und namentlich auch über ihre innere Einrichtung und über das, was bei ihrer Gründung und später bei ihrer Verwaltung zu beobachten ist.“ (S. 13.) Es werden nun die uns bereits bekannten neuen Pfeifferschen Prinzipien, wie sie sich aus einer zweckmäßigen Vermengung englischer, französischer, schweizerischer und deutscher Konsumvereinsart ergeben, vorgeführt und zur Praxis empfohlen. Im besonderen wird der junge Stuttgarter Verein zum Vorbilde gemacht und seine Statuten als Musterstatuten wiedergegeben und genau besprochen. Ebenso seine anderen Einrichtungen.

Hauptwert legt Pfeiffer auf das richtige Verständnis für Zweck und Nutzen der Konsumvereine, um die verschiedene Bedeutung der verschiedenen Arten von Vereinen unterscheiden zu können. Allgemein sei bei allen Arten und Abarten der Grundgedanke, daß durch den Zusammenschluß einer größeren Anzahl von Käufern oder Konsumenten, welche gemeinschaftlich oder doch nach einem einheitlichen Plane einkaufen, gewisse Vorteile erreicht werden. Dieser Vorteil kann nun dem einzelnen unmittelbar bei jedem Einkauf zugute kommen; entweder kauft er dadurch unter dem gewöhnlichen Marktpreise ein, erhält also seine Waren billiger; oder er erhält Rabatte oder Prozente sofort bar abgezogen. Die andere Art des Vorteils kommt in der Art zustande, daß der einzelne zu dem üblichen Marktpreis oder doch nur unerheblich davon abweichend einkauft und seiner Vereinigung den Nutzen zunächst zukommen läßt, welcher dann später (etwa alle Jahre einmal) an die einzelnen Vereinsteilhaber im Verhältnis ihres Einkaufs in Form von Dividenden oder Gewinnanteilen (Sparanteilen) zurückfließt. Zwar wäre auch jener nächstliegende Grund der Verbilligung, dieser direkte pekuniäre Vorteil schon genügend Ursache zur Gründung solcher Käufervereinigungen, viele der bisher entstandenen Konsumgesellschaften haben auch gar keine weitergehenden Bestrebungen. Aber, wenn das aller Zweck sein würde, „so wäre wahrlich kein Grund vorhanden, sich für die Konsumvereine zu begeistern". (S. 61.) „Allein man muß sie noch von einer anderen Seite aus ansehen, indem man sie in ihren Beziehungen zu den ganzen genossenschaftlichen Bestrebungen betrachtet. Hier tut sich eine neue Aufgabe für die Konsumvereine auf; und uns erscheint diese bei weitem als die wichtigere, obwohl es, wie gesagt, viele Vereine gibt, denen diese Zwecke völlig fremd sind." (S. 61.)

Soweit unsere Forschungen gehen, war allen älteren deutschen Konsumvereinen irgendeine Beziehung zu den „ganzen genossenschaftlichen Bestrebungen" fremd und unbeachtet, so daß die Forderung Pfeiffers eine Neuaufgabe war. Jedenfalls besteht die Tatsache, daß noch kein deutscher Verein eine dieser neuen Aufgaben praktisch verfolgt oder doch wenigstens in seinem Programm ausgesprochen hatte, es sei denn, daß diese (von 1863 ab) von Pfeiffer dazu angeregt worden sind.

Nochmals wird in dem Pfeifferschen Schriftchen das englische Bild vor Augen gehalten und daran erinnert, daß die Gründer der dortigen Vereine dieselben von Anfang an für nichts anderes ansahen, als für einen ersten Schritt auf der genossenschaftlichen Bahn. Das Endziel sei dort die Hebung des Arbeiterstandes, sich auf das geistige, sittliche und materielle Gebiet erstreckend. „Als Mittel hierzu erkannten sie das genossenschaftliche Prinzip oder die auf Selbsthilfe gegründete Assoziation der Arbeiter. Und hier bildeten dann die Konsumvereine die besten Grundpfeiler, auf denen am sichersten und tüchtigsten weitergebaut werden kann. Der momentane pekuniäre Vorteil mußte für sie also notwendig Nebensache sein, im Vergleich zu dem großen Zwecke der Hebung des ganzen Arbeiterstandes, dem diese Vereine dienen sollten." (S. 62.) Sehr Ersprießliches konnten diese Vereine bereits, so berichtet Pfeiffer, mit der Verwendung ihres gemeinsamen Nutzens für Erziehung und Bildung erreichen. Mit ihren Ersparnissen haben sie gute Bibliotheken, Lesesäle usw. schon eingerichtet. Ihr Blick und Verständnis erweitert sich immer mehr dadurch, daß die Mitglieder lernen, ihre Angelegenheiten selbst zu leiten und in ihren großartigen Geschäften wurden sie für weiten Blick geschult. Bildung macht frei und Bildung ist das Mittel, das die soziale Kluft ausfüllt. Solche Pioniere können den Weg bahnen zur „gesellschaftlichen Gleichstellung aller Menschen".

Weiter wird hier bei den Konsumvereinen dem Schuldenmachen durch das Barzahlungsprinzip ein Damm gesetzt und auch der Sinn zur Sparsamkeit erweckt und sogleich betätigt. Neben diesem indirekten Nutzen sind die Konsumvereine direkt die „allerbeste Schule, um das gemeinschaftliche Zusammenwirken erst recht zu lehren und zu befähigen, auf der Bahn der genossenschaftlichen Bestrebungen tüchtig weiter zu schreiten". (S. 64.) Denn — das wird immer wieder betont — die Konsumvereine sind nur der erste Schritt! Aber ihr Gelingen zeigt am besten und schnellsten die Richtigkeit des Prinzips, auf dem das ganze genossenschaftliche Gebäude ruht. „Niemals allein werden die Konsumvereine vermögen, eine Umgestaltung der sozialen Verhältnisse herbeizuführen, wohl aber ist dies zu erwarten von den Produktivassoziationen. Und der Übergang zu diesen wird um ein Namhaftes erleichtert eben durch die Einführung zahlreicher Konsumgesellschaften ... Man sieht es, der indirekte Nutzen, der sich meist erst in einer entfernteren Zukunft geltend machen kann, ist wohl noch größer als der direkte." (S. 67.) Auch hier zeigt uns Pfeiffer noch nicht das ganz klare Bild, inwiefern die Konsumvereine den Übergang und die Grundlage zu Produktivgenossenschaften recht eigentlich erst darstellen, indem sie z. B. selbst Bäckereibetriebe einrichten. Noch weist er nicht auf jene Bedeutung, welche in dem gesicherten und bestimmten Absatzkreis, den die Konsumvereine für eine lokalisierte und schließlich zentralisierte Eigenproduktion schaffen, liegt. Hier nennt er wiederum nur als Hauptwert die Möglichkeit der Kapitalsammlung für genossenschaftliche Produktion und die Erziehung zum gemeinschaftlichen Zusammenwirken. Aber wieder prophezeit er: Wenn einmal die Konsumvereine in Deutschland recht Wurzel gefaßt haben werden, wird von ihnen aus ein mächtiger, neuer Aufschwung in die ganze genossenschaftliche Bewegung kommen.

Im fünften Kapitel vergleicht Pfeiffer die verschiedenen organisatorischen Ausgestaltungen von Konsumvereinen und beurteilt ihre wesentlichen technischen Einrichtungen. Wir wollen hier nur soweit darauf eingehen, als diese Dinge von wesentlicher prinzipieller Bedeutung sind. Die Hauptverschiedenheiten seien folgende: Vereine mit eigenen Läden und solche, die nur Verträge abschließen, sogenannte Markenvereine. Pfeiffer spricht sich dafür aus, daß Läden erst begründet werden sollten, wenn genügend große Kapitalien vorhanden seien (1500—2000 fl. für einen Laden; für einen Markenverein genügten hingegen schon 100—150 fl.), die geeigneten Persönlichkeiten gefunden und eine genügend große Mitgliederschar gewillt sei, den Laden auch regelmäßig zu benutzen. Geraten dürfte es sein, mit dem Markensystem anzufangen und nach und nach zum eigenen Betriebe überzugehen.

Eine zweite fast noch schroffere Verschiedenheit zeige die Lösung des entscheidenden Prinzips: Sogleich die Vorteile in Form billigerer Waren unmittelbar zugänglich zu machen, oder die Waren zum Marktpreise zu verkaufen und erst beim Abschluß den Mitgliedern das Ersparte auf einmal zuzuweisen. Wohl können bei der ersteren Art mehr und bessere Waren angeschafft werden, aber es fehlt der Reiz zum Sparen. Pfeiffer meint, wenn die Konsumvereine die Förderung des Arbeiterstandes erstreben wollen, dann muß immer der ganze Zusammenhang im Genossenschaftswesen betrachtet werden und dann ist es nötig, Kapitalien für weitere Unternehmungen anzusammeln, weshalb dem letzteren Sparsystem unbedingt der Vorzug zu geben ist. „Den neugegründeten Vereinen, welche es übernehmen, zugleich die Kapitalisation des Nutzens zu besorgen, glauben wir noch eine große Zukunft und baldige sehr allgemeine Verbreitung in Deutschland voraussagen zu können. Wie sehr die schönen Resultate, welche in diesen Assoziationen gewonnen werden, zur Nachahmung anfeuern, können wir mit dem Beispiele des Stuttgarter[24] Konsumvereins dartun. Derselbe war kaum zwei Monate in Wirksamkeit, als die ersten günstigen Ergebnisse desselben durch die Zeitungen veröffentlicht wurden, und zugleich regte sich fast in allen Städten des Schwabenlandes der Wunsch, einen ähnlichen Verein zu besitzen und bereits sind in 6—8 größeren Städten Württembergs

[24] Siehe die Geschichte dieses Vereins von Fr. Feuerstein und hier S. 38.

Konsumvereine ganz nach dem Stuttgarter Muster in Bildung begriffen.“ (S. 81.) Später im Jahre 1869 sagt Pfeiffer einmal dazu: Nicht nur fast alle neugegründeten Vereine haben den Grundsatz angenommen, zu den Marktpreisen zu verkaufen, sondern auch sehr viele ältere Vereine sind nachträglich dazu übergegangen.

Noch ein „Streitpunkt“ wird besprochen: „Sollen die Konsumvereine allen Klassen der Bevölkerung offen stehen, oder etwa nur speziell den Zwecken eines gewissen Standes oder einer bestimmten geschlossenen Gesellschaft dienen?“ (S. 82.) Pfeiffer tritt für eine allgemeine Konsumvereinsbeteiligung, wie es sich in Stuttgart verwirklicht hatte, ein: Einmal werden den Konsumenten aus allen Bevölkerungsschichten nicht unwesentliche Vorteile geboten und dann liegt eine möglichst breite Ausdehnung im Interesse des Vereins, da mit dem Steigen des Umsatzes die Bedeutung, Leistungsfähigkeit, wie auch die Wirkung der Vereine wächst. Dabei haben die vermögenderen Kreise durch ihren stärkeren Verbrauch wesentlichen Anteil an der Stärkung der Vereine. Beschränkung auf Arbeiter aus Mißtrauen gegen die übrigen Klassen, oder auf Beamte, weil es mit ihrer Standeswürde unvereinbar erscheint, mit Arbeitern zusammenzugehen, dünken Pfeiffer in keiner Weise gerechtfertigt; denn gerade hier können Vorurteile gemildert und Beziehungen angebahnt werden. Von jeder engherzigen Ausschließlichkeit ist abzuraten.

Wir betrachten noch ganz kurz die praktische Anleitung, die Pfeiffer zur Einrichtung der Konsumvereine gibt: Zur Gründung genügen 20—30 überzeugte und entschlossene Leute. Sehr fördernd wird es sein, wenn irgendeine bereits organisierte Gesellschaft, z. B. ein Arbeiterverein oder etwa ein Gewerbeverein, für den zu gründenden Konsumverein eintritt, oder gar selbst die Gründung betreibt. Dann setze man Statuten fest; im allgemeinen wird die Annahme der beigegebenen Stuttgarter Vereinsstatuten empfohlen, die „dem so bewährten englischen Muster nachgebildet sind, jedoch mit Weglassung alles dessen, was nur speziell für englische Verhältnisse passend war.“ (S. 89.) Diese von Pfeiffer entworfenen Stuttgarter Satzungen werden ausführlich besprochen und erklärt. Wegen ihrer Wichtigkeit als Vorbild zu den Satzungen vieler damals gegründeter oder danach umgestalteter Konsumvereine[25] seien sie hier im Wortlaut wiedergegeben:

[25] Wir machten verschiedentlich die aus unseren anfänglichen Ausführungen sehr verständliche Bemerkung, daß eine ganze Reihe von Vereinen bei der Ausgrabung

Statuten des Stuttgarter Konsumvereins (1864).

§ 1. Der Zweck des Vereins ist: Seinen Mitgliedern gute Lebensbedürfnisse zum Tagespreise zu verschaffen und ihnen hierbei Gelegenheit zu geben, Ersparnisse zu erzielen.

§ 2. Der Verein sucht seinen Zweck vorläufig dadurch zu erreichen, daß er mit hiesigen Gewerbetreibenden und Kaufleuten Verträge abschließt, wodurch diese, um sich die bedeutende Kundschaft des Vereins zu sichern, sich verpflichten — bei Lieferung guter Waren zum Tagespreise — einen bestimmten Rabatt zu gewähren. Der Verein behält sich vor, sobald der geeignete Augenblick eingetreten sein wird, das eine oder auch mehrere der Geschäfte auf eigene Rechnung zu betreiben. Um die Teilnahme von ledigen Mitgliedern zu ermöglichen, hat der Verein schon jetzt eine Wirtschaft mit Kosttisch gegründet.

§ 3. Mitglied des Consum- und Ersparnisvereins kann jeder werden, der sich den vorliegenden Statuten unterwirft.

§ 4. Jedes Mitglied ist verpflichtet, bei seinem Eintritt ein Contobüchlein für 6 Kreuzer zu lösen. Außerdem soll jedes Mitglied eine gewisse Einlage beim Vereine lassen, die auf mindestens 5 fl. und höchstens 500 fl. festgesetzt ist. Um den Mitgliedern jedoch das Leisten der Einlagen zu erleichtern, soll es jedem gestattet sein, bei seinem Eintritte nur ein Zehntel Einlage mit 30 Kreuzer zu bezahlen und das übrige nach und nach durch den auf seinen Theil fallenden Nutzen auflaufen zu lassen. Sobald das auf sein Conto aufgelaufene Guthaben (die erste Einlage von 30 Kreuzern mitgerechnet) 5 fl. übersteigt, ist jedes Mitglied berechtigt, das Überschüssige aus dem Vereine zu ziehen.

§ 5. Die Mitglieder können aber auch den auf ihren Theil fallenden Nutzen beim Verein stehen lassen, indem sie, so oft allemal 5 fl. aufgelaufen sind, einen neuen Einlageschein lösen.

§ 6. Die Einlagescheine werden mit 5% verzinst.

§ 7. Wie schon erwähnt, darf kein Mitglied mehr als 100 solcher Einlagescheine à 5 fl. nehmen und der Verwaltungsrath ist jederzeit berechtigt, wenn er für die vorhandenen Gelder keine Verwendung findet, einen Theil der Einlagescheine zurückzubezahlen, indem er hier stets bei denjenigen Mitgliedern mit der Rückzahlung beginnen muß, welche die meisten Einlagescheine haben. Diesen Mitgliedern steht es dann frei, das zurückbezahlte Geld doch bei dem Vereine zu lassen, nur erhalten sie keine Zinsen dafür.

§ 8. Auch die Mitglieder können das Geld für alle ihre Einlagescheine, bis auf Einen, jederzeit wieder vom Verein zurückerhalten, nur müssen sie hierbei Kündigungsfristen einhalten....

---

ihrer alten Statuten zu Vereinsjubiläen dieselben mit Kommentaren ans Licht bringen, ohne auch nur mit einem Wort auf diesen ihren Ursprung in Pfeiffers Buch hinzudeuten — es ist ganz vergessen, daß es einst dieses Rezeptbüchlein gab und es eifrig gebraucht wurde.

§ 9. Jedes Vierteljahr findet regelmäßig an dem dritten Sonntag der Monate Januar, April, Juli und Oktober eine Generalversammlung statt, in welcher die wichtigsten Angelegenheiten des Vereins verhandelt werden sollen, und in denen namentlich der Verwaltungsrat über seine Thätigkeit, über den Stand der Geschäfte und über den erzielten Nutzen Rechenschaft zu geben hat. In keiner Generalversammlung darf irgend ein Antrag zur Berathung gebracht werden, von dem nicht mindestens 14 Tage vorher dem Verwaltungsrath Anzeige gemacht worden wäre.

§ 10. Der Verwaltungsrath kann jederzeit eine außerordentliche Generalversammlung einberufen; und ist außerdem dazu verpflichtet, sobald 40 Mitglieder eine solche außerordentliche Versammlung verlangen. Eine außerordentliche Generalversammlung muß mindestens 6 Tage im Voraus ausgeschrieben werden, und durch Anschlag im Vereinslocal und in zwei hiesigen Blättern bekannt gemacht werden, nebst Angabe der Zeit und des Zweckes der Versammlung. Keine anderen Gegenstände dürfen bei einer solchen Versammlung behandelt werden als die, welche bei der Ausschreibung angegeben wurden.

§ 11. Die Beschlüsse der Generalversammlung werden nach Stimmenmehrheit gefaßt, nur zur Umänderung der gegenwärtigen Statuten ist ein Majoritätsbeschluß von zwei Dritteln der anwesenden Mitglieder erforderlich. Jede Generalversammlung ist beschlußfähig, in welcher ein Viertel der jeweiligen Mitglieder anwesend ist.

§ 12. Die Leitung und Verwaltung des Vereins geschieht durch einen Verwaltungsrath von 7 Mitgliedern, von welchem alle Jahre 4 austreten, jedoch wieder wählbar sind. In dem ersten Jahre entscheidet das Loos. Die Wahl des Verwaltungsrathes geschieht durch die Generalversammlung schriftlich und entscheidet, wie auch bei den Beschlüssen, einfache Stimmenmehrheit. Der Verwaltungsrath wählt unter sich: einen Vorsitzenden, einen Stellvertreter des Vorsitzenden, einen Schriftführer und zwei Controleure. Der Vorsitzende leitet die Angelegenheiten des Vereins, beruft die Generalversammlungen usw. Über die Verhandlungen sind Protokolle aufzunehmen. Die Vorstandsmitglieder verwalten ihr Amt unentgeldlich.

§ 13. Der Verwaltungsrath ernennt den Cassier des Vereins und bestimmt den Gehalt sowie die Höhe der Caution desselben. Der Cassier hat die erforderlichen Bücher zu führen, sowie den Verkauf der Marken zu übernehmen und hat dem Verwaltungsrath monatlich Rechnung abzulegen.

§ 14. Mitglieder, mit denen der Verein Verträge abgeschlossen hat, können nicht in den Verwaltungsrath gewählt werden.

§ 15. Alle Vierteljahr soll ein Rechnungsabschluß gemacht werden. Zur Feststellung des erzielten Nutzens sind von den erlangten Überschüssen die Verwaltungskosten abzuziehen und jedesmal $2^1/_2$% von dem stehenden Inventar als Abschreibung und endlich die Zinsen der voll einbezahlten Einlagescheine. Das dann noch Übrigbleibende bildet den Nutzen des Vereins. Die Vertheilung des Nutzens geschieht auf folgende Weise: $^3/_4$ erhalten die

Mitglieder, $^1/_8$ wird zum Reservefond geschlagen und $^1/_8$ ist für Bildungszwecke bestimmt, und wird zu diesem Behufe dem Stuttgarter Arbeiterbildungsverein zur Verfügung gestellt. Die drei Viertel des Nutzens, welche unter den Mitgliedern zur Vertheilung kommen, werden je nach dem Umsatze in Marken, die jeder während des betreffenden Vierteljahres bewerkstelligte, vertheilt. Wenn also bei einem vierteljährlichen Gesamtumsatz im Verein von 10 000 Gulden sich ein Nutzen von 1000 Gulden herausstellte, so kämen 750 Gulden oder $7^1/_2$% als Dividende unter die Mitglieder zur Vertheilung, und Jeder erhielte dann für je 10 Gulden Marken, die er gekauft hat, 45 kr. gutgeschrieben.

§ 16. Der Reservefond soll nur in außerordentlichen Fällen angegriffen werden, und kein einzelnes Mitglied oder dessen Erben haben ein Anrecht auf denselben.

§ 17. Ein austretendes Mitglied hat also auch durchaus keinen Anspruch an den Reservefond zu erheben. Jedes austretende Mitglied erhält das Geld für sämmtliche auf seinen Namen eingeschriebene Einlagescheine zurückbezahlt, jedoch mit Einhaltung der im § 8 bestimmten Fristen. Ebenso erhält derselbe das ganze auf sein Conto aufgelaufene Guthaben herausbezahlt, das noch nicht in Einlagescheine umgewandelt ist. Nur hat er keinerlei Anspruch auf den Nutzen, der während des laufenden Vierteljahres, in dem sein Austritt erfolgt, auf seinen Theil etwa noch fallen könnte. Ferner werden jedem austretenden Mitgliede 30 kr. an dem ihm herauszubezahlenden Gelde abgezogen, welche zu dem Reservefond geschlagen werden. Diesen Abzug von 30 kr. brauchen aber diejenigen Mitglieder nicht zu erleiden, welche von hier fortziehen und ebensowenig die Erben eines verstorbenen Mitglieds.

§ 18. Bei vorkommenden Sterbefällen soll, wenn die Erben es nicht für gut finden, in die Rechte und Pflichten des Verstorbenen einzutreten, denselben ihr Guthaben ausbezahlt werden, wie beim Austritte eines Mitgliedes, nach den Bestimmungen des vorhergehenden Paragraphen.

§ 19. Im Falle eines Streites zwischen der Gesellschaft und einem ihrer Mitglieder oder im Falle von Klagen gegen irgendein Mitglied oder gegen einen Diener oder Beamten des Vereins oder in Bezug auf die Qualität und den Preis von Waaren, welche die Gesellschaft geliefert hat, soll sich jeder zuerst an den Verwaltungsrath wenden, damit der Grund der Klage entfernt, oder wenigstens die nötige Auskunft ertheilt werde. Sollte die betreffende Partei nicht völlig befriedigt sein, so kann sie an eine Generalversammlung appellieren, deren Entscheid bindend ist.

§ 20. Sobald der Verein unter 10 Mitglieder zählt, ist er als aufgelöst zu betrachten. Die letztgebliebenen Mitglieder haben sodann die Verpflichtung, den Reservefond, welcher noch vorhanden ist, dem Arbeiterbildungsverein zu übermachen.

Bei Besprechung des Übergangs zu eigenen Läden wird eine zweckmäßige und bequeme Einrichtung derselben bei Vermeiden von jedem Prunk und Luxus anempfohlen. Kostspielige Fensterauslagen, Zeitungsanzeigen und Reklamen können unterbleiben, da ja der Absatz in Mitgliederkreisen gesichert ist. Alles Maßnahmen, wie sie heute noch in der Regel mit voller Bewährung geübt werden. Zwecks Abschluß von Verträgen (als Markenverein), wende man sich vor allem an folgende wichtigste Geschäftsarten: an Bäcker, Metzger, Spezerei- und Viktualienhändler. Aber auch mit einem Wirte, mit einem Holz- und Kohlenhändler, ebenso wie mit einem Schuhmacher und Schneider schließe man Verträge. Als Muster ist wiederum der Vertrag des Stuttgarter Vereins empfohlen und abgedruckt. Er lautet:

Formular für die Verträge des Stuttgarter Konsumvereins.

„Zwischen dem Consumverein des Arbeiterbildungsvereins in Stuttgart und Herrn . . . . hier, ist heute folgender Vertrag abgeschlossen worden:

1) Herr . . . . macht sich verbindlich, den Mitgliedern des Consumvereins gegen Marken des Vereins von in seinem Verkaufsmagazin befindlichen Waaren in kleineren und größeren Quantitäten abzugeben und verpflichtet sich noch insbesondere, nur ganz gute und reelle Waare nicht nur zu den allgemeinen festgesetzten, sondern zu den, seinen besten Detailabnehmern gewährten Preisen zu liefern.

2) Für jede Benachtheiligung eines Abnehmers in Bezug auf Preis oder Qualität verpflichtet sich Herr . . . . nach dem Entscheid einer unparteiischen Expertise zu Zahlung einer Conventionalstrafe im zehnfachen Betrage des nachgewiesenen Schadens.

3) Herr . . . . gibt aus der Summe, für welche der Verein von ihm Waaren bezieht, einen Rabatt von . . . . ., welcher bei der alle 8 Tage stattfindenden Abrechnung in Abzug gebracht wird.

4) Der Verein bezahlt an den Herrn . . . . von 8 zu 8 Tagen die ganze Summe des durch Marken zu belegenden Waarenempfanges baar unter Abzug oben stipulirter . . . . . Rabatt.

5) Dieser Vertrag ist vorläufig auf Ein Jahr abgeschlossen, kann jedoch auch früher vierteljährlich gekündigt werden. In Kraft tritt derselbe vom heutigen Tage an. Von vorstehendem Vertrage sind zwei gleichlautende Exemplare ausgestellt, von beiden Contrahenten unterzeichnet und jedem derselben ein Exemplar zugestellt worden.

Stuttgart, den . . . . 18 . ."

Weitere, bis ins kleinste gehende Ausführlichkeiten und Anweisungen, wie über Ladeneinrichtungen, über den Markenverkehr, die Buchführung und den Bilanzabschluß können wir hier übergehen.

Jedenfalls bringt das unscheinbare Büchlein auf seinen 168 kleinen Seiten eine ebenso ausgiebige als treffliche Sammlung all des Materials, das zur Anleitung und Richtschnur bei Gründung und Betrieb eines Konsumvereins dienen kann. Und: in reichem Maße gedient hat! Durch die vielverzweigten Kanäle der deutschen Arbeitervereine floß es vor allem hinein in die damalige organisierte Arbeiterschaft. In Büchereien und Vorträgen begegnen wir dem Pfeifferschen Büchlein wieder, und vielfältig streut es den fruchtbaren Samen seiner zukunftsreichen Sache in die Frühzeit der deutschen Arbeiterbewegung. Wir wollen an dieser Stelle auch nicht versäumen, der bisher noch wenig beobachteten Verdienste zu gedenken, die sich der im Jahre 1863 gegründete „Verband deutscher Arbeitervereine" in den ersten Jahren seines Bestehens um die Förderung des Konsumgenossenschaftswesens erworben hat. Nicht nur, daß er die Herausgabe dieses Pfeifferschen Büchleins veranlaßte und an seine sämtlichen Ortsvereine verteilte, sondern es wurden auch auf seinen Vereinstagen Genossenschaftsdinge ausgetauscht. Pfeiffer sagt einmal in späteren Jahren, daß in den Arbeitervereinen Konsumvereinsfragen „lebhaft besprochen wurden", und daß mit ihrer Hilfe „eine große Anzahl der jetzt bestehenden Konsumvereine direkt aus der Mitte der Arbeiter selbst heraus entstanden, während bis dahin, die meisten wenigstens, aus anderen Kreisen hervorgegangen waren".

Es wäre interessant, der Verwendung des Pfeifferschen Gründungsrezeptes für Konsumvereine im einzelnen nachzuspüren und die verschiedenen Variationen der Anwendung bei Vereinen, die danach gegründet oder umgestaltet sind, aufzuzeichnen und damit die Feststellung zu machen: wieweit die Pfeifferschen Anregungen direkt zur praktischen Tat führten. Jedoch würde dieser Nachweis im Rahmen dieser Arbeit zu weit führen. Ursprünglich war beabsichtigt, hier wenigstens an einem besonders ausgezeichneten Beispiel das im einzelnen zu demonstrieren, nämlich an der Gründung und Entwicklung des Konsumvereins Eßlingen a. N.[26]. Ebenso wäre an einer ganzen Reihe von Konsumvereinen leicht die Einwirkung von Pfeiffer festzustellen. Ist doch, um nur ein Beispiel zu nennen, der Konsumverein Harburg unzweifelhaft, wie seine Satzungen usw. es beweisen, nach Pfeiffers Anleitung organisiert worden, ohne daß es seinen Geschichtschreiber[27] gelungen wäre, auch nur auf diese Spur zu kommen. Es ging hier wie

[26] Siehe dazu meine geschichtlichen Beiträge in der Gedenkschrift dieses Vereins: „Fünfzig Jahre Konsum- und Sparverein Eßlingen (1865—1915)".

[27] Festschrift zum 50 jährigen Bestehen des Konsumvereins für Harburg (1864—1914).

durchschnittlich überall, daß Pfeiffers Wirken in jener ersten großen Konsumvereinsgründungszeit heute kaum noch oder meist gar nicht gekannt ist. Die Teilgeschichtsschreibung verfällt infolge des Fehlens eines allgemeinen, geschichtlichen Grundgerippes zur Orientierung, einer geschichtlichen Unorientiertheit. Unter diesem Mangel leiden fast alle Vereinsgeschichten, die, in den Rahmen des Ganzen eingefügt, so viel Wertvolleres zur Erhellung der unerforschten deutschen Konsumgenossenschaftsgeschichte leisten könnten.

In diesem ersten deutschen Konsumvereinsbüchlein von 1865 findet sich auch eine namentliche Liste der 77, Pfeiffer bis damals bekanntgewordenen, derzeitigen Konsumvereine. Dieses Verzeichnis sei hier wiedergegeben. Wir haben versucht es zu vervollständigen, indem wir (mit einem * versehen), aus weiteren Quellen die bis 1865 gegründeten Vereine einfügten und glauben damit eine vollständige Aufzählung aller bedeutenderen deutschen Konsumvereine bis 1865 zu geben. (Die Gründungsjahre sind bei Pfeiffer nicht angegeben, dagegen Namen und Beruf des Vorstandes.)

Lfd. Nr.	Name der Stadt	Gründung	Name des Vereins
1	* Aalen	1865	Konsumverein
2	* Annaberg in Sachsen . .	1864	Assoziation und Konsumverein
3	Apolda		Konsumverein
4	* Augsburg	1858	Konsumverein
5	Barmen	1863	Arbeiter-, Konsum- u. Sparverein
6	* Basel	1865	Allgemeiner Konsumverein
7	* Berg bei Stuttgart . . .	1865	
8	Berlin	—	Konsumverein „Vorwärts"
9	"	—	Allgemeiner Konsumverein Berlin
10	"	—	Die Spargenossenschaft
11	"	—	Konsumverein „Selbsthülfe"
12	"	—	I. Friedrichstädtische Genossenschaft
13	"	—	Konsumverein der Stadtbezirke 51—53
14	"	—	Gesellschaft zur Beschaffung billigen Brennmaterials
15	"	—	Konsumverein „Schulze-Delitzsch" der Stadtbezirke 48 A—E (Franz Duncker)
16	* "	25. März 1865	Konsumverein „Vorsicht"
17	* "	1863	Konsumverein „Biene"
18	* "	1865	Berlin-Königstadt
19	* Bernau	1863	Konsumverein „Fortschritt"
20	* Bietigheim	1865	Konsumverein
21	Brandenburg a/H	—	Konsumverein
22	* Braunschweig.	1. Jan. 1862	Beamten-Konsumverein
23	Breslau.	1865	Allgemeiner Konsumverein

Lfd. Nr.	Name der Stadt	Gründung	Name des Vereins
24	Buckau bei Magdeburg . .	—	Konsumverein
25	* Carlsruhe	1865	Lebensbedürfnisverein
26	* Calbe (Saale)	1865	
27	Celle	—	Konsumverein
28	Chemnitz	1865	Konsumverein
29	"	Mai 1845	Konsumverein „Ermunterung" (Ist nach P. Göhre der erste deutsche „Arbeiterkonsumverein")
30	Coburg	—	Konsumverein
31	Cöln	1862	Konsumverein „Ceres"
32	Crefeld	1864	Konsumverein
33	"	—	Konsumverein der Fabrikarbeiter von Scheibler u. Komp.
34	* Danzig	1864	
35	Darmstadt.	—	Konsumverein
36	* Delitzsch	Oktober 1852	Assoziation f. nötige Lebensbedürfn.
37	* Delle	—	
38	Dirschau	—	Konsumverein
39	Düsseldorf	1863	Konsumverein (Reg. Assessor Richter)
40	Duisburg	1863	Konsumverein (Dr. Lange)
41	"	1863	Konsumverein der Arbeiter des Hochfeldes
42	* Eilenburg	12. Juli 1850	Assoziation
43	Elberfeld	1861	Spar- und Konsumverein
44	"	1859	Konsumverein „Eintracht"
45	Elgersburg	—	Verein zur Beschaffung billiger Lebensmittel
46	* Erfurt	1856	
47	Eßlingen	5. März 1865	Konsum- und Sparverein
48	* Finsterwalde	1863	
49	* Frankenberg bei Chemnitz	1863	Assoziation
50	* Frankfurt a. M.	5. Mai 1855	Konsumverein
51	* Freiburg i. B.	1865	Lebensbedürfnisverein
52	* Forst	1865	
53	Gera	—	Assoziation der Mitglieder des Bürgerkrankenhülfsvereins
54	Glauchau	1861	Oberstädter Assoziation I
55	* Großröhrsdorf in Sachsen	1864	Konsum-Genossenschaft
56	Göppingen	1863 od. 1865	Konsumverein
57	Görlitz	1861	Konsumverein
58	Gotha	—	Verein zur Anschaffung notwend. Lebensbedürfnisse (Dr. Danneberg)
59	* Guben	—	
60	Hagen	—	Konsumverein
61	* Hainichen in Sachsen . .	1865	
62	* Halberstadt.	1865	
63	Hamburg	1852	Gesellschaft zur Verteilung von Lebensbedürfnissen
64	Hamburg	1856	Neue Gesellschaft zur Verteilung von Lebensbedürfnissen
65	* Harburg	1. Aug. 1864	Konsumverein
66	* Harthau bei Chemnitz . .	1861	Spar-, Vorschuß- u. Konsumverein
67	* Heidenheim	1865	Konsumverein
68	* Heilbronn	1865	Konsumverein

Lfd. Nr.	Name der Stadt	Gründung	Name des Vereins
69	Hilden	1863	Konsumverein
70	* Hirschfelde	1858	
71	* Hohenlohehütte (Schlesien)	1864	
72	Hörde	1864	Konsumverein
73	Itzehoe (Holstein)	—	Konsumverein
74	Keilbeck	1863	Konsumverein
75	Kiel	—	Konsumverein
76	* Kitzbühel.	1865	Arbeiter-Konsumverein
77	* Königsberg.	vor 1863	
78	* Königshütte	—	
79	* Kottbus	—	
80	Kotzenau	—	Konsumverein
81	Lauban.	—	Verein zur Beschaffung von Brenn-material
82	Leipzig	1865	Konsumverein (Prof. Roßmäsler)
83	Lenepp	—	Konsumverein
84	* Leutersdorf.	1863	
85	Linden und Hannover . .	—	Konsumverein (Pastor emer. Hüser
86	* Linz.	1863	
87	* Lörrach	1865	Allgemeiner Arbeit.-Konsumverein
88	Lüdenscheid	6. Nov. 1863	Konsumverein
89	"	1864	Konsumverein der Fabrikgenossen-schaft P. C. Turck Wwe.
90	* Luckenwalde	1865	Konsumverein „Vorwärts"
91	* Mainz.	1863	
92	Magdeburg	1864	Neuer Konsumverein (Dr. Max Hirsch)
93	Magdeburg-Neustadt . . .	11. April 1864	Assoziation zur Anschaffung nöti-ger Lebensbedürfnisse
94	* Mannheim.	1865	
95	* Marienwerder	1865	Allgemeiner Konsumverein
96	* Mittweida	1863	Konsumverein
97	Mühlheim.	—	Konsumverein
98	* Mülhausen.	Oktober 1865	Société de Consommation
99	* Mülsen St. Jakob (Sachsen)	—	Konsumgenossenschaft des Arbeiter-vereins
100	München	20. Juni 1864	Konsumverein
101	Neumünster (Holstein). . .	—	Konsumverein
102	Neustadt (Holstein)	—	Konsumverein
103	* Neustädtles bei Wilmars	1865	Konsumverein (Graf von Soden)
104	* Niederwürschnitz in Sachsen	1857	Konsumverein
105	* Nürnberg	1865	
106	* Ober-Cunersdorf	1865	
107	* Oelsnitz in Sachsen . . .	1865	Konsumverein
108	Offenbach	—	Konsumgesellschaft
109	Oldesloe (Holstein)	—	Konsumverein
110	* Olten	1862	Konsumverein
111	Pausa	—	Verbrauchsgenossenschaft
112	Petersdorf (Schlesien) . . .	—	Konsumverein
113	Pforzheim.	1865	Konsumverein des Arb.-Bildungsv.
114	* Pirkenhammer	1865	Konsumverein
115	* Posen.	1864	Markenkonsumverein
116	Pösneck	—	Konsumverein
117	Preetz (Holstein)	—	Konsumverein

Lfd. Nr.	Name der Stadt	Gründung	Name des Vereins
118	Rade von Wald	—	Konsumverein
119	Recklingshausen	—	Konsumverein
120	Rendsburg	—	Konsumverein
121	Ronsdorf	1862	Konsumverein
122	*Rosdzin	—	
123	Rostock	1864	Konsumverein
124	*Salzburg	1864	Konsumverein
125	*Schlettau (Sachsen) . . .	1865	Konsumverein
126	*Schramberg	1865	Konsum- und Ersparnis-Verein
127	*Seifhennersdorf (Sachsen)	1864	
128	Solingen	1863	Konsumverein
129	Stettin	4. Aug. 1863	Konsumverein
130	Stuttgart	24. Okt. 1864	Konsum- und Ersparnis-Verein
131	Süchteln	—	Konsumverein
132	*Ulm.	1865	
133	*Waldheim	1860?	Weberinnungsverein
	*Wasseralfingen	1865	Konsumverein
134	Weida	—	Konsumverein für Brod
	"	—	Konsumverein für Steinkohlen
135	Wien.	20. März 1862	Konsumverein der Beamten (Erster
136			Wiener Konsumverein)
137	* " „Fünfhaus"	1865	Arbeiter-Konsum- und Sparverein
138			„Fünfhaus"
139	Wilhelmsthal (bei Lenepp)	1864	Konsumverein
140	*Willmars	1865	Konsumverein „Vorder Rhön"
141	Witten a/Ruhr	1863	Konsumverein
142	*Wittenberge	1865	
143	*Worms	1865	
144	*Zinna	1865	Konsumverein „Ameise"

Aber nicht nur in Deutschland ist Pfeiffers Wirkungskreis. Bereits zwei Jahre später, im Jahre 1867, erschien in Valence eine französische Übersetzung[28]: „Des sociétés coopératives de consommation" in der „Bibliothèque De L'Universelle" (Société dans le but de propager les Institutions coopératives). Die Übersetzer waren Louis Halphen, administrateur de la caisse d'escompte des associations populaires und Ernest Frandon, directeur de l'Universelle. „L'Universelle", mit dem Wahlspruch: omnes et omnia, ist eine Gesellschaft, welche sich zur besonderen Aufgabe die Gründung und Förderung von Konsumvereinen[29] gesetzt hat. Auf dem Titelblatt der Schrift wird Pfeiffer nicht genannt.

[28] Des Sociétés coopératives de consommation. Traduit de l'Allemand par Louis Halphen et Ernest Frandon. Valence 1867.

[29] Über diese Vereinigung „L'Universelle" konnte ich bisher noch nichts in der Literatur auffinden. Der internationale Geschichtskenner Totomianz erwähnt sie in seiner französischen Konsumvereinsgeschichte überhaupt nicht.

Im Vorwort schreibt Halphen: Il y a 18 mois environ, après avoir fondé avec mes amis la caisse d'escompte des associations populaires de Paris, j'avais conçu l'idée de doter une de nos villes industrielles de Normandie d'une Société Coopérative. Examen fait des circonstances locales, j'avais reconnu qu'il n'y avait lieu de penser ni à une Société de crédit, ni à une Société de production, mais que le terrain paraissait très propice à l'établissement d'une Société de consommation. Nous eûmes à cet effet, dans la ville, plusieurs conférences; elles auraient certainement abouti, si la question de la coopération en général avait pu y être développée de façon à pénétrer suffisamment les esprits.

Ces conférences pourront être reprises un jour et étendues à un cercle plus grand d'auditeurs. Toutefois, lorsqu'il s'agit d'affaires — et c'est à ce point de vue que doivent toujours être envisagées les Sociétés coopératives, qui ne sont point des institutions de bienfaisance — il est nécessaire de chiffrer pour ainsi-dire ses arguments, et les discours, si bien faits qu'on les suppose, ne valent pas la lecture attentive de documents consciencieux.

Fort de cette conviction, j'ai pensé que l'excellent petit volume, publié en Allemagne par mon ami Edouard Pfeiffer, et qui traite exclusivement des Sociétés de consommation, rendrait les plus grands services à la cause de ces dernières, le jour où on pourrait le lire en France. Son auteur était venu à Paris, étudier notre mouvement coopératif naissant. Je l'engageai à nous donner la traduction française de son ouvrage; mais il me pria, en raison de ses occupations, de me charger de ce travail. Je m'en acquitte aujourd'hui avec le concours de M. Frandon, directeur de l'Universelle, qui a bien voulu revoir la traduction, faire disparaître certaines longueurs que ne comporte pas la langue française et donner dans des notes divers renseignements dont peuvent avoir besoin les personnes qui désirent fonder des Sociétés de consommation.

Puissent nos efforts ne pas demeurer sans résultats!

Le Castelier près Lisieux, juillet 1867.

Louis Halphen,

ancien élève de l'école Polytechnique, administrateur de la caisse d'escompte des associations populaires de Paris.

Wir können diese Übersetzung des Pfeifferschen Buches hier nur flüchtig betrachten.

Die Einleitung ist eine fast wörtliche Übersetzung. Gleich das Wort „Selbsthülfe" (selfhelp) macht dem Übersetzer Schwierigkeiten; er setzt dafür „assistance par soimême" und bemerkt dazu: mot pour ainsi dire intraduisible en français, car nous n'avons pas de terme équivalent. Il signifie l'action d'un homme qui se suffit à lui-même (par opposition à l'assistance par l'Etat), qui ne demande rien à personne, ne compte que sur ses propres forces pour se tirer d'affaire, qui practique la maxime: Aide-toi, le ciel t'aidera. Les Allemands attachent une grande importance au SELBSTHÜLFE, et c'est avec raison, car toute institution qui relève d'un patronnage quelconque est viciée dans son principe...

Reine Übersetzungen, verschiedentlich gekürzt und mit einer Reihe kleiner Anmerkungen versehen, sind auch die übrigen Kapitel, welche wir alle, in derselben Reihenfolge wie bei Pfeiffer wiederfinden. Im besonderen ist auch hier als Muster der Stuttgarter Verein hingestellt und von ihm werden Einzelheiten auch hier mitgeteilt. So heißt es dort Seite 30: L'association de Stuttgard est la plus importante... Ce développement florissant est dû, en grande partie, à la bonne organisation. Il est à désirer qu'on suive son exemple. On trouvera dans l'appendice la copie textuelle de ses statuts et une formule des contrats qu'elle stipule avec ses fournisseurs.

An Stelle der Pfeifferschen Liste der deutschen Konsumvereine sind zweckentsprechend die französischen Vereine aufgeführt. Die Verfasser machen im besonderen darauf aufmerksam, daß auch in Frankreich bereits eine ansehnliche Reihe von Vereinen bestehen, daß also die Pfeiffersche Feststellung, in Frankreich hätten die Konsumvereine erst eine geringe Ausdehnung erlangt, nun überholt sei. Die weitaus überwiegende Zahl der dort aufgeführten 115 Vereine sind in den Jahren 1865—1867 gegründet. Besonders aufmerksam gemacht ist auf „L'Universelle" selbst, welche „au lieu d'être une société de consommation simple, est en même temps une société de propagation". Sie habe bereits zwei „magazins" in Grenoble und sei gerade dabei noch zwei neue dort zu mieten, außerdem habe sie eines in Valence, wo gerade auch ein weiteres dazu eröffnet werden soll, desgleichen soll ein erstes Magazin der Gesellschaft in Aix eröffnet werden. Von den im einzelnen aufgezählten Vereinen haben für uns besonderes Interesse und seien deshalb hier aufgeführt: Die „Société de Consommation" de Strasbourg dans la rue des Grandes-Arcades 85; die

„Société de Consommation“ de Thann dans la fabrique de M. Charles Kestner; die Société de Mulhouse au mil. de la Cité ouvr. qui a épicerie, boulangerie et restaurant; die „Caisse du pain“ à Guebvillers, qui a une boulangerie, chaussure et habillement et est formée en févr. 1866. (Totomianz gibt übrigens an, daß hier in Gebweiler die ersten Anfänge der konsumgenossenschaftlichen Bewegung Frankreichs zu finden seien, und zwar bereits im Jahre 1830.)

In den Anmerkungen bringen die Übersetzer verschiedentlich auch unwesentliche Meinungsverschiedenheiten gegenüber Pfeiffer zum Ausdruck. Außerordentlich wertvoll erscheint uns ein Anhang zum Kapitel der praktischen Einrichtung von Konsumvereinen, welches einiges aus der Praxis der „Universelle“ wiedergibt. Darunter befindet sich auch ein Plan „du magazin créé à Aix par l'Universelle“ mit interessanten Abbildungen aus dem Innern des Ladens. Es ist ein geräumiger Ladenraum, der außerordentlich zweckmäßig eingerichtet ist. Große Ladentische mit Wagen, dahinter hohe Gestelle mit Gefachen und Schubladen. Auf einer Seite befindet sich die Kasse mit einem Schaltergitter umgeben, in den Ecken und an den Wänden verteilt: Ölbehälter, eine Zuckerschneidemaschine, eine Kaffeeröstmaschine und andere Dinge mehr. In einer Ecke ist sogar ein Aquarium „en rocaille avec bassin et fontaine pour faire détremper la morue“ (um Kabeljau und getrockneten Dorsch aufzuweichen). Eine Bank für die Kunden ist da und eine Uhr, ja an der einen Seite steht ein großes Büchergestell, denn: „L'Universelle ne s'occupe pas seulement du bien-être matériel des classes laborieuses en vue desquelles elle est surtout créée. Elle veut leur amélioration morale et intellectuelle; aussi, dans chacun de ses magasins, est une BIBLIOTHEQUE dont les livres sont gratuitement mis à la disposition du public.“

3. „Die Consumvereine", 2. Auflage (1869).

In Deutschland macht sich bald schon eine Neuausgabe des Büchleins notwendig, die aber erst verspätet 1869 in wesentlich veränderter, sowie bedeutend vermehrter Auflage[30] und größerem Format (219 Seiten) erscheint. Namentlich ist darin auf den Betrieb des eigenen Ladengeschäftes, auf neuer Sachkenntnis gestützt, mehr eingegangen und damit eine Lücke, die sich fühlbar machte, ausgefüllt. Noch deutlicher tritt in dieser Neuauflage die Rolle des Markengeschäfts als Übergangszustand zum eigenen Ladengeschäft in Erscheinung.

Pfeiffer sagt zu der zweiten Auflage im Vorwort (Dezember 1868): „Trotz ihrer Mangelhaftigkeit hatte die erste Auflage dieses Buches das Glück, vom Publikum sehr gut aufgenommen zu werden, so daß in verhältnismäßig kurzer Zeit die Auflage vergriffen war. Zahlreiche Zuschriften, die ich erhielt, sagten mir, daß an verschiedenen Orten mein Buch zur Gründung neuer Konsumvereine direkte Anregung gegeben, und daß die darin enthaltene Anleitung das Geschäft der Gründung und ersten Einrichtung dieser Vereine vielfach erleichtert hat. Dies war mir Beleg genug, daß das kleine Buch seinem Zwecke entsprochen hatte, und ich konnte mich darum um so leichter über den zum Teil scharfen Tadel einzelner Kritiker, den ich übrigens vorausgesehen hatte, hinwegsetzen."

Durch die Schärfe seiner Angriffe auf die erste Auflage in zwei Kritiken in der „Innung der Zukunft" zeichnete sich der, in der Genossenschaftsbewegung wohlbekannte Eugen Richter aus. Trotzdem hatte er sich jedoch nicht gescheut, in einem von ihm zwei Jahre später (im Jahre 1867) veröffentlichten Buch „Die Konsumvereine, ein Not- und Hilfsbuch für deren Gründung und Einrichtung" eine ganze Reihe der Pfeifferschen Ausführungen wiederzugeben und sogar von Pfeiffer mitgeteilte Tatsachen, wie ihm zweifelsfrei nachgewiesen wird, zu zitieren unter der Angabe, daß er sie aus englischen Schriften entnommen habe.

Von den gleichen Grundgedanken ausgehend, in manchem etwas

[30] Eduard Pfeiffer: Die Consumvereine, ihr Wesen und Wirken (2. Auflage). Stuttgart, Verlag von A. Kröner, 1869.

klarer und noch bestimmter ausführend (wie z. B. der Satz: England hat den ganzen genossenschaftlichen Bau auf der Grundlage der Konsumvereine aufgerichtet), ist die zweite Auflage des Buches „Die Konsumvereine" ein Zeugnis der Fortentwicklung und des Ausbaues der Pfeifferschen Genossenschaftsgedanken. Von den Rochdaler Pionieren ist nun auch von einer Häuserbaugenossenschaft zu berichten, die schon etwa 50 hübsche und gesunde Häuser in verschiedenen Stadtteilen für Arbeiter erbaut habe, weiter von einer Bibliothek mit 7000 Bänden und 11 Zeitschriften-Lesezimmern und außerdem von einer neuen genossenschaftlichen Fabrik. — Eigenartig ist, daß kaum etwas von den Fortschritten in Frankreich berichtet wird, daß die „L'Universelle" nicht erwähnt wird, ja, daß Pfeiffer überhaupt nichts davon sagt, daß eine Übersetzung des Buches ins Französische vorgenommen worden sei.

Hauptsächlich neu ist in der neuen Auflage die ausführliche, sich auf die reiche praktische Tätigkeit gründende Beschäftigung mit den eigenen Ladengeschäften, womit eine wesentliche Lücke gegenüber der ersten Auflage ausgefüllt wird. Pfeiffer verläßt damit aber nicht den anfangs vertretenen Standpunkt, daß sehr oft das Beginnen lediglich mit einem Lieferantengeschäft zu empfehlen sei. Erstens, um das notwendige Kapital selbst allmählich aufzubringen, eine Kundschaft zu sammeln usw. Dann aber auch, um einen möglichst großen selbständigen Ladenbetrieb von vornherein gleich eröffnen zu können, damit man nicht „in die Mängel des heutigen Kleinverkehrs komme, gegen welche die Konsumvereine gerade ankämpfen sollen". Bei dem allzu kleinen Geschäftsbetrieb ist der zu bietende Vorteil gering, man muß klein einkaufen, wird von einem Grossisten abhängig und die Möglichkeit des Mißlingens ist größer. In kleinen Städten allerdings, „wo die Kaufleute wenig Konkurrenz haben, stellt sich am ehesten das Bedürfnis heraus, eigene Läden zu eröffnen — weil die Ladenbesitzer dort einen übermäßigen Nutzen aus ihrer günstigen Stellung ziehen". Außerdem „werden sie häufig gar nicht darauf eingehen wollen, mit einem neugegründeten Konsumverein Verträge abzuschließen, und ihm gewisse Prozente vom Umsatz abzulassen". Dort bleibt also gar nicht die Wahl, ob Marken- oder Ladensystem.

Mit der neuen besonderen Beachtung des eigenen Ladensystems, auf eine reiche eigene Praxis gestützt, ergibt sich auch neu ein besonderes Eingehen auf einen „Hauptzweck vieler Konsumvereine", wie Pfeiffer sagt, nämlich „d e n M i ß b r ä u c h e n d e s h e u t i g e n D e t a i lhandels entgegenzuarbeiten". Wir zitieren: „Diese Mißbräuche sind sehr mannigfacher Art und je nach Ort und Zeit mehr oder minder empfindlich, dennoch machen sich fast an jedem Ort dieselben Übelstände — nur in verschiedenem Grade — geltend, und häufig hat das verzehrende Publikum in einer Weise darunter zu leiden, von der sich nur die wenigsten Rechenschaft geben. Die Gewerbefreiheit und die freie Konkurrenz sind ohne Zweifel eine der schönsten Blüten des Fortschritts unseres Jahrhunderts, dennoch ist es unleugbar, daß es ihr auch an sehr bedenklichen Auswüchsen nicht fehlt." (S. 61.) Wenn die Konkurrenz über ihre Grenzen geht, dann werden ihre Segnungen in das Gegenteil verkehrt. So findet sich „unser Detailhandel jetzt fast überall in dem Zustand der Zersplitterung der Konkurrenz", und darum ist ein wirklich wirtschaftlicher Betrieb an vielen Orten unmöglich geworden. Z. B. hat Stuttgart mit seinen 68 000 Einwohnern nicht weniger als 120 Metzger, 152 Bäcker und 228 Spezereihändler. Es kommen also auf je 240—500 Einwohner oder auf 50—100 Haushaltungen eines dieser Geschäfte. So sucht also „eine weit größere Zahl von Menschen als nötig ist, ihren Unterhalt in diesen Gewerben, und das Publikum muß für diese bezahlen, muß sie in dieser Tätigkeit erhalten, während diese weit nützlicher auf irgendeinem anderen Felde tätig wären. Das Geschäft der Verteilung von Spezereiwaren im Detail, worin jetzt 228 Personen mit ihren Familien und Angestellten ihren Unterhalt suchen, könnte gewiß ebensogut von 40 oder 50 versehen werden." (Pfeiffer.)

Zehn Betriebe sind jetzt vielleicht voll beschäftigt, die anderen nur halb oder noch weniger, und doch sollen auch diese ihren Mann nähren? „Was ist die Folge davon? Daß das Publikum höhere Preise bezahlen muß, damit ein großer Teil der Spezereihändler noch zu leben hat." „Dazu kommt, daß diese vielen kleinen Geschäfte natürlich selbst auch viel teurer einkaufen oder schlechtere Waren beziehen. Und an wem geht auch dies schließlich hinaus? Am kaufenden Publikum." (S. 62.)

Ebenso betrachtet Pfeiffer die volkswirtschaftliche Unproduktivität der Bäckereien. „Sieht nicht jeder ein, daß der Brotbedarf einer Stadt von der Größe Stuttgarts ganz gut in 20 Bäckereien hergestellt werden könnte?" Statt dessen sind hier aber 152 Bäckereien, und da sind freilich die Öfen nicht alle ausgenutzt; statt vier- oder fünfmal zu schießen, schießen die meisten nur ein- bis zweimal. Hierdurch entsteht natürlich ein weit größerer Brennmaterialienverbrauch; statt 20 Magazinen, Backstuben, Aufsehern, jetzt deren 152. Endlich, „statt daß von der Bäckerei 20 Familien mit ihren angestellten Arbeitern leben, sollen jetzt 152 Bäcker mit ihren Familien durch die Brotherstellung ihren nötigen und behaglichen Unterhalt finden. Was ist auch hier die Folge? Daß die Stadt ihr Brot erheblich teurer bezahlt um des Vergnügens Willen, eine so große Anzahl Bäcker in ihrer Mitte zu beherbergen, von denen jeder etwas zu tun hat, von denen aber keiner oder jedenfalls nur ganz wenige vollständig beschäftigt sind."

„Ist es da nicht als *wirtschaftlicher Fortschritt* zu begrüßen, wenn durch die Konsumvereine dieser viel zu weitgehenden Zersplitterung entgegengearbeitet wird, wenn nach und nach zum *rationelleren Betrieb im großen* gedrängt wird? Will man da den Konsumvereinen noch ernstlich einen Vorwurf daraus machen, wenn sie ihre wirtschaftliche Aufgabe richtig erfassen, und *das Hauptübel unseres Kleinhandels* an der Wurzel fassen? Darf man es ihnen dann noch verdenken, wenn sie den Kaufleuten Konkurrenz machen? Gerade ebenso und mit gleichem Unrecht hat man gegen die Eisenbahnen geeifert, als sie eingeführt wurden, weil sie den Fuhrleuten Konkurrenz machten. Aber die Gesellschaft hat sich durch solche *kleinliche Bedenken* nicht zurückhalten lassen und begrüßt heute in den Eisenbahnen den größten wirtschaftlichen Fortschritt, der seit Jahrhunderten gemacht worden ist. Ähnlich so wird man auch gewiß noch einmal die Konsumvereine segnen, wenn sie überall eingebürgert und zu ihrer *vollen Entfaltung* gelangt sein werden und wenn es ihnen dann gelungen ist, die vielen und großen Mißbräuche zu beseitigen, die heute noch beim Detailverkauf der notwendigsten Lebensbedürfnisse so allgemein vorwalten."

Außer diesem Mißstand der zum mindesten schlechten wirtschaftlichen Produktivität haben sich im Kleinhandel „noch eine ganze Reihe anderer Übel eingebürgert, gegen die der einzelne ganz vergeblich ankämpft und die gleichfalls durch die Konsumvereine am besten und wirksamsten beseitigt werden können". So das „Feilschen" oder Herunterhandeln bei jedem Kauf. Der Kaufmann macht in der Erwartung eines etwaigen Abhandelns einen entsprechenden Aufschlag auf alle Preise und der nicht feilschende Käufer ist dann jedenfalls betrogen; aber auch der Feilschende ist nie sicher, wirklich den reellen Preis bezahlt zu haben, weil ihm die Höhe des Aufschlags unbekannt ist. Pfeiffer sagt dazu wörtlich: Ein solcher Übelstand, der sich fast stündlich bei all den kleinen Anschaffungen des täglichen Lebens wiederholt, zeigt, daß die wirtschaftlichen Einrichtungen unserer Gesellschaft noch keineswegs auf einer befriedigenden und gesunden Basis ruhen und das Verdienst der Konsumvereine ist gewiß nicht gering anzuschlagen, wenn sie zur Beseitigung dieses Mißbrauches beitragen. Um den Mitgliedern sofort klarzulegen, daß das Feilschen im Konsumverein nicht vorkommt, empfiehlt Pfeiffer in jedem Ladenlokal eine Preisliste in sichtbarer Weise aufzuhängen. Es bildet dies zugleich eine wirksame Kontrolle dem Verkäufer gegenüber; eine andere Maßregel wäre das Zusenden von Preislisten.

„Eine weitere Aufgabe der Konsumvereine ist noch, das Publikum einigermaßen zu erziehen und es daran zu gewöhnen, auf Äußerlichkeiten nicht allzuviel Wert zu legen." (S. 64.) Betörung durch Reklame vor allem! Waren werden gewöhnlich nicht wegen ihrer Güte und Preiswürdigkeit vorgezogen, sondern weil sie in einer glänzenden Verpackung dastehen, schöne Etiketten haben oder laut angepriesen werden. Das Publikum will häufig betrogen sein, die Butter soll gelber, der Kaffee brauner sein, als ihn die Natur hervorbringt, also werden diese Artikel mit Farbe verschönert und dadurch verunreinigt, aber nicht nur schlechter, sondern auch teurer. Ebenso kaufen die meisten lieber eine billigere Ware, die gemischt und gefälscht ist, anstatt eine bessere aber etwas teurere Qualität, die in Wahrheit jedoch billiger ist. „Auch hier können die Konsumvereine am ehesten eine heilsame Reform einführen, indem sie das Publikum belehren, es über seine eigenen Interessen aufklären, und seinen Schwächen in keiner Weise nachgeben." (S. 65.) Jedenfalls müssen sich die Vereine zum wesentlichsten Grundsatz machen, nur gute Ware einzukaufen und die Mitglieder über diese Dinge aufzuklären. Auch mit dem Abwägen und Abmessen soll in Konsumvereinen nicht der übliche Mißbrauch getrieben werden. Ein Pfund Ware soll auch ein Pfund Ware sein. Man wäge deshalb die Verpackung nicht mit. Im übrigen ergibt sich auch hier an vielen Stellen eine Erziehung dem Publikum gegenüber und dieses kann in mancher Beziehung an mehr Wirtschaftlichkeit gewöhnt werden. Zu diesen kleinen Reformen gehört auch jene, daß durch sie ebenso die Unsitte des Trinkgeldgebens an die Dienstboten aufgehoben werden kann, welche die Dienstboten beim

Einkauf nur an ihren eigenen Vorteil denken, und sie das Interesse ihrer Dienstherren außer acht kommen läßt. „Schließlich glauben wir," sagt Pfeiffer, „daß die Konsumvereine wohl daran tun, die Verkaufszeit in ihren Läden im Interesse des Verkaufspersonals auf vernünftigere Weise zu regeln, als dies in den meisten anderen Geschäften geschieht." Immer sollte in den Nachmittagsstunden an Sonn- und Feiertagen geschlossen bleiben; ebenso ist es überflüssig, die Läden bis in ganz späte Abendstunden geöffnet zu halten.

„Der schlimmste aller Mißbräuche des heutigen Kleinhandels und Kleingewerbes ist vor allem das Kreditgeben auf lange Zeit." Was wird mit der allgemein verbreiteten Unsitte des Kaufens der gewöhnlichen Lebensbedürfnisse auf halbjährliche oder gar jährliche Rechnung erreicht? „Abgesehen von der schweren Übersicht in der eigenen Haushaltung, wird erreicht, daß der Kaufmann oder Handwerker weit mehr Kapital in seinem Geschäft nötig hat, das er sich meist zu teuren Zinsen verschaffen muß, und das schließlich wieder im Preise der Waren bezahlt werden muß. Eine weitere Folge ist die, daß die Sicherheit der Wiederbezahlung abnimmt, und daß dementsprechend die Preise abermals erhöht werden müssen, damit die Posten, welche wirklich bezahlt werden, zugleich die Verluste decken, welche durch schlechte Schuldner entstehen." (S. 65.) Der barzahlende, solide Käufer zahlt außerdem die eingerechneten Zinsen für den eventuellen Kredit mit, und das Wirtschaftsleben wird weiter beeinflußt, indem die Kleinhändler beim Großhändler auch schuldig bleiben. Die Geschäftsbetriebe verteuern sich, und notwendigerweise werden die Waren entsprechend teurer. Deshalb wird den Konsumvereinen ganz besonders empfohlen, solche Reformen wie die Barzahlung, in den Vereinsläden von Anfang an einzuführen und konsequent und strenge durchzuführen. „Vereine, welche daran nicht festhalten, verdienen kaum unter die wirtschaftlichen Genossenschaften mit aufgezählt zu werden." „Nur so kann dem wirtschaftlich, wie sittlich gleich verderblichen Borgsystem entgegengetreten werden."

Pfeiffer lenkt das Augenmerk weiter darauf, solchen, bei Händlern verschuldeten und durch diese Schuld an die Händler geketteten Konsumenten den Übergang zum Konsumverein zu erleichtern, indem etwa, wie es schon versucht worden ist, für das neue Mitglied gebürgt wird und seine ersten Ersparnisse dann zur Tilgung des gewährten Vorschusses verwendet werden.

„All diesen Mißständen nun helfen die Konsumvereine am besten ab, während ein einzelner vergebens dagegen ankämpft.“ Hier wird alles zu ganz festen Preisen abgegeben, hier weiß man nichts von marktschreierischer, kostspieliger Reklame, hier ist die Verfälschung und auf Schein berechnete Ausschmückung der Waren unbekannt, „denn die Mitglieder werden doch nicht sich selbst täuschen wollen.“ Ebenso ist in dem auf gesunder Basis errichteten Vereine das Prinzip der Barzahlung durchgeführt. „Wenn so (in jeder Richtung) die Konsumvereine mit vernünftigen Reformen vorangehen, wird ihnen auch trotz aller Anfeindung die Anerkennung des Publikums schließlich nicht ausbleiben und ihre Wirksamkeit wird mehr und mehr an Umfang und Bedeutung gewinnen.“

„Man hat schon die Vorteile, ja sogar die Berechtigung der Konsumvereine anzweifeln wollen, indem man sagte: Die Konsumvereine bezwecken direkt allerdings einige unbestreitbare Vorteile für die Konsumenten (und stellen namentlich für diese den Preis der Lebensmittel billiger), auf der anderen Seite werden aber (weil mehr und mehr dadurch zum Großbetriebe gedrängt werde), eine Reihe von Geschäftsleuten und Kaufleuten um ihren Erwerb und Unterhalt gebracht, so daß dadurch indirekt wieder ebensoviel Schaden angerichtet werde, als sie auf direktem Wege nützen.“ (S. 67.) Dieser Einwand scheint ganz ähnlicher Natur zu sein und nicht eben mehr Grund zu haben, „als diejenigen Argumente (sagt Pfeiffer), welche seinerzeit gegen die Erbauung von Eisenbahnen geltend gemacht wurden, weil dadurch den Pferdebesitzern und Kutschern Schaden zugefügt würde“. Macht man es jemandem ernstlich zum Vorwurf, wenn er für einen Groschen im Omnibus fährt, statt für mehr Groschen die gleiche Strecke in einer Droschke? Und doch werden durch die Omnibusfahrten die Droschkenkutscher in ihrem Erwerb beeinträchtigt. „Das große Publikum (d. h. die allgemeine Öffentlichkeit) hat aber den Vorteil davon und benutzt den Omnibus mit Recht.“ Und gerade so — „Für Alle“ — ist es mit dem Konsumverein; hier werden „durch das Zusammenstehen vieler für den einzelnen (und für die Gesamtheit) sehr namhafte Ersparnisse und noch andere Vorteile erzielt. Und so wenig man sich hat abhalten lassen, Eisenbahnen zu bauen, weil sie den Fuhrleuten und Kutschern Konkurrenz machen, so wenig dürfen solche kleinliche Bedenken von der Gründung und Förderung der Konsumvereine abhalten. Und wie wir (trotz der schwarzen Prophezeiungen, die seinerzeit gemacht wurden) heute in den Eisenbahnen den größten wirtschaftlichen Fortschritt begrüßen, der seit Jahrhunderten gemacht worden ist, so wird man gewiß auch einmal die Konsumvereine segnen, wenn sie überall eingebürgert und zu ihrer vollen Entfaltung gelangt sein werden, und es ihnen dann gelungen ist, die vielen und großen Mißbräuche zu beseitigen, die heute noch beim (privaten) Detailverkauf so allgemein vorwalten". (S. 68.) Überdies ist die Wirkung nicht allzu plötzlich bei einer allmählichen Ausbreitung, und außerdem haben die Kaufleute Zeit, sich vorzusehen, und, wenn es nicht anders geht, teilweise zu einer anderen Beschäftigung überzugehen. Auch noch aus diesem Grunde empfiehlt Pfeiffer zunächst keine allzu billigen Verkaufspreise anzusetzen. „Wird aber diese Rücksicht beobachtet, dann kann ganz gewiß niemand den Konsumenten einen Vorwurf daraus machen, wenn sie ihre Angelegenheiten selbst in die Hand nehmen und sich selbst billigere und bessere Lebensbedürfnisse verschaffen, als es ihnen der Kleinhandel bei unseren heutigen wirtschaftlichen Zuständen zu bieten imstande ist." (S. 86.)

An späterer Stelle des Buches wiederholt Pfeiffer: Jedenfalls ist die Rücksichtnahme auf die privaten Kaufleute kein Grund, keine eigenen Konsumvereinsläden zu eröffnen, wie dies von manchen Vereinen geglaubt wird. Die Konsumvereine haben sich nur auf streng wirtschaftlichen Boden zu stellen, und man hat so wenig das Recht, sich über ihre Konkurrenz zu beschweren, wie dies die Lichterzieher über die Gasfabriken tun dürfen. Man kann nicht jede Einrichtung verdammen, durch die irgendwie oder -wann, irgendein Privatinteresse geschädigt wird, dann gäbe es überhaupt keinen Fortschritt. „Durch die Buchdruckerei haben die Abschreiber ihre Beschäftigung verloren, die Menschheit aber hat billige Bücher erlangt." Nämlich: „*Sobald eine solche Einrichtung ein unzweifelhafter Vorteil für die große Mehrheit der Gesellschaft ist, so ist es nicht zulässig, um des Vorteils einzelner Willen sie zu hintertreiben oder zu verbieten.*" „Man muß bei allem *das Ganze* im Auge behalten."

Das seit Pfeiffers Ausführungen vergangene halbe Jahrhundert hat ihm vollauf recht gegeben! Die Konsumvereine haben neben den unzähligen kleinen Reformen im Handel, mit denen sie zuerst vorangingen — in vielem heute nachgeahmt sind, in manchem aber als Vorbild immer noch alleinstehen —, auf eine Gesundung im Handelsgewerbe anerkannterweise mit schönen Erfolgen hingearbeitet. Welche Kraft und Macht in diesen Gebilden, von denen Sombart einmal sagte, daß sie den „Keim zu einer prinzipiellen neuen Ordnung des Wirtschaftslebens" in sich trügen, liegt, das hat gerade die jüngste Zeit, die Tage der deutschen Kriegswirtschaft am allerglänzendsten bewiesen. Und so ist es eine lange Linie stetig wachsender Erfolge und vielseitiger Bewährung, die wir verzeichnen könnten. Pfeiffer erzählt von dem Wert der Konsumvereine des Jahres 1866, das für die arbeitenden Klassen ein sehr hartes war. Im besonderen, wie wertvoll die im und durch den Konsumverein angesammelten Ersparnisse für manchen Familienvater während der schlimmsten Notzeit damals waren. Von den Jahren 1914 und 1915 könnten wir ganz ungeahnte Leistungen der Konsumgenossenschaften und ihrer Verbände berichten[31], die für diese wirtschaftliche Notzeit nun schon weit hinaus über ihren Millionenmitgliederkreis reichten, und welche dem gesamten deutschen Volke, das noch immer unter einer wirtschaftlichen Unorganisiertheit und im besonderen unter Mängeln seines Detailhandels zu leiden hat, von einer erst später zu schätzenden Bedeutung gewesen sind.

Ganz neu ist in der hier betrachteten zweiten Auflage des Konsumvereinsbüchleins die Beschäftigung mit der Frage der Solidarhaft in den Konsumvereinen. Pfeiffer vertrat energisch die Ansicht, daß diese Haftung sämtlicher Mitglieder mit ihrem ganzen Privatvermögen für die eventuellen Schulden des Konsumvereins unzweckmäßig sei. Er stieß damit auf die Ansichten von Schulze-Delitzsch, für dessen Kredit- und Vorschußvereine diese Form der Gesamthaftbarkeit notwendig war, eine ganz vorzügliche Wirkung hatte und ein treffliches Förderungsmittel darstellte. Für die Konsumvereine bedeutete die Solidarhaft jedoch ein Damoklesschwert. Und daß man sie deshalb nun als ein sich gleich bewährendes Mittel für Konsumvereine empfahl, „ja, eigentlich aufoktroyieren wollte", das forderte Pfeiffer und seine Art von Konsumvereinen geradezu heraus. Er warf Schulze vor, daß er „seine wärmste Fürsorge stets mehr" den übrigen Vereinen in seinem Verbande zuwende, als den Konsumvereinen, indem er z. B. „die Solidarhaft als die eigentliche Grundlage aller Genossenschaften erklärte". Er sagt weiter: „Dem Einflusse dieses, um das Genossenschaftswesen so verdienten Mannes ist es auch vor allem zuzuschreiben, daß das

[31] Bittel-Brunner: Genossenschaftliche Wochenchronik während des Krieges. Eßlingen 1914/15.

Genossenschaftsgesetz für Preußen und den Norddeutschen Bund den Zwang der solidarischen Haftbarkeit für alle Genossenschaften einführt, welche sich unter dieses Gesetz stellen wollen."

In diesem Sinne führte Pfeiffer noch jahrelang einen scharfen Kampf mit Schulze-Delitzsch, ohne daß man deshalb das Recht hat zu behaupten — wie es damals schon geschah —, daß er damit bestrebt gewesen wäre, Schulze-Delitzsch herunterzusetzen. Er sagt dazu auch selbst in unserem Buche: „Gern ergreife ich daher wiederholt diese Gelegenheit, öffentlich zu erklären, wie sehr ich die Verdienste dieses Mannes um das Genossenschaftswesen, besonders um die Kreditvereine, anerkenne." Pfeiffer behauptet lediglich, und das mit vollem Recht, daß die, Schulze von Anfang an ferner liegenden Konsumvereine, lange Jahre hindurch von dem Schulzeschen Allgemeinen Verbande und seinen Organen „sehr stiefmütterlich behandelt" worden seien und erst in neuester Zeit dort — dank der Tätigkeit des Herrn Parisius — den Konsumvereinen größere Aufmerksamkeit zugewendet werde. Pfeiffer hält es dringend für wünschenswert, daß jene, für die norddeutschen Vereine so hemmende Bestimmung wieder entfernt werden möge, da Konsumvereine in der Hauptsache nie in die Lage kämen, Kredit zu beanspruchen, hingegen oft sogar übrige Gelder haben.

Außer diesem wird in dieser neuen Auflage erstmals die praktische wichtige Frage des „Verkaufs an jedermann oder nur an Vereinsmitglieder" behandelt. Und zwar spricht sich Pfeiffer dafür aus, daß gutbetriebene Konsumvereine an jedermann Waren abgeben sollten, ohne jedoch diesen kaufenden Nichtmitgliedern einen Anteil an der Dividende zu gewähren; lediglich sollte der Eintritt in den Verein nicht unnötig erschwert werden.

Damit haben wir die für unsere Betrachtung wichtigen Tatsachen des Inhalts der fortentwickelten Neuauflage des zweiten Pfeifferschen Buches, das sich im besonderen mit den Konsumvereinen befaßt, mitgeteilt.

Mit besonderem Nachdruck wollen wir hier noch einmal auf die sozialwirtschaftliche und weiterbauende Tendenz der Pfeifferschen Konsumvereinsrichtung, wie er sie in diesem, seinem neuesten Buche wieder deutlich angibt und vorzeichnet, hinweisen. Es kommt von Jahr zu Jahr klarer zum Ausdruck, daß Pfeiffer nach einer genossenschaftlichen Wirtschaftsordnung strebt. Es gilt ihm nicht nur besonders empfindliche Auswüchse des Privathandels zu reformieren, als vielmehr aus sozialen Gründen und vor allem aus ökonomischem Prinzip die Erwerbswirtschaft durch eine gemeinnützige genossenschaftliche zu ersetzen. Die Konsumvereine als organisatorischer und wirtschaftlicher Fortschritt[32], das ist schließlich zum entscheidenden Motiv für ihre Förderung geworden. Diese wirtschaftlich umgestaltende Tendenz mußte die Konsumvereine der Pfeifferschen Art später zweimal aus dem Schulze-Delitzschschen Allgemeinen Genossenschaftsverbande treiben.

Die Arbeitskraft Eduard Pfeiffers ist erstaunlich groß gewesen. Seine schöpferische Begabung ließ ihn da und dort die Stellen erkennen, an denen einzusetzen wäre, um den herrlichen Bau des sozialen Gemeinwesens, wie ihn seine Theorien verkündeten, Stein um Stein zu errichten. Denn das war Pfeiffer nie: ein einseitiger Konsumvereinsspezialist, der in den Genossenschaften allein das Allheil der sozialen Gesundung und Umgestaltung sah. Die Genossenschaften, vor allem die Konsumvereine, waren ihm ein Mittel, allerdings das vorzüglichste und grundlegendste Mittel, daneben aber mußte gleichzeitig andere um- und aufbauende Arbeit gehen. Auf mannigfachen Wegen konnte man dem Ziele entgegengehen. So sei hier auch erwähnt, daß Pfeiffer im Januar des Jahres 1866 eine Zeitschrift begründete und als Herausgeber zeichnete: „Die Arbeit — Organ für die sozialen Reformbewegungen." „Die Arbeit" erschien im Verlag der Sozietätsdruckerei in Frankfurt a. M., in welchem die „Frankfurter Zeitung" erscheint. („Die Arbeit" sollte eine Fortsetzung der früheren zwanglos herausgegebenen Sonnemannschen „Flugblätter"

---

[32] Vgl. auch Robert Schloesser: Die konsumgenossenschaftliche Gütervermittlung, ihre Technik und wirtschaftliche Bedeutung. Mit vergleichenden Betrachtungen über den erwerbsmäßigen Warenvertrieb. Mannheim 1914. — Diese im August 1914 aus dem Professor Schröterschen Seminar der Mannheimer Handelshochschule hervorgegangene außerordentlich verdienstvolle Arbeit sieht in der Konsumgenossenschaftsbewegung ausgesprochen sozialistische Tendenzen. Es heißt dort: „Die Konsumvereine wollen nicht nur die Auswüchse des erwerbsmäßigen Warenvertriebs beseitigen, sondern ihn überhaupt, soweit es möglich ist, verdrängen und durch die konsumgenossenschaftliche Gütervermittlung ersetzen. Sie sehen in dem Profitstreben der Händler die Ursache der Warenverteuerung und der relativen Warenverschlechterung. Sie sind überzeugt, daß die konsumgenossenschaftliche Gütervermittlung an Stelle der erwerbsmäßigen Warenvermittlung all diese Übel beseitigen wird. Dabei gehen sie in ihrem Ausschaltungsprinzip so weit, daß sie nicht allein den Kleinhandel, sondern auch den kollektierenden und den Zwischenhandel zu beseitigen bzw. zu ersetzen suchen." (S. 25.)

sein. Leopold Sonnemann ist der Begründer der Frankfurter Zeitung und hatte damals die Leitung des ständischen Ausschusses deutscher Arbeitervereine.) Der „Arbeiterfreund" (1866 S. 101) rühmt von der Pfeifferschen „Arbeit": eine „gediegene Einrichtung und möglichste Freihaltung von der Tagespolitik verspricht diesem Organ Dauer und wachsenden Einfluß ... Der Herausgeber ist als volkswirtschaftlicher Schriftsteller bekannt genug, um uns der Mühe zu überheben, seine von den unsrigen hier und da abweichenden Ansichten zu erörtern." Der einzige Zweck der „Arbeit" sollte nach Pfeiffers Angabe sein: den Interessen der Arbeit zu dienen, und zwar der Arbeit im weitesten Sinne des Wortes. Es sollte keine bestimmte Partei oder Schule ausschließlich zur Geltung kommen, vielmehr ein Sprechsaal für diejenigen sein, denen die sozialen Fragen der Gegenwart am Herzen liegen.

4. Der Verband Deutscher Consumvereine (1867 gegründet).

Wir wenden uns nun wieder zurück zur Tätigkeit des Genossenschaftspraktikers, des Organisators Pfeiffer. Neben der vorbildlichen Leitung und Arbeit für seinen Stuttgarter Musterverein und der erwähnten Vortragsreisen zur Gründung von Konsumvereinen in anderen Städten, gehen seine Gedanken und Taten weiter. An erster Stelle stand nun der Plan, die Konsumvereine miteinander zu verbinden, sie zu einem Konsumvereinsverbande zu organisieren. Konsumvereinsvereinigungen loser Art sind schon seit den ersten 60er Jahren bekannt. So gründeten 1863 etwa 10 Berliner Konsumvereine unter Leitung des Allgemeinen Konsumvereins unter sich eine Art von Verband[33], der sich 1864 zum Verbande der Konsumvereine in der Provinz Brandenburg erweiterte. Mit dieser Gründung soll nach H. Hildenbrandt (S. 14) auch bereits eine Zentralstelle zum Zwecke des gemeinsamen Einkaufs ins Leben gerufen worden sein. Am 4. Oktober 1863 hielten die rheinischen und westfälischen Konsumvereine eine Tagung ab und wollten einen Verband gründen, der jedoch nicht zustande kam.

Wie wir schon erwähnten, war für die Konsumvereine, von denen einige seit 1862 schon kleine nachbarliche Zusammenkünfte pflegten, bis jetzt ein allgemeiner Vereinigungspunkt in der Art möglich, daß sie sich dem Schulzeschen „Allgemeinen Verbande deutscher Erwerbs- und Wirtschaftsgenossenschaften"[34] anschlossen, was eine ganze Reihe von Vereinen auf den Beschluß der genannten Tagung der rheinischen Konsumvereine 1863 in Düsseldorf hin taten. Bei der in diesem Allgemeinen Verbande vorwiegenden Art von Vorschuß- und Kreditvereinen wurde natürlicherweise den Konsumvereinen „nicht die gebührende Beachtung geschenkt" (Pfeiffer). So wurde in der Zeitschrift des Allgemeinen Verbandes und auf seinen Verbandstagen kaum je über

---

[33] Innung der Zukunft 1864.

[34] Im folgenden der Kürze halber bezeichnet mit „Allgemeiner Verband", im Gegensatz zu dem Pfeifferschen Verband, den wir kurz mit „Konsumvereinsverband" bezeichnen.

Konsumvereinsdinge gesprochen, was auch der ganzen damaligen Stellung Schulzes zu den Konsumvereinen entsprach, der, wie Ed. Jacob sagt, „sich nie recht für Konsumvereine erwärmen konnte... Wo kredit- und konsumgenossenschaftliche Interessen in Widerspruch miteinander gerieten, mußten die letzteren weichen". (S. 298.) „Auf dem allgemeinen Verbandstag 1864 war es sogar noch möglich, daß von Kreditvereinen der Antrag gestellt wurde, die Verteilung etwaiger Dividende in Konsumvereinen nicht nach der Summe der entnommenen Waren, sondern nach dem Guthaben der Mitglieder vorzunehmen... Noch bis 1868 war es Sitte, daß auf diesen Verbandstagen die Delegierten der Kreditvereine, die doch stets die Majorität hatten, über die Anträge, welche Angelegenheiten der Konsumvereine betrafen, nicht nur mit debattierten, sondern auch abstimmten." (Paul Göhre S. 22.) Hugo Zeidler spricht (S. 222) von einer „Unterordnung der geistigen und materiellen Kräfte der Konsumvereine unter der Leitung des Allgemeinen Verbandes und vor allem Schulzes".

Die Konsumvereine fühlten sich im Allgemeinen Verbande zurückgesetzt! Dazu kam für Pfeiffer die Erkenntnis der *inneren Wesensverschiedenheit* seiner Art von Konsumgenossenschaften mit den im Allgemeinen Verbande organisierten Genossenschaften. Wir verstehen daher leicht die Beweggründe, welche Pfeiffer, der eine so ganz hervorragende Bedeutung für das gesamte Genossenschaftswesen gerade in den Konsumvereinen sah, die von ihm großenteils ins Leben gerufenen Vereine in einem selbständigen und unabhängigen eigenen Konsumvereinsverbande näher zu bringen und für sie damit eine Organisation höherer Ordnung im Interesse ihrer Förderung zu schaffen. Auch glaubte Pfeiffer dadurch Maßnahmen erreichen zu können, welche über die Kräfte oder Möglichkeiten vereinzelter Vereine hinausgingen. Vor allem aber wollte er die Konsumvereine in einer speziell für sie geschaffenen Zentralorganisation vereinigen, in der sich ihre Eigenart kundtun konnte und sie sich weiter zu entwickeln vermochten. Dafür war der Schulzesche Verband nicht der richtige Ort, denn die Pfeiffersche Genossenschaftsart paßte gar nicht in das Schulze-Delitzschsche Genossenschaftssystem, was ihnen für ihre Ausbreitung, solange sie darin waren, hemmend sein mußte und ihnen eine Entwicklung fast unmöglich machte.

So betreibt denn auch Pfeiffer schon zu Anfang des Jahres 1867 zielbewußt einen engeren Zusammenschluß der Konsumvereine. Auf seine Anregung versammelten sich am Ostermontag des Jahres 1867 eine größere Zahl von Vertretern der benachbarten Vereine in Stuttgart, „um darüber eine Besprechung zu pflegen, ob eine derartige engere Vereinigung der Konsumvereine möglich sei und auf welche Weise sie wohl am besten durchführbar wäre". Auch Hermann Schulze wurde von Pfeiffer dazu eingeladen[35]. Über den Ausgang der Stuttgarter Versammlung berichtet ein **Rundschreiben** vom Mai 1867, das allen bestehenden und bekannten Konsumvereinen (141 an der Zahl) zwecks Werbung zugesandt wurde. Es heißt darin unter anderem:

Seit längerer Zeit schon wurde von vielen deutschen Konsumvereinen das Bedürfnis empfunden, sich enger miteinander zu verbinden, um gegenseitig ihre Erfahrungen auszutauschen, und um verschiedene andere wesentliche Vorteile zu erzielen. . . (Es wird dann über die Versammlung berichtet): „. . . . Unter den in Stuttgart vertretenen 32 Vereinen, von welchen wir als größere nur die von Mainz, Wiesbaden, Mannheim, München, Karlsruhe, Pforzheim, Ulm, Eßlingen und Stuttgart nennen, herrschte Einstimmigkeit darüber, daß eine Vereinigung der deutschen Konsumvereine, wie sie projektiert war, in hohem Grade wünschenswert sei, und es wurde daher der Beschluß gefaßt, sogleich mit der Organisation des Verbandes der Konsumvereine voranzugehen. Zu dem Ende wurde eine Kommission mit der Abfassung von Statuten nach bestimmt ausgesprochenen Grundsätzen betraut, und der vorerst bestellte Vorort wurde beauftragt, sobald als tunlich sämtliche deutsche Konsumvereine zum Beitritte zu dem „Allgemeinen Verbande deutscher Konsumvereine" einzuladen.

Indem wir dieser angenehmen Pflicht nachkommen, erlauben wir uns, noch einige weitere Mitteilungen über die Zwecke des neugegründeten Verbandes zu machen, welche aus den beigelegten Verbandsstatuten nicht deutlich genug ersichtlich sind.

Der Verband der deutschen Konsumvereine soll vor allem einen gemeinsamen Mittelpunkt schaffen, um den gegenseitigen Austausch der Erfahrungen der einzelnen Vereine untereinander nach Möglichkeit zu erleichtern und zu fördern. Zu diesem Zwecke sollen die Vereine an den Vorort öfters Bericht erstatten über die Entwicklung ihres Unternehmens und über einzelne Einrichtungen, welche sie als besonders nützlich erkannt haben. Dem Vororte wird es dann zur Pflicht gemacht, dasjenige aus den Mitteilungen der einzelnen Vereine, was von allgemeinem Interesse ist, in dem zu gründenden Verbandsorgane zur Kenntnis sämtlicher Vereine zu bringen; ebenso liegt es dem Vorort ob, Anfragen, welche an ihn von den einzelnen Vereinen aus ergehen, zu beantworten und deren Bestrebungen durch Rat und Tat nach Möglichkeit zu fördern.

---

[35] Er bedauerte jedoch wegen Zeitmangels nicht erscheinen zu können.

Als besonders wichtige Aufgabe des Verbandes wird endlich noch ins Auge gefaßt die Anbahnung eines gemeinschaftlichen Ankaufs aus direktester Quelle, soweit dies ausführbar ist. Bei einzelnen Artikeln läßt sich ein gemeinsamer Bezug für ganz Deutschland denken, bei den meisten Waren werden verschiedene Zonen sich je nach der Lage bilden müssen, deren Vereine aus denselben Bezugsquellen ihren Bedarf decken können und für welche daher ein vollständig gemeinsamer Bezug gewiß von größtem Vorteile sein wird. Eine solche Organisation nach und nach anzubahnen, ist eben Zweck des Verbandes.

Aber schon jetzt, noch ehe eine solche vollständige Organisation durchgeführt ist, die mit nicht zu unterschätzenden Schwierigkeiten verbunden ist, wird der Verband der Konsumvereine sehr großen Vorteil bieten dadurch, daß die Vereine einander durch ihr gemeinsames Organ die besseren Bezugsquellen mitteilen und dadurch, daß sie, wenn auch noch nicht gemeinsam, so doch soviel als tunlich an derselben Stelle ihre Einkäufe bewerkstelligen, um so möglichst günstige Bedingungen erzielen zu können.

Ein beträchtlicher Vorteil für die Vereine wird sich gewiß auch dadurch erlangen lassen, wenn im Herbste frühzeitig von allen Vereinen Mitteilungen an den Vorort gemacht werden über den Preis der Landesprodukte in ihrer Gegend; und dieser dann über den Stand der Preise dieser Artikel in den verschiedenen Teilen Deutschlands eine Zusammenstellung machen und an die Vereine versenden kann, aus welcher es dann für jeden einzelnen Verein leicht ersichtlich sein wird, wo er — in Anbetracht der Transportspesen — sich am vorteilhaftesten mit seinen Ankäufen hinwenden kann.

Die Anführung dieser wenigen Punkte, denken wir, wird genügen, um die großen Vorteile des Verbandes erkennen zu lassen, die natürlich nicht alle aufgezählt werden können.

Wir ersuchen nun diejenigen Vereine, welche gesonnen sind, auf Grund der jetzt vereinbarten Statuten dem Verbande deutscher Konsumvereine beizutreten, uns hiervon Anzeige zu machen, wir werden alsdann Sorge tragen für die regelmäßige Zusendung sämtlicher Schriftstücke und des besonders vom Vororte aus zu besorgenden Vereinsorgans.

Bezüglich der Kosten des Verbandes haben wir noch zu bemerken, daß dieselben nach § 9 auf die einzelnen beigetretenen Vereine je nach dem Jahresumsatze, den sie bewerkstelligten, umgelegt werden sollen. Aller Voraussicht nach werden aber die Auslagen für den Verband nur ganz geringe sein, so daß ein verhältnismäßig äußerst kleiner Prozentsatz genügen wird, um die Kosten zu decken, und es wird daher, unserm Voranschlage nach, der von den einzelnen Vereinen zu leistende Beitrag wohl kaum mehr betragen als 1 fl. auf 5000 vom Umsatz.

Mit freundschaftlichem Gruße

Stuttgart, im Mai 1867. für den Vorort

Eduard Pfeiffer.

Auch die **Statuten für den „Verband Deutscher Consumvereine“**, mit deren Ausarbeitung nach den besprochenen Grundsätzen eine von jener ersten Versammlung gewählte Kommission beauftragt war, seien hier in ihren wichtigsten Teilen angefügt:

§ 1. „Der Verband Deutscher Consumvereine hat zum Zweck die möglichste Förderung der gemeinsamen Interessen und die Anbahnung einer innigen Verbindung der Consumvereine untereinander.

§ 2. Jeder Deutsche Consumverein ist befugt, diesem Verbande beizutreten mit den in diesem Statut festgesetzten Rechten und Pflichten.

§ 3. Das rechtliche Verhältnis der einzelnen Vereine und ihrer Mitglieder und die Selbständigkeit der Vereine in Besorgung ihrer besonderen Angelegenheiten wird durch den Anschluß an den Verband und die Beschlüsse der Vereinstage nicht geändert. Wenn es sich daher um die Übernahme von neuen Verpflichtungen seitens der Vereine handelt, welche in diesem Statut nicht enthalten sind, so erhalten die Beschlüsse der Vereinstage erst bindende Kraft durch specielle Annahme jedes einzelnen Vereins. Im Übrigen sind die Beschlüsse des Vereinstages nur als Rath und Empfehlung anzusehen, indem keinerlei äußere Nöthigung auferlegt werden, sondern allein das Gewicht der dargelegten Gründe wirken soll. .....

§ 5. Alljährlich, etwa in den Monaten Mai oder Juni, treten die in dem Verbande befindlichen Vereine zu einem regelmäßigen Vereinstage zusammen, auf welchem die Verbandsangelegenheiten verhandelt und geregelt, und die allgemeinen Interessen berathen werden sollen.

Auf dem regelmäßigen Vereinstage wird auch jeweilig der Vorort für die Dauer eines Jahres bestimmt.

Außerordentliche Versammlungen können von dem Vorort — und müssen von ihm auf Antrag von einem Drittel der im Verbande befindlichen Vereine berufen werden. .....

§ 7. Der Vorort besorgt die ihm obliegenden Geschäfte durch seinen Vorstand, Er beruft die Vereinstage und schlägt die Tagesordnung vor. Die ihm von den Vereinen bis vier Wochen vor dem Vereinstag eingesandten Anträge müssen jedenfalls auf die Tagesordnung gesetzt werden.

§ 8. Der Vorort hat die Redaction eines Vereinsorganes zu besorgen, dessen Form ihm überlassen bleibt, das aber mindestens einmal monatlich zu erscheinen hat und den Vereinen regelmäßig zuzusenden ist.

§ 9. Die Kosten des Verbandes werden in der Weise aufgebracht, daß sie auf die einzelnen Vereine im Verhältnis zu ihrem Jahresumsatz umgelegt werden.

Alljährlich auf dem Vereinstage hat der Vorort über die von ihm verwandten Gelder Rechenschaft abzulegen und seine Rechnungen von einer vom Vereinstage zu ernennenden Commission prüfen zu lassen.

§ 10. Die dem Verbande angehörigen Vereine sind berechtigt

1) Förderung mit Rath und That Seitens des Vororts wie von den einzelnen verbundenen Vereinen zu erwarten;
2) sich der getroffenen gemeinsamen Einrichtungen gegenseitiger Geschäftsverbindungen und Verkehrserleichterungen zu bedienen;
3) insbesondere die Vermittlung des Vororts in Anspruch zu nehmen bezüglich der Auffindung vorteilhafter Bezugsquellen für die von ihnen geführten Waaren;
4) je ein Exemplar des vom Vorort herausgegebenen Organs zu empfangen.

Dagegen sind sie verpflichtet:

1) Die Beiträge zu den Verbandskosten nach dem vom Vorort festgesetzten Termin regelmäßig einzusenden;
2) ihre Rechnungsabschlüsse und Rechenschaftsberichte pünktlich an den Vorort einzusenden, so wie die Formularien, welche ihnen vom Vorort zur Ausfüllung übersandt werden;
3) sich gegenseitig möglichste Unterstützung angedeihen zu lassen.

Sämtliche im Verbande befindlichen Vereine verpflichten sich zur Festhaltung des gegenwärtigen Statuts."

An die dem Konsumvereinsverbande bereits in der Stuttgarter Versammlung beigetretenen Vereine wurde vor dem genannten Werberundschreiben des Vororts schon die erste Nummer des von Ed. Pfeiffer herausgegebenen und eigenhändig geschriebenen „**Organs der deutschen Consumvereine**" (auf blauem Briefpapier autographiert) mit den Statuten versendet. Wir entnehmen dieser Nummer 1 vom Mai 1867 folgendes, woraus sich das zunächst beabsichtigte Programm des Verbandes erhellt: „Als nächste Aufgabe betrachten wir die Vermittlung guter und möglichst billiger Bezugsquellen. Wir ersuchen daher die Vereine beifolgendes Formular gef. auszufüllen. Sobald bei uns die Rückantworten eingelaufen sein werden, werden wir eine Zusammenstellung der verschiedenen vorteilhaftesten Bezugsquellen anfertigen und sie den Vereinen wieder zusenden." Alsdann wird „vom Vorort aus im Namen der übrigen Vereine mit einzelnen Grossisten und Fabrikanten verhandelt werden, um von diesen möglichst günstige Einkaufsbedingungen zu erlangen, falls ihnen in Aussicht gestellt werden kann, daß die Mehrzahl der Konsumvereine bei ihnen ihren Bedarf nehmen wird". Außerdem wurde noch ein statistischer Fragebogen beigegeben, um eine Zusammenstellung über Ausdehnung und Entwicklung der angehörigen Vereine zu veranstalten. Des weiteren wurde betont, daß das „Organ" anregend, belehrend und fördernd wirken wolle und als Verbindungsmittel unter den Vereinen zu wirken suche, wobei vor allem Erfahrungen und Meinungen ausgetauscht werden sollten.

Die zweite Nummer des „Organs" vom Juni 1867 berichtet, daß der „Verband Deutscher Consumvereine" nach Zustimmung der Vereine zu den Statuten „definitiv als gegründet zu betrachten" sei. Obwohl erst wenige Antworten auf das Werbezirkular eingelaufen wären, sei „doch aus der Freudigkeit, mit welcher in diesen wenigen Antworten der Gedanke eines solchen allgemeinen Verbandes begrüßt wurde", zu schließen, „daß die von uns ins Werk gesetzte Organisation Anklang finden und mehr und mehr an Ausdehnung gewinnen werde". Es wird berichtet, daß die Vereine von Aachen, Freiburg i. Br. und Pirkenhammer neu beigetreten sind. Besonders erwähnt wird noch ein Schreiben des Konsumvereins Rendsburg in Schleswig-Holstein, worin der Gedanke eines Verbandes der deutschen Konsumvereine mit Freuden begrüßt worden sei. „Nicht verkennend," heiße es in diesem Schreiben, „mit welchen Schwierigkeiten eine derartige Verbindung zu kämpfen hat, fühlen wir uns um so mehr verpflichtet, mit allen Kräften dieselbe zu unterstützen und so zur Einigung und Hebung der Konsumvereine im ganzen wie im einzelnen beizutragen." Von Rendsburg sei bereits eine Aufforderung an den Vorort Kiel der schon verbundenen schleswig-holsteinischen Konsumvereine ergangen, ihren engeren Landesverband in bestimmtere Formen zu bringen, nach den Stuttgarter Verbandsstatuten neu zu konstitutieren und den Anschluß sämtlicher Vereine an den Pfeifferschen Verband zu vermitteln.

Diese zweite Nummer enthält auch eine sehr lehrreiche ausführliche Statistik von 21 Vereinen und Berichte über verschiedene wichtige Einrichtungen. So zum Beispiel, daß der Verein in Neustädtles seit kurzem eine eigene Bäckerei mit günstigen Erfolgen betreibe und ebenso der Verein in Wasseralfingen ein eigenes Milchgeschäft. Neben den Mitteilungen über sonstige wichtige Dinge, wie die möglichste Stärkung des Reservefonds, wird von dem Mannheimer Verein berichtet, daß er einer Reihe seiner Mitglieder Mittel als Reisezuschuß zur Pariser Ausstellung zur Verfügung gestellt habe. Der Konsumverein Kempten berichtet, daß einige Kaufleute an den Verein nichts verkaufen würden wegen der anderen Geschäfte. Pfeiffer sagt dazu: Die Namen derjenigen Grossisten und Fabrikanten, welche sich einem gemeinnützigen Institute wie einem Konsumvereine so wenig entgegenkommend zeigen, verdienen wohl auch anderen bekannt gemacht zu werden. Es sind die Herren XY; aus eigener Erfahrung können wir AB. nennen, welche sämtlich aussprachen, daß sie einem Konsumverein nichts verkaufen wollen. Einige davon haben nun, seitdem der Stuttgarter Verein so große Ausdehnung erlangt hat, Schritte getan, um nachträglich die zuerst verweigerte Geschäftsverbindung anzuknüpfen, doch fand sich der hiesige Verein dann nicht mehr dazu veranlaßt.

Es ist hier Gelegenheit, auf die Schwierigkeiten aufmerksam zu machen, die tatsächlich den Konsumvereinen jener Zeit beim Einkauf entgegenstanden. In dem Archiv des Stuttgarter Vereins befinden sich Zeugnisse dafür, zu welchen Mitteln oft gegriffen werden mußte, um überhaupt für einen Konsumverein nur eine Offerte zu erhalten.

Die friedlich-aufbauende, sich liebevoll hingebende Arbeit Eduard Pfeiffers für seine Konsumvereine und ihre Entwicklung, wie sie sich in allen seinen Schriften spiegelt, und vor allem in den ersten Nummern des „Organs", wo mit besonderer Sorgfalt die erwünschten Konsumvereinsdinge eingehend erörtert wurden, wird schon bald stark getrübt und von da ab im stillen bis zur Zerstörung bekämpft. In der Schulze-Delitzschschen „Innung der Zukunft", dem Organ des Allgemeinen Verbandes eröffnet sich eine heftige Fehde gegen die Gründung des Konsumvereinsverbandes. Vor allem ist es Ludolf Parisius, der 1867 in einem Artikel „Der Allgemeine Verband und Konsumvereinsverbände in Nord und Süd" zunächst folgendes[36] ausführt, nachdem er eine kurze Zeitungsnachricht über die Gründung des Pfeifferschen Verbandes mitgeteilt hat. „Den Sekretär der Anwaltschaft (des Allgemeinen Verbandes) bat ich um einen speziellen Bericht, allein die Anwaltschaft hatte nach der Zusammenkunft keinerlei Zuschrift darüber erhalten; später ergingen an sie ganz unverständliche Anfragen aus Nord und Süd; man setzte voraus, daß die Anwaltschaft dem Stuttgarter Projekt zustimme, wunderte sich aber darüber, fragte sich wohl, welches das Verhältnis zum Allgemeinen Verbande werden solle? Endlich konnte ich selbst der Anwaltschaft Aufklärung durch folgende zwei Schriftstücke verschaffen, welche auch

[36] Auch mitgeteilt bei Konrad Barth in der Konsumgenossenschaftlichen Rundschau 1909, S. 803.

an Berliner Konsumvereine gesandt waren. Das erste ist ein aus Stuttgart im Mai 1867 datiertes, lithographiertes Zirkular, unterzeichnet: „Mit freundschaftlichem Gruß für den Vorort. Ed. Pfeiffer." ... Das durch das Zirkular und den Statutenentwurf nicht bloß ins Auge gefaßte, sondern fest in Angriff genommene Unternehmen ist also ein ohne vorherige Rücksprache[37], ohne Ankündigung oder Erörterung durch Wort oder Schrift, von einer Anzahl süddeutscher Konsumvereine gemachter Versuch, die Konsumvereine dem unter Schulze-Delitzschs Leitung seit Jahren bestehenden Allgemeinen Verbande abspenstig zu machen und einen gesonderten, ohne Zusammenhang mit den übrigen Genossenschaften bestehenden „Verband der deutschen Consumvereine" mit dem Vorort Stuttgart unter der Direktion des Herrn Eduard Pfeiffer ins Leben zu rufen." Nach einer unfreundlichen Kritik der gedachten Konsumvereinsorganisation bezweifelt Parisius vor allem die Notwendigkeit eines gesonderten Verbandes.

Auf alle Angriffe weiß Pfeiffer trefflich zu erwidern. So schreibt er in seiner Nummer 4: „Wir verzichten darauf, eine Erwiderung zu geben auf das, was bloß persönliche Angriffe gegen den Schreiber dieses waren und glauben, ohne jegliches Wort von unserer Seite die Beurteilung der Sache ruhig denjenigen Vereinen selbst überlassen zu können, denen unsere Bestrebungen und die Art unseres Wirkens näher bekannt sind. Mehrere Einsendungen, die uns von auswärts geworden sind, haben uns in dieser unserer Ansicht bestärkt und waren uns ein freudiger Beweis dafür, daß das gesunde Urteil ruhiger Menschen nicht getrübt werden kann durch noch so leidenschaftliche Zeitungsartikel. Unsere Aufgabe wird dadurch, daß wir alles Persönliche entfernt halten, sehr erleichtert, indem es eigentlich nur ganz Untergeordnetes ist, was Herr Parisius gegen unseren Verband selbst vorbringt... Wir haben nur zur Aufklärung von Mißverständnissen beizufügen, daß die Stuttgarter Versammlung abgehalten wurde, allerdings ohne „Genehmigung" der Anwaltschaft des allgemeinen Verbandes (wir glauben diese Genehmigung entbehren zu können), sicher aber nicht ohne deren Kenntnis, indem auch an Herrn Schulze-Delitzsch eine Einladung ergangen ist, sich bei jener Versammlung, deren Zweck ihm mitgeteilt wurde, zu beteiligen, wie er es auch bei der Arbeit der Gründung auf die an ihn gerichtete Einladung, dabei mitzuarbeiten, wegen Zeitmangels bedauert hatte, seine

[37] Wie wir bereits mitteilten, war Schulze von Pfeiffer zur Gründungsversammlung nach Stuttgart persönlich eingeladen gewesen.

Mitwirkung versagen zu müssen... Wir hoffen, das Gesagte wird genügen, um wenigstens bezüglich der Sache, um die es sich handelt — und um diese allein ist es uns zu tun — keine Zweifel aufkommen zu lassen. Die Aufgabe, die sich der Verband gestellt hat, ist eine sehr schwere; die Gründer desselben waren sich dessen von Anfang an bewußt. Wir hoffen aber, daß sie alle, wie wir, durch Angriffe von außen, sie mögen kommen, woher sie wollen, sich nicht werden irre machen lassen, das begonnene Werk zu fördern zum gemeinsamen Vorteil aller."

An anderer Stelle derselben Nummer sagt Pfeiffer: „Wenn in letzter Zeit die Vereine in nicht so großer Zahl unserem Verbande beitraten, als erwartet werden konnte, wenn namentlich die nord- und mitteldeutschen Vereine sich ziemlich zurückhaltend zeigten, so mag der Grund hierfür vielleicht darin gesucht werden, daß die mehr im Norden gelegenen Vereine sich aus unserer Vereinigung in Hinsicht auf ihren Warenbezug weniger Vorteil versprechen, zum Teil mögen sie auch die heftigen Angriffe zurückgeschreckt haben, welche gegen unseren Verband in der ‚Innung der Zukunft' gerichtet worden sind." Die drei sachlichen Angriffspunkte von Parisius richteten sich nur gegen die Stimmenverteilung im Verbande, dagegen, daß keine Unterverbände geschaffen seien, und daß der Kostenbeitrag der Vereine zum Verbande viel zu niedrig bemessen sei. Es sollte damit der Keim des Mißtrauens gegen Pfeiffers Organisationsfähigkeit gesäet, es sollten die Vereine scheu gemacht werden. Es war der erste Versuch, das große Pfeiffersche Konsumvereinsprojekt zu unterminieren.

Aber Pfeiffer wußte auch diese sachlichen Dinge zu erklären und richtig zu stellen. Und die ruhige Arbeit geht fort und wächst sichtlich.

Am 13. April 1868 findet ein **Verbandstag deutscher Konsumvereine**, die zweite Tagung des Pfeifferschen Verbandes, im Saale des Kohlergartens zu Augsburg statt. Von den 52 Mitgliedervereinen des Verbandes waren 13 Vereine mit 22 Delegierten vertreten. Erster Vorsitzender der Tagung war Pfeiffer, zweiter Vorsitzender Hauptmann von Perglas. Pfeiffer selbst erstattete den Bericht über die Tätigkeit der Verbandsleitung, und die Versammlung spricht ihm als Vorsitzenden „durch Erheben von den Sitzen" den Dank für die unermüdliche und umsichtige Leitung der Verbandsgeschäfte aus. Es fand in diesem Jahre ein reger Verkehr mit dem Verband der schleswig-holsteinischen Vereine und mit dem Vorort Leipzig der sächsischen

Vereine statt. — „Viele Anfragen, darunter von Rußland, Österreich, der Schweiz und Norddeutschland“ heißt es in dem Protokoll, waren zu beantworten. Stuttgart wurde für ein weiteres Jahr zum Vorort gewählt. Referiert und diskutiert wurde auf dieser Tagung über die Errichtung von Vereinsbäckereien und Schlächtereien. Das Referat zu den Beratungen über Vereinsbäckereien erstattete der Vertreter des Eßlinger Vereins, indem er in der Hauptsache über die Eßlinger Konsumvereinsbäckerei von 1867 berichtete. Wie Pfeiffer mitteilt, beständen seines Wissens in England keine solche Konsumvereinsbäckereien. Mit dieser Frage des ersten Zweiges der Eigenproduktion von Konsumvereinen, beschäftigt sich das Organ in der Folgezeit des öfteren und sucht die Praxis der Eigenproduktion für die Konsumvereine damit zu fördern. Eine große Debatte verursachte der Punkt „Genossenschaftsgesetz“; ein solches sei notwendig, das preußische sei sehr gut in allen Hauptpunkten, bis auf den einen der Verbindlichkeit zur Solidarhaft. Es wurde der Pfeiffersche Antrag angenommen, daß der Vorort beauftragt werde, „den Vereinen zu München, Karlsruhe und Darmstadt schnellstmöglich Abdrücke der württembergischen Eingabe an die Regierung zukommen zu lassen, welche Hauptstädte dann für weitere Verbreitung und für möglichst gleichmäßiges Vorgehen in ihren Ländern sorgen sollen“. Als wesentlichster Punkt ist der 5. Punkt der Tagesordnung zu betrachten: „Die Frage gemeinschaftlichen Warenbezugs“, der sehr eingehend behandelt wurde. Der Vertreter des Vereins Mannheim, Herr Duffing, machte unter allgemeinem Beifall den Vorschlag, eine Zentralstelle dafür zu errichten, welche „die Aufträge der Vereine, vorerst in Kaffee sammelte und unter Berechnung einer Einkaufsprovision (von vielleicht $1\frac{1}{2}$ %) zum Fakturapreise berechnen soll. Die Zentralstelle würde von einem dazu gewählten Organe beaufsichtigt, die Rechnungen geprüft, und der sich ergebende Überschuß zur späteren Errichtung eines eigenen Lagerhauses reserviert. Der Verein Mannheim erbietet sich, da dieser Ort der wohl geeignetste ist, die Aufsicht, bis ein eigenes Organ gewählt ist, durch seinen Verwaltungsrat ausüben zu lassen. — Wenn die Sache sich erprobt, könnte die Zentralisierung der Bestellungen auch auf andere Artikel, wie Reis, Erdöl, Zucker und auch auf solche ausgedehnt werden, die, wie Mehl, nicht von Holland und dem Rheine bezogen werden.“ (Consumverein 1868, S. 19.)

Pfeiffers Bericht über den Verbandstag in der folgenden Nummer 1 des zweiten Jahrgangs des „Organs“ schreibt hochbefriedigt von der Tagung, auf der mit viel Nutzen ein so reicher Stoff in ausführlichster Weise besprochen worden sei. Es heißt dann weiter: In hohem Grade erfreulich war die Einmütigkeit, welche bei allen Verhandlungen herrschte. Es zeugte dies dafür, daß die Vertreter der Vereine alle selbst von dem Gedanken durchdrungen waren, daß nur durch ein recht einmütiges Zusammengehen aller Vereine die Vorteile des gemeinsamen Verbandes zur Geltung kommen können. Dies wird sich hauptsächlich nun erst im besonderen Maße zeigen, wenn die beschlossene Errichtung einer Zentralstelle für den Wareneinkauf verwirklicht sein wird. Pfeiffer hofft schon in einer der nächsten Nummern das von dem Mannheimer Verein diesbezügliche ausgearbeitete Projekt veröffentlichen zu können.

Diese genannte Nummer 1 vom April 1868 löst die 12 bisher erschienenen autographierten Nummern des „Organs“ ab und nennt sich **„Der Consumverein — Organ des Verbandes deutscher Consumvereine** — herausgegeben für den Vorort Stuttgart von Eduard Pfeiffer.“ Es ist nun im Kleinformat gedruckt und erscheint monatlich, die Nummer für einen Kreuzer.

Die nun folgenden reichhaltigen kleinen Hefte des „Consumverein“ enthalten viel wissenswertes Material für die Praxis der Konsumvereine, und daneben erscheinen nun fast regelmäßig in ihnen Berichte der mannigfachsten Art über gegnerische Angriffe, Schikanen und Kämpfe aus den verschiedensten Orten.

Der Gedanke eines allgemeinen Konsumvereinsverbandes fand in immer weiteren Kreisen Anklang, und Vereine aus den entferntesten Gegenden, wie aus Siebenbürgen, treten dem Verbande bei, aus Amerika kommen Anfragen um Beihilfe zu Gründungen. Jedoch: „Zu unserem Bedauern halten sich die norddeutschen Vereine unserem Verbande noch zum großen Teile fern. Was immer die Ursache dieser Zurückhaltung sein möge, so sind wir überzeugt, daß die Nützlichkeit eines Verbandes sämtlicher deutscher Konsumvereine mehr und mehr erkannt werden wird. Als ersten Schritt in dieser Richtung begrüßen wir die sich in neuester Zeit bildenden Lokalverbände von Konsumvereinen, wie sie beispielsweise nun in Sachsen, in Brandenburg, an der Saar und am Rhein bestehen und die wenigstens zum Teil einen Ersatz bieten können für einen allgemeinen Verband, und die ohne Zweifel auch am besten den Weg dazu ebnen. Als ferneres erfreuliches Zeichen, daß die von uns vertretenen Ideen mehr und mehr Anklang finden, begrüßen wir es auch, daß die Anwaltschaft deutscher Konsumvereine (Schulze-Delitzsch) in ganz anderem Grade, als sie es bisher getan, der Sache der Konsumvereine ihre Aufmerksamkeit zuwendet." (Consumverein vom August 1868.) Das Verhalten des Allgemeinen Verbandes unter Schulzes Leitung blieb jedoch noch lange, oder besser gesagt: war wohl immer, dem speziellen Konsumvereinsverbande wenig freundlich gesinnt. Pfeiffer muß bald manche Polemik mit dessen Organ führen, wobei er, wie Feuerstein einmal sehr treffend bemerkt, „neben einem ganz auf die sachliche Arbeit eingestellten Ton doch auch eine recht spitze Feder zeigte und mit überlegener Dialektik den Spott seines Widersachers — z. B. über die ‚Utopie' des genossenschaftlichen Großeinkaufs —" zu bekämpfen wußte. Dieser Plan einer Großeinkaufsvereinigung ist es jetzt vor allem, der Pfeiffers Hauptgegner Parisius herausfordert. Es seien hier kurz eine Rede und Gegenrede angeführt. Parisius schreibt, wieder in der „Innung der Zukunft" (1868 S. 109): „Daß sich einzelne Konsumvereine zu einem einzelnen Wareneinkauf verbinden, kommt öfters vor; allein es ist im ganzen wenig ersprießlich. Die Vereinigung einer großen Anzahl Konsumvereine zu diesem Zweck wird selten durchführbar und nützlich sein. Die meisten Konsumvereinspraktiker haben in Herrn Ed. Pfeiffers Projekten (1867 S. 119!) den gemeinsamen Bezug ‚einzelner Waren' für ganz Deutschland und ‚der meisten Waren' für gewisse vorher durch Preisermittelungen festzustellende Zonen durch einen Vorort als geradezu phantastisch belächelt. Daß sie recht haben, weiter zu begründen, wird man mir wohl erlassen..."

Der Angegriffene erwiderte hierauf: „Nach solchen Äußerungen des Herrn Parisius und der meisten ‚Konsumpraktiker' gehört freilich eine starke Anmaßung unsererseits dazu, um die Frage des gemeinschaftlichen Warenbezugs doch ernstlich zur Diskussion zu stellen. Man tut uns aber zu viel Ehre an, wenn man dieses Projekt als unser Projekt bezeichnet, da alle Vereine, welche auf dem letzten Verbandstage vertreten waren, diesen Gedanken nicht allein für ausführbar, sondern für sehr förderungswürdig erklärten... Wir wollen bedächtig und nur nach reiflicher Überlegung in dieser Sache vorangehen. Wenn wir aber einmal eine Sache als gut und nützlich erkannt haben, dann dürfen wir uns auch nicht abhalten lassen, einen ernstlichen Versuch zur Durchführung zu machen — am wenigsten durch hämische Bemerkungen einzelner Kritiker. Es ist schon vorgekommen, daß die Herren Parisius und Richter einzelne Einrichtungen in unseren Vereinen belächelten und scharf tadelten, die sie selbst einige Jahre später als sehr gut und nützlich empfahlen; so wird es wohl auch gehen, wenn unser Projekt, das uns heute beschäftigt, nur erst einmal durchgeführt ist[38]."

In Nummer 7 vom 15. September 1869 fragt Pfeiffer endlich: „Was will denn Herr Parisius?" (S. 100). Parisius hatte nämlich seine Anfeindungen so weit getrieben, daß er an die verschiedenen Konsumvereine im Juli 1869 ein gegen Pfeiffer gerichtetes Flugblatt verschickte, in welchem er feststellt, daß er (Parisius) sich schon ein Jahr vor Pfeiffer mit ähnlichen Projekten des gemeinschaftlichen Wareneinkaufs befaßt habe. An Pfeiffer, oder an den Stuttgarter Konsumverein war dieses Flugblatt nicht gekommen. Angriff und Abwehr ist derartig bezeichnend, daß sie hier etwas ausführlicher wiedergegeben seien. Pfeiffer druckt das Flugblatt „Zur Entgegnung auf einen Angriff des Herrn Dr. Pfeiffer" vollständig ab. Parisius geht darin von den Pfeifferschen Bemühungen „mit Übergehung Schulze-Delitzsch' sämtliche Konsumvereine Deutschlands zu einem Verbande zu vereinigen", aus (Man beachte, daß immer wieder dieses gegen Pfeiffer angeführt wird, obwohl es unrichtig ist.) und zählt dann seine eigene Beschäftigung mit der Frage der Verbindung mehrerer Konsumvereine miteinander behufs des Wareneinkaufs auf, die allerdings bis zum Jahre 1864 (wo er über die Gründung des Berliner Zentrallagers für Zigarren schrieb) und Juli 1868 (wo er über die Nutzbarmachung

[38] Welch prophetisches Wort Pfeiffer damit aussprach, beweist die Mitteilung von Parisius in den Bl. f. G. vom 11. Juli 1892, daß er den Plan zur Gründung einer genossenschaftlichen Großhandlung entworfen habe. Diese wurde auch 1892 in Bremen errichtet; Kaufmann berichtet von ihr in seiner Geschichte (S. 93): „Die Bremer Genossenschaftliche Großhandlung krankte an den drei Grundübeln, die ihr mit in die Wiege gelegt worden waren: an der kaum nennenswerten Beteiligung rein genossenschaftlichen Kapitals, an dem Mißtrauen der Vereine, hervorgerufen durch die Beteiligung des privaten Handelskapitals, an der im Vergleich zu Hamburg ungünstigen Lage ohne genossenschaftliches Hinterland. Da war es kein Wunder, daß der mit Wedermann an die Spitze berufene junge Parisius, der weder genossenschaftliche noch praktische kaufmännische Erfahrungen mitbrachte, sondern nur seinen guten Willen, den riesengroß sich auftürmenden Schwierigkeiten nicht gewachsen war. Das Unternehmen siechte einige Jahre kümmerlich dahin, bis es eines Tages ohne Sang und Klang zu Grabe getragen wurde. Die beteiligten Gesellschafter waren froh, daß sie noch 72 % ihrer Einlagen zurückerhielten."

der Verbindung einzelner Genossenschaften für den Wareneinkauf schrieb) zurückreichen. Aber Parisius legte solchen Projekten nie besondere Bedeutung bei! Und wie er sich zu der Mannheimer Einkaufsgenossenschaft stellt, das sagt der Schlußabsatz seines Flugblattes: „... Aber ich gestehe nachträglich zu, daß ich als Konsumvereinstheoretiker (Parisius rechnet sich nämlich nicht zu jenen Praktikern, von denen er damals schrieb, daß sie über das Projekt gelächelt hätten!) mir auch erlaubt habe, zu lächeln, jedoch nicht mitleidig, sondern gerade so gemütlich, wie ich dies allen gutgemeinten, auf ein gutes Ziel gerichteten, aber phantastischen Projekten gegenüber zu tun gewohnt bin."

Wir müssen uns nach diesen Ausführungen mit Pfeiffer fragen: was will denn eigentlich Parisius? Nach der Gründung des Konsumvereinsverbandes im Frühjahr 1867, antwortet Pfeiffer, „hatte Parisius es damals für gut befunden unseren Verband in einem längeren Artikel voll persönlicher Angriffe gegen mich zu besprechen. Ich war zu sehr gewohnt, dergleichen Angriffe von den Herren der ‚Innung der Zukunft' zu erfahren, als daß mich dies hätte überraschen können, und da es mir eben um die Sache und nicht um persönliche Rechthaberei zu tun war, so ließ ich alles auf sich beruhen, nur einige sachlich falsche Darstellungen des Herrn Parisius widerlegte ich... Sie teilen uns mit, daß Sie selbst sich mit ähnlichen Projekten zur Organisation des gemeinsamen Wareneinkaufs schon lange befaßten, schon ‚ein Jahr früher ehe nur der Stuttgarter Verein bestand'. Also Sie beanspruchen die Priorität dieses Gedankens für sich, und ich bin weit entfernt davon, Ihnen diese bestreiten zu wollen, um so weniger als dieser Gedanke ungemein nahe liegen muß für jeden, der mit dem Konsumvereinsleben nur einigermaßen betraut und der die Geschichte unserer Vorbilder — der englischen Konsumvereine — kennt." Nachdem Pfeiffer noch eine Fälschung nachweist, fährt er fort: „Die Wahrhaftigkeit scheint überhaupt nicht Ihre starke Seite zu sein, sonst würden Sie in Ihrem Flugblatte nicht die alte Unwahrheit aufwärmen, daß ich den Verband deutscher Konsumvereine mit Übergehung Schulze-Delitzsch' zu gründen gesucht habe. Sie haben dieselbe Unwahrheit schon vor zwei Jahren in den Blättern für Genossenschaftswesen veröffentlicht, freilich, wie Sie damals selbst sagten ohne Vorwissen von Herrn Schulze-Delitzsch — anders wäre es auch gar nicht denkbar gewesen. Ich habe damals in dem Organ der Konsumvereine erwähnt, daß ich Schulze-

Delitzsch selbst eingeladen hatte an der konstituierenden Versammlung unseres Verbandes teilzunehmen, und daß ich von ihm die Antwort erhielt — die noch in meinen Händen ist —, daß er bedauere wegen Zeitmangels nicht zu der Stuttgarter Versammlung kommen zu können..."

„... Die Hauptsache bleibt: Sie lächeln, und zwar wie Sie sagen ‚gemütlich'; nun wäre nur noch zu wünschen, daß Sie uns auch zu sagen belieben, warum und worüber Sie lächeln. Sie selbst finden die Frage der Vereinigung der Konsumvereine zum gemeinschaftlichen Wareneinkauf eine gewissermaßen selbstverständliche, und doch lächeln Sie über phantastische Projekte, wenn man ernstlich an die Lösung dieser ‚selbstverständlichen' Frage gehen will. Hier lächeln Sie also doch auch nicht als Theoretiker, Sie lächeln aber doch auch nicht als Praktiker, Sie lächeln also wohl ohne genau zu wissen warum. So lächeln Sie eben in Gottesnamen weiter, wir gönnen Ihnen gern diesen heiteren Humor..."

Überhaupt rückt die Frage ständig mehr in den Mittelpunkt: wird es letzten Endes schließlich gelingen, daß der Konsumvereinsverband sich gegenüber dem Allgemeinen Verbande durchsetzt; daß er die hauptsächlichen Konsumvereine von ganz Deutschland, also im besonderen auch von Norddeutschland zu vereinigen weiß? Das ist das Problem des Pfeifferschen Planes; alle Konsumvereine in einem speziellen Konsumvereinsverbande zu organisieren. Im Januar 1869 klingt folgende Mitteilung Pfeiffers zuversichtlich: „Sehr erfreulich ist die Wahrnehmung, daß in neuerer Zeit unser Verband auch in Norddeutschland, wo er ja bekanntlich am Anfange auf viel Mißtrauen stieß, mehr und mehr Anerkennung findet." (So bestellte Oldenburg 30 Exemplare des Organs, und der dortige Vorstand richtete ein ermutigendes Schreiben an Pfeiffer.) Der Vorort Leipzig des sächsischen Konsumvereinsverbandes schreibt unter anderem: „... Offen gestanden neigt sich unsere ganze Sympathie Ihrem Bunde zu, und wir wären wohl längst tätige Mitglieder desselben, wenn wir nicht gewisse Rücksichten zu nehmen hätten, wenn nicht Schulze-Delitzsch das gleiche Ansinnen an uns gestellt hätte..." Pfeiffer sagt dazu: „Wir sind weit entfernt davon irgendeinem Vereine zureden zu wollen, unserem Verbande beizutreten... Wir würden es bedauern, wenn ein Verein aus irgendeinem anderen Grunde sich uns anschlösse, als weil er diesen Anschluß in seinem eigenen Interesse für nützlich hält. Wir sind der Ansicht, daß eine Verbindung der Konsumvereine diesen selbst nur Vorteil bringt, und heute, wo in jeder Branche die Arbeitsteilung aufs vollständigste durchgeführt ist, halten wir es auch für geboten, die Sache der Konsumvereine zu trennen von den Angelegenheiten der Vorschußvereine, mit denen sie nichts oder nur äußerst wenig gemein haben. Wir sind daher überzeugt, daß die Zweckmäßigkeit einer solchen Trennung mehr und mehr erkannt werden wird." (Consumverein vom Januar 1869.) Mittlerweile beabsichtigte der sächsische Konsumvereinsverband den „Consumverein" zu seinem Organe zu wählen.

Betreffs des Großeinkaufsplanes gibt der Vorstand Duffing des Mannheimer Vereins, im Septemberheft 1868 sein ausführliches Referat. Er schlägt vor, daß, bis zur Erreichung einer engeren Einkaufsvereinigung es zunächst zweckmäßig sei, wenn sich nahe beieinanderliegende Vereine zwecks größeren Einkaufs verständigten, und wenn sich insbesondere kleinere Vereine größeren Vereinen im Warenbezug anschlössen. Auf jeden Fall wird immer wieder betont (auch in der Diskussion über die Angelegenheit): „nach unserer Meinung ist das richtigste Mittel, das die Konsumvereine ihrer, mitunter sehr unangenehmen Stellung in dem großen Geschäftsverkehr zu entrücken vermag, nur in der Gründung einer Zentralstelle zur Vermittlung des gemeinschaftlichen Warenbezugs zu suchen." Der Mannheimer Verein machte mittlerweile einen praktischen Versuch und bezog zusammen mit sechs Vereinen, unter Übergehung des Grossisten eine Wagenladung Zucker direkt von einer Braunschweiger Fabrik. Der erste Versuch Ende 1868 fiel zu voller Zufriedenheit aus und wiederholte sich dann verschiedene Male.

Am 16. und 17. Mai 1869 war der **dritte Verbandstag** in Mannheim. Auf der Tagesordnung standen unter anderem: „Organisation des gemeinschaftlichen Warenbezugs"; „Genossenschaftsgesetz" (Referent Dr. Herz) und „Gewinnung des Arbeiterstandes für die Konsumvereine". Anwesend waren 37 Vertreter von 19 Vereinen. Den Vorsitz führte wieder Pfeiffer, der auch den Verbandsbericht erstattet. Es gehören dem Verbande nun 63 Vereine an, welche über ganz Deutschland verteilt sind. Der Gesamtumsatz dieser Vereine betrug $1^1/_2$ Millionen Gulden; das Verbandsorgan „Der Consumverein" zählt bereits über tausend Abonnenten. Stuttgart wurde wieder zum Vorort gewählt, gegen den Antrag Pfeiffers: Mannheim dazu zu erwählen, „weil von dort aus als Mittelpunkt, leichter die angestrebte Vereinigung der norddeutschen und süddeutschen Vereine zu einem Verbande herbeizuführen sei“.

Der Referent Duffing über „gemeinschaftlichen Warenbezug“ brachte einen Statutenentwurf zur Verteilung, in welchem es von der zu gründenden Organisation heißt: die unterzeichneten, dem Verbande deutscher Konsumvereine zugehörigen Vereine konstituieren sich nach dem Grundsatze der Bestimmung der Art. 250 ff. des d. Handelsgesetzbuches als stille Gesellschaft zum Zwecke gemeinsamen Einkaufs ihrer Warenbedürfnisse, mit vorläufiger Beschränkung auf die Hauptartikel derselben. Der Referent sprach die Anschauung aus, daß nur durch Gründung einer Zentralstelle, resp. einer Einkaufsgenossenschaft die Vorteile erreicht werden könnten, die man in einem gemeinschaftlichen Warenbezuge suche; alles andere seien Halbheiten und taugten im volkswirtschaftlichen Leben wenig. Eine zum Schluß gefaßte Resolution drückte aus, daß der Verbandstag die Nützlichkeit einer Verbindung aller Vereine zum Zweck eines gemeinschaftlichen Wareneinkaufs anerkennt und die Gründung einer Zentralstelle in Mannheim für ausführbar betrachtet. Eine Kommission wird gewählt und beauftragt, die erforderlichen Schritte zum raschen „Inslebentreten der Zentralstelle“ zu unternehmen.

Diese **Kommission für die Zentraleinkaufsstelle** trat am 27. Juni 1869 in Stuttgart zusammen und tagte unter Pfeiffers Leitung von $^1/_2$9—$^1/_2$2 Uhr und von 3—6 Uhr. Man einigte sich in bezug auf die Rechtsform der zu schaffenden Zentralstelle dahin, das Ganze in Form einer Genossenschaft — „gleichsam wieder einen Konsumverein im großen“ — zu begründen, ohne geschlossene Zahl der Teilhaber und ohne vorausbestimmtes Geschäftskapital. Die provisorischen Statuten enthielten folgende wesentliche Bestimmungen: „Zur Mitgliedschaft sind sämtliche Vereine des Verbandes deutscher Konsumvereine berechtigt. Verkauf an Nichtmitglieder kann stattfinden, aber ohne Anspruch auf Dividende. Der geringste Mitgliedsanteil beträgt 200 fl., der höchste 1000 fl., ratenweise Einzahlung gestattet, aber nicht unter 25 fl. Die Einlagen werden mit 5 % verzinst. Der Verkaufspreis soll nach dem jeweils niedrigsten Marktpreise bestimmt werden. Kredit nur bis zum doppelten Betrage der geleisteten Einlage auf die Dauer von vier Wochen. Das Reinerträgnis hat $12^1/_2$ % zum Reservefonds zu leisten, der Rest wird als Dividende auf den Umsatz verteilt. Als Einkaufsstelle wird der Mannheimer Verein bestimmt, die Geschäfte werden durch dessen Geschäftskommission geführt. Der Vorort des Verbandes ist ständige Aufsichtsbehörde der Einkaufsgenossenschaft[39]." Der Stuttgarter und Mannheimer Verein traten sofort bei und zeichneten das Maximum, je 1000 fl.; München mit 500 fl. folgte bald. Im August 1869 begann die Zentralstelle bereits ihre Tätigkeit; bis Ende Dezember hatte sie nahezu für 30 000 fl. Waren an die 14 beteiligten Vereine abgesetzt. Pfeiffer versprach sich von dieser Zentraleinkaufsstelle eine große Förderung des Konsumvereinswesens. „Mit dieser Einkaufsgenossenschaft ist abermals ein bedeutender Schritt zur Förderung unserer Interessen geschehen." Mannheim war der Mittelpunkt des Verbandes, der seine Mitgliedervereine hauptsächlich in Süddeutschland hatte. Pfeiffer schrieb einmal hoffnungsvoll: Eine zweite Einkaufsstelle etwa in Hamburg oder Berlin dürfte bald der ersten folgen!

So war Pfeiffer auch zum praktischen Verwirklicher des bedeutsamen Planes einer ersten Großeinkaufsgesellschaft für Konsumvereine geworden. An Plänen, Bestrebungen und praktischen Versuchen dazu hatte es schon seit einigen Jahren nicht gefehlt. Zum erstenmal sprach Herm. Schulze selbst in seiner älteren Periode den Gedanken aus, indem er in seiner „Innung der Zukunft" 1862 schrieb: „Wie leicht wird sich z. B. in Berlin bei weiterer Ausbildung eine Bäckerei und Schlächterei, ferner ein Zentralmagazin anderer Hauptartikel, welches die anderen Konsumvereine versorgt... einrichten lassen." Eine weitere Anregung zu einem solchen Plane gab am 4. Oktober 1863[40] der „erste Konsumvereinstag von Rheinland und Westfalen". 1864 gründeten 7 Berliner Konsumvereine ein Zentrallager für Zigarren, das aber schon bald wieder aufgelöst wurde. Ostern 1867 war die Besprechung in Stuttgart. Am 28. Juli 1867 berieten 17 sächsische Konsumvereine[41] über die „Anlegung eines Zentralmagazins", wobei der Plan einer Genossenschaft für den Großhandel erörtert wurde. Juli 1868 schrieb Parisius einen Artikel über die Verbindung von Konsumvereinen zwecks Wareneinkaufs[42]. Noch im gleichen Jahre 1869

---

[39] Mitgeteilt bei Konrad Barth, S. 25.
[40] Innung der Zukunft, 1863, S. 108.
[41] Blätter für Genossenschaftswesen, 1867, S. 135.
[42] Blätter für Genossenschaftswesen, 1868, S. 109.

wie die Pfeifferschen Konsumvereine, beabsichtigte auch der Verband schlesischer Konsumvereine die Errichtung einer besonderen Großhandlungsgenossenschaft. Auf dem Magdeburger Konsumvereinstag des „Allgemeinen Verbandes" 1869 sollte ein Antrag gestellt werden, ein Komitee zu wählen, welches die Errichtung einer Zentralbezugsquelle, bzw. einer deutschen Konsum-Großhandlungsgenossenschaft zu ermöglichen versuchen sollte; auf den Widerspruch Schulzes zog man diesen Antrag jedoch zurück. Auf lange Zeit hinaus blieb die Mannheimer Einkaufsgenossenschaft der einzige großzügige praktische Versuch.

In das Jahr 1869 fällt auch der erste organisierte Angriff größeren Stiles von Interessenten auf die Konsumvereine. An kleinen gehässigen Dingen hat es schon in der ersten Zeit nicht gefehlt, und Klagen vor Gericht und Denunziationen, Schikanen jeglicher Art — auch durch ganz ungerechte Besteuerung — haben manchem Verein das Leben schwer gemacht. Alles mögliche mußte gegen die Konsumvereine herhalten; manches Unsinnige, was heute vielleicht keine Zugkraft mehr haben würde, brachte gar manchem Verein damals noch empfindliche Schläge. So wird einmal aus Mannheim berichtet, daß sich dort ein Spezereiwarenhändler infolge Geistesstörung erhängt habe, und daß darauf das Gerücht ausgesprengt worden und geglaubt sei, daß der Konsumverein diesen Mann „auf dem Gewissen" habe. Großzügig gestaltet sich der Feldzug gegen den Stuttgarter Konsumverein. Nachdem kurz vorher ein Kongreß von Spezerei- und Kolonialwarenhändlern stattgefunden[43], welcher gemeinsame Maßnahmen gegen die Konsumvereine vereinbart hatte, erschien in einem Stuttgarter Lokalblatte eine Beilage[44]: „Ein Wort an unsere Mitbürger!" aus welcher wir folgende ergötzliche Stellen hier mitteilen:

„.. Wir werden in nachstehenden Zeilen die überaus nachteilige Wirkung dieser Einrichtungen auf das bürgerliche und soziale Leben nachzuweisen suchen; wir werden nachzuweisen suchen, wie diese Vereine ein Krebsschaden für unsere bürgerlichen Verhältnisse sind, wie sie den täglichen Verkehr hemmen und das ganze Gemeinwesen jetzt schon vielseitig schädigen, für die Zukunft es aber in noch weit ausgedehnterem Maße tun werden, wenn nicht die Angehörigen unseres Mittelstandes in der Bekämpfung dieser Vereine einmütig zusammenstehen und darauf verzichten, wegen eines augenblicklich scheinbaren pekuniären Vorteils dieses Institut durch ihren Beitritt oder durch die Annahme von Konsummarken unterstützen, weil auf

[43] Bei H. Zeidler, S. 242, mitgeteilt.

[44] Im „Consumverein" 1869, S. 41, wörtlich mitgeteilt.

diese Weise vielen unserer Mitbürger die Mittel zu ihrer und ihrer Nachkommen Existenz entzogen werden. — Solange die Welt steht, gewinnt der Eine auf Kosten des Andern!

... Aber auch nur die geringste Zahl der Arbeiter hat einen Vorteil von den Konsumvereinen; denn der größte Teil wird nicht Zeit seines Lebens Arbeiter bleiben, sondern sich früher oder später seine Selbständigkeit gründen wollen. Wie kann nun ihm ein Vorteil daraus erblühen, wenn er als Arbeiter Mittel dazu gibt, daß die Konsumvereine sich bei ihrer beabsichtigten Ausdehnung eigene Bierbrauereien, Metzgereien, Bäckereien, Schuhmacher- und Schneidereien usw. anlegen und ihm, dem jetzigen Gesellen und späteren selbständigen Handwerksmann vom gleichen Fach, von seiner Etablierung an Konkurrenz machen und zwar eine solche, die er zumal bei bescheidenen Anfangsmitteln nicht auszuhalten imstande sein wird.

... Und hauptsächlich finden wir in jener Schicht der menschlichen Gesellschaft, welche sich zu den sog. Honorationen rechnen und welche eigentümlicherweise sich sonst gegen jeden Fortschritt stemmen, die Gewinnsucht am meisten ausgeprägt. So ist uns ein Konsumverein bekannt, wo Offiziere den Wein in Flaschen abzogen, Sodafässer abluden usw. Wir fragen unsere Mitbürger, ob diese Beschäftigungen zur Kriegswissenschaft gehören und ob es nicht besser gewesen wäre, anstatt diesen Beschäftigungen und anstatt tagelang im Zimmer des Verwaltungsrats des Konsumvereins zu sitzen, diese Herren hätten ihre Pläne studiert, um nicht, wie anno 66, seligen Angedenkens, sich von preußischen Gemeinen die Wege zeigen lassen zu müssen.

... Wir finden aber auch bei manchen Leitern von Konsumvereinen nichts weniger als reelle Geschäftsleute: man sucht dem Publikum auf alle mögliche Weise Sand in die Augen zu streuen, man läßt die Vierteljahrs-Rechenschaftsberichte, die ebensowenig wie die österreichischen Finanzbulletins Anspruch auf Genauigkeit machen können, in den öffentlichen Blättern abdrucken usw. ... Durch solche trügerischen Mittel, deren manche Leiter von Vereinen sich bedienen, um ihre Institutionen, welche ursprünglich nur für einen unter ganz anderen Verhältnissen lebenden Arbeiterstand (welche aber für unsere Zustände schlechterdings nicht passen) bestimmt und angelegt wurden, suchen sie sich populär zu machen. Es ist aber oftmals nicht allein Popularitätshascherei, sondern niedere Gewinnsucht und in dieser Überzeugung sind auch schon viele Städte von den Konsumvereinen abgekommen.

... Wir fordern Euch Mitbürger aber auch auf, diese gemeinschädliche Anstalt (Konsumverein) aber auch dadurch zu bekämpfen, daß Ihr Jedem, von dem Ihr wisset, daß er Mitglied des Konsumvereins ist, für Eure Arbeiten und Lieferungen mehr berechnet, als dem, der Euch mit Bargeld bezahlt. Mitbürger! Diese Leute (die Konsumvereins-Mitglieder) suchen Euch durch ihren Beitritt zu diesem Verein einen großen Teil Eures Verdienstes zu entziehen, es steht Euch daher das gleiche Recht zu, solche Verkürzungen auf eine oder die andere Weise wiederzuerlangen.

... Mitbürger! Diese Anstalten untergraben Euren Wohlstand, indem sie Euch nehmen und dem Höhergestellten geben. Sträubt Euch dagegen ...

Sorget dafür, daß diese Vereine sich in hiesiger Stadt auflösen und Handel und Gewerbe wieder auf die natürliche bürgerliche Konkurrenz zurückgeführt wird, zeiget, daß das alte Sprichwort: manus manum labat (eine Hand wäscht die andere) noch nicht zu Schanden gegangen ist. Bei unserer zweiten Veröffentlichung, welche unmittelbar nach der nächsten Komiteesitzung stattfindet, werden wir Euch ein Verzeichnis sämtlicher Konsumvereins-Mitglieder zustellen, damit Ihr dieselben kennen lernt und wisset, wer Euch Euer bißchen Verdienst mißgönnt, notiert sie Euch alsdann, um geeigneter bei Vorkommen verfügen zu können. ...

Herzlichen bürgerlichen Gruß!

Das Comité zur Bekämpfung der gemeinschädlichen Konsumvereine bei ihrer gegenwärtigen Ausdehnung. (A. Peter.)

Auf diese Angriffe folgten im Stuttgarter „Neuen Tagblatt" und in der „Schwäbischen Volkszeitung" ganz treffliche Erwiderungen, worauf im „Neuen Tagblatt" ein „Zweites Wort an unsere Mitbürger" erschien. Daraus sei zitiert:

...... Wir möchten uns einfach die Frage erlauben, zu welchem Behufe wurden Konsumvereine gegründet und welchen Zweck sollen sie verfolgen? — Die Gründer der ersten Konsumvereine hatten nichts anderes im Auge, als dem Arbeiterstande ein Mittel an die Hand zu geben, sich durch Vereinigung, gemeinschaftlich, durch zum Voraus gemachte Einlagen billige Lebensmittel zu beschaffen, woraus deutlich hervorgeht, daß derartige Vereinigungen nur konsumierender, nicht produzierender Natur sein sollen, folglich treten sie genau an die Stelle, welche der Kaufmann seither einnahm. In der weiteren Verfolgung haben sich diese Konsumvereine jedoch auf ein Feld geworfen, das dem ursprünglichen Zwecke vollkommen fremd war, da der anfänglich nur konsumierende Verein sich auf Produktion verlegte. ... Der Konsumverein hat daher schon in allen Geschäftszweigen Platz gegriffen und wird, sowie er jetzt schon seine eigene Bäckerei einzurichten im Begriffe steht, auch später selbständig in allen anderen gewerblichen Branchen eingreifen und eigene Etablissements gründen, er wird, sobald er sich von genügendem Absatze überzeugt haben wird, die Verträge mit den seitherigen Geschäftsleuten kündigen und auf eigene Rechnung arbeiten, er wird eigene Posamentier-Läden, Tuchwarenhandlungen, Uhrmacher-, Hafner- und Schlosserwerkstätten usw. errichten. — Wohin führt dies aber im weiteren Verlaufe? Es führt dahin, daß jeder Gewerbetreibende durch die Macht des Kapitals, das nach und nach in die Hände dieser Konsumvereine gelangt, wenn ihm nicht gesteuert wird, auf eine beklagenswerte Weise zugrunde gerichtet wird ...

... Aber auch wirtschaftlich können wir bei den Konsumvereinen keine Vorteile für die Mitglieder erblicken. Die Mitglieder können ihre Bedürfnisse nie so gut und rein erhalten, als wenn sie solche bei Geschäftsleuten nach eigener Wahl und nicht vom Konsumakkordanten beziehen. So verargen wir es z. B. einem Metzger durchaus nicht, wenn er sich für den ihm vom Verein in Abzug gebrachten Rabatt durch Abgabe geringerer Fleischsorten an die Konsumvereinsmitglieder revanchiert; er muß dies, um nicht als ungerecht gegenüber jenen Kunden zu erscheinen, welche ihn mit bar Geld bezahlen. ... Ein Mädchen trat in einen vom Konsumverein aufgestellten Fleischerladen und suchte sich unter den herumhängenden Fleischsorten ein Stück heraus; als jedoch der Metzger sah, daß ihn das Mädchen mit Konsum-Marken bezahlen will, erklärt er ihr, daß dies eine bessere Sorte Fleisch sei und dort, indem er auf andere herumhängende Fleischstücke von geringerer Qualität zeigte, das Fleisch für die Konsumvereinsmitglieder hänge. — Die Konsumvereinsmitglieder haben somit meist nur einen imaginären Gewinn, in Wahrheit verhält es sich jedoch ganz anders und die Hausfrauen würden oft weit besser fahren, wenn sie sich zuerst genau überzeugen wollten, ehe sich vom Loreleygesang des Dividendenreizes erfassen und in den Strudel hineinziehen ließen. Die Frauen würden sicher oftmals quantitativ und qualitativ weit besser bei Privaten, als bei den Konsumvereins-Gesellschaften kaufen, wenn sie sich nur die Mühe machen wollten, sich auch anderwärts umzusehen. Betrachten wir das Verlockende der Dividende näher, so schrumpfen sie zu einem Nichts zusammen. ..."

Diese letztere Mahnung haben sich die heute in Konsumvereinen organisierten Konsumenten zu Herzen genommen. Wir finden nur noch selten Vereine, welche in größerem Umfange sogenannte Lieferantengeschäfte betreiben; diese sind heute fast ganz durch selbständige Betriebe verdrängt worden. Dazu hat viel die hier, mit Beispielen von Eingeweihten, erläuterte Geschäftspraxis beigetragen. Eigentümlicherweise aber haben die „bedrängten Geschäftsleute" in neuerer Zeit selbst zu dem Mittel des Rabattgebens, jetzt, um die Konsumvereine damit zu bekämpfen, gegriffen. Und nun verargen sie es den Konsumenten, wenn sie die Lehre, welche ihnen in den 60er Jahren gegeben worden ist, anwenden und diese Rabattsparvereinsmarken als „Loreleygesang des Dividendenreizes" bloßstellen.

Der Verwaltungsrat des Stuttgarter Konsumvereins erließ nun in der Presse eine sachliche Richtigstellung der verschiedenen Unterstellungen: „Erklärung. Herr Spezereihändler A. Peter, als Schriftführer eines Komitees usw."

Nach diesem hat das Komitee weitere Kundgebungen unterlassen, jedoch soll eine Eingabe an die städtischen Behörden und die Handelskammern des Landes abgefaßt worden sein, worin um eine möglichst hohe Besteuerung der Konsumvereine und womöglich ihre gesetzliche Unterdrückung nachgesucht wird. Die ganze Polemik hat Pfeiffer wörtlich im Consumverein mitgeteilt.

Die Feindschaft gegen die Konsumvereine gewann beständig an Ausdehnung und erinnert ganz an Vorfälle, wie sie sich in neuester Zeit wiederholten. Im „Consumverein" heißt es, daß diese „Krankheit einer Konsumgehirnaffektion" den Leuten förmlich den Kopf verdrehe und epidemisch einen Ort nach dem anderen befalle. Ein Pforzheimer, Herr Kälber, macht es sich so zur Aufgabe in einer „Denkschrift für das deutsche Volk und die Vertreter desselben" mit dem vielversprechenden Titel: „Die sittliche Aufgabe des Staats und der Gesetzgebung und die Gefahr der sozialen Bewegung der Gegenwart[45]" den Pforzheimer und Mannheimer Konsumverein zu vernichten. Das Mannheimer Journal hat diese Broschüre sofort vollständig abgedruckt und seinen Lesern als Extrabeilage dargeboten. Wir können diese Machwerke, von denen sich der Verband deutscher Konsumvereine eine ganze stattliche Sammlung angelegt hat, hier nur streifen. Geistig nahe miteinander verwandt, schwelgen sie in Ausdrücken gegen die Genossenschafter wie „Herren der neumodischen Weisheit", „überkluge Politiker", „verwegene Weltverbesserer" u. ä. Die genannte Kälbersche Schrift gipfelt etwa in dem Satze: „Die Konsumvereine sind der Sieg und die Herrschaft des grassesten Materialismus und der verblendetsten Selbstsucht!"

Weit mehr noch hatten die Konsumvereine in Österreich, besonders in Böhmen, unter Ungesetzlichkeiten von seiten der Regierungsbehörden in unverantwortlicher Weise zu leiden. Der „Consumverein" bringt unter der Überschrift „Paschawirtschaft" gerade darüber eine ganze Serie bezeichnender Artikel (1870 S. 134, 142, 175; 1871 S. 107).

Aus Westfalen sei noch ein Stück berichtet. Dort hatte sich in einer Fabrikstadt ein Konsumverein gebildet, der bald eine schöne Ausdehnung erlangte, so daß er sich ein Vereinslokal mit Zeitungen und sonstigem Lesestoff und zur gemütlichen Unterhaltung einrichten konnte. Die Folge war, daß sich die Wirtshäuser leerten und die Wirte dem Konsumverein Feind wurden. Sie richteten dieserhalb gemeinschaftlich eine Eingabe an die Polizei, dieselbe möge den Konsumverein auflösen! (Consumverein 1870 S. 144.)

Schließlich fanden die Konsumvereine noch von einer Seite Anfeindung; nämlich von seiten der Arbeiter selbst, für die sie doch vor

[45] Dieser Titel erinnert ganz an das Preisausschreiben des deutschen Rabattsparvereinsverbandes von 1913 über die Konsumvereine als wirtschaftliche und nationale Gefahr.

allem geschaffen waren. Es waren dies die „Sozialisten", die sich, wie der „Consumverein" sagt, „an manchen Orten vorzugsweise gerne Sozialdemokraten nennen". Die Sozialdemokraten der 60er Jahre glaubten, daß eine durchgreifende Lösung der sozialen Frage nur möglich sei, wenn an Stelle des Arbeitslohnes der volle Arbeitsertrag trete. Deshalb sollte die Gesamtproduktion in eine genossenschaftliche mit Staatshilfe umgewandelt werden. Den auf Selbsthilfe beruhenden Genossenschaften wird in bezug auf dieses Ziel jegliche Bedeutung und jeglicher Nutzen abgesprochen, indem man sie als „Paliativmittel" abtut. Der „Consumverein" zeigt in einer Abhandlung „Die Sozialisten und die Paliativmittel" (1870 S. 71) in überzeugender und weitblickender Weise inwiefern gerade solche Paliativmittel wichtig und im Interesse der arbeitenden Klassen wertvoller sind als das zunächst noch ungekannte „Radikalmittel". Es ist hierbei trefflich ausgeführt, daß wohl durch die genossenschaftliche Tätigkeit „ebenso wichtige Vorarbeit geliefert werde für den Volksstaat mit der genossenschaftlichen Produktion, als durch die sozialpolitische Agitation. Wenn jetzt unter den schwierigen Verhältnissen der ersten Anfänge, wo auf allen Gebieten Erfahrungen gemacht und bezahlt werden müssen, es vorwärts gegangen und Kapital erzeugt worden ist, dann ist in Zukunft sicher noch mehr zu erwarten — und, ohne die soziale Frage direkt lösen zu wollen, zur Lösung derselben, durch die Genossenschaften gewiß ebensoviel beigetragen, als durch das, was die Sozialisten leisten... Die Erfahrung wird bald lehren, auf welcher Seite in Wahrheit der größere Fortschritt für den Arbeiter erzielt wird".

Es ist verständlich, wenn von dieser radikalen Seite gegen die Schulze-Delitzschschen Genossenschaften eine derartige Ablehnung und Anfeindung stattfand, denn dort steigerte der kleinbürgerliche Einschlag des Allgemeinen Verbandes das Mißverhältnis. Jedoch bei den Pfeifferschen Konsumvereinen, die sich zu einer sozialökonomischen Bewegung entwickelt hatten, welche — wenn man sich so ausdrücken will — „praktischen Sozialismus" trieb, wäre eher an eine Ergänzung als an eine Gefahr zu denken. — Der Verlauf von wenigen Jahrzehnten hat ja auch diese Erkenntnis der Sozialdemokratie gebracht, die z. B. Lassalle noch gar nicht erlangen konnte. Lassalle selbst kämpfte ja mit aller Logik gegen die Konsumvereine im Verbande des ihm parteifeindlichen liberalen Schulze, denn nach dem „ehernen Lohngesetz" mußte jeglicher Verbilligung des Lebensunterhaltes der Arbeiter mit Naturnotwendigkeit ein Sinken des Arbeitslohnes folgen. Wahrscheinlich hätte aber Lassalle, wenn er die Konsumvereine nach Pfeiffer und ihre Erfolge noch kennen gelernt hätte (er starb im August 1864), in ihnen ein höchst schätzbares Mittel für seine politischen Pläne gesehen und sie wohl gar — wie das Jahrzehnte später von seinen Parteifreunden versucht wurde — gut zu verwerten gewußt. Denn diese Pfeifferschen Konsumvereine sammelten ja dem einzelnen Kapital, damit er im genossenschaftlichen Bauen weiter fahren kann, lieferten die Waren aber nur zum gewöhnlichen Tagespreise. Und falls der Plan, den Staat für die Geldmittel der Produktivgenossenschaften zu gewinnen, fehlschlug, wäre der von Pfeiffer angegebene Weg der eigenen Kapitalansammlung (über die Konsumvereine) der einzige in absehbarer Zeit praktischen Erfolg versprechende gewesen.

Glücklicherweise — im Interesse der Konsumgenossenschaftsentwicklung gesprochen — waren die Anhänger des großen Diktators der politischen Arbeiterpartei Deutschlands damals jedoch auch nicht einmal so schlau, Konsumvereinsersparnisse direkt der Parteikasse dienstbar zu machen, wie es später die belgischen Sozialisten taten.

An dieser Stelle seien noch einige weitere Berichte aus den interessanten, leider noch kaum dazu benutzten kleinen Heften des „Consumverein“ für die Geschichte des deutschen Genossenschaftswesens wiedergegeben. Zunächst ein paar Ausschnitte aus **Vereinsmitteilungen**, wie sie der „Consumverein“ zahlreich enthält, die Einblicke in charakteristische Verhältnisse der Vereine jener Zeit geben.

So schreibt der allgemeine Arbeiterkonsumverein in Lörrach (1868 S. 66): Unser Verein besteht aus lauter verheirateten Mitgliedern, die der arbeitenden Klasse angehören; daher der feste Grundsatz besteht, daß in keinem Falle einflußreiche Persönlichkeiten, wenn je solche als Vereinsmitglieder aufgenommen würden, als Mitglieder der Verwaltung gewählt werden dürfen. Es wird hier hauptsächlich viel Gewicht darauf gelegt, daß die Geschäfte des Vereins durch Arbeiter selbst und nicht durch Angestellte oder Besoldete besorgt werden sollen. (Der Verein von 186 Mitgliedern besaß zwei Kolonial-, Material- und Kurzwarenhandlungen und eine eigene Bäckerei. Neu errichtet war im Berichtsjahre ein „Konsumvereinsgebäude“:) Im vorderen ersten Stockwerk befinden sich der Laden, Kontor und zwei Nebenmagazine. Das zweite Stockwerk enthält die Wohnung für den Ladenhalter, Hauptmagazin und Verwaltungszimmer. Im Erdgeschoß sind zwei gewölbte Keller mit Vorkeller. Die hinteren zwei Stockwerke enthalten zwei große Säle, wovon der obere hauptsächlich für Versammlungen der Vereinsmitglieder bestimmt ist. Um aber auch jedem ordentlichen Arbeiter, der nicht Mitglied des Konsumvereins ist, einen freien und unterhaltenden Aufenthalt zu verschaffen, wurde unter dem Konsumverein ein besonderer Arbeiterverein gegründet, wo jeder unbescholtene Arbeiter der ganzen Stadt Zutritt erlangen kann. Es wurde eine Bibliothek errichtet, fast meistenteils Geschenke, und zählt mit den neueren Anschaffungen gegen 600 Bände, sowie einen Erdglobus. Zugleich halten wir 16 Zeitungen und Zeitschriften. Jede Woche findet Unterricht in der französischen Sprache und im Schönschreiben statt. Wenn der obere Saal nicht gerade vom Konsumverein benutzt wird, so ist jeden Samstag und Sonntag Abendunterhaltung mit eigener Wirtschaft; die übrigen Abende sind der Lektüre und Diskussion gewidmet; der untere Saal wird zu Übungen in der Musik und Gesang benutzt und soll in nächster Zeit eine Kleinkinderschule darin gehalten werden. Der Arbeiterverein zählt gegenwärtig 346 Mitglieder, und nachdem es dem Konsumverein gestattet ist, auch an diese Mitglieder Wein zum sofortigen Genusse verabfolgen zu lassen, so ist es jedem möglich, nach des Tages Arbeit in geselligem Kreise zu billigem Preise und mit Wohlbehagen ein Gläschen Markgräfler rein und unverfälscht zu genießen, fern von jeder Parteigestaltung, nur dem wahren Wohle des Arbeiters huldigend. Die Verwaltung des Konsumvereins ist auch zugleich Vorsteherin des Arbeitervereins.

Ein ganz anderes Bild eines Konsumvereins bietet der Rechenschaftsbericht des Ulmer Vereins, indem er am Ende desselben klagt: Zu denjenigen, welche dem Vereine am wenigsten günstig gesinnt sind, gehören erfahrungsgemäß die Dienstboten, welche sich durch den Verein in einem Teile ihrer bisherigen Einnahmen, den Trinkgeldern, verkürzt sehen... Diesem Trinkgelderunfuge nach Kräften zu steuern, war von Anfang an und ist noch jetzt einer der Hauptzwecke des Vereins, an dem er auch künftig festhalten wird... Zu den Mitteln der Dienstboten, die sie, um dem Verein zu schaden den Hausfrauen gegenüber anwenden, gehören nach den bisherigen Erfahrungen, daß sie die Waren des Vereins und der Lieferanten zu verdächtigen und herabzusetzen suchen, ja solche absichtlich verderben, oder daß sie die Waren aus anderen Läden in geringerer Qualität beziehen und sie für Waren des Vereins ausgeben, auch die höheren Preise, die sie dort dafür bezahlen mußten, für Verkaufspreise des Vereins erklärten... Als ein Mittel, die Dienstboten mit dem Vereine auszusöhnen, hat sich schon vielfach erprobt, und möchte der Verwaltungsrat auch hier anempfehlen, denselben einen kleinen Anteil an dem Nutzen, den der Verein für den einzelnen abwirft, zu gewähren. (1868 S. 47.)

Über „Ein schönes Fest" in Stuttgart wird vom 27. September 1868 berichtet, das den Stuttgarter Verein wieder einmal als Vorbild erscheinen läßt. (S. 75.) Es handelt sich um die Einweihung des vom Konsumverein mit dem Arbeiter-Bildungsverein gemeinsam erbauten Hauses. „Der Oberbürgermeister der Stadt, ein Vertreter der Königlichen Zentralstelle für Handel und Gewerbe, der Vorstand des Gewerbevereins und eine Reihe anderer Ehrengäste aus nah und fern, beteiligten sich bei dem Feste, bei dem in sehr anregender Weise eine lange Reihe von Reden mit den Gesangsproduktionen der Sänger des Arbeitervereins abwechselten. Fast alle Redner sprachen über die sozialen Bestrebungen der Gegenwart. Das Haus enthält im Parterre einen schönen Laden des Konsumvereins und Räumlichkeiten zu einer Wirtschaft, die gleichfalls vom Konsumverein betrieben wird, in der namentlich für ledige Arbeiter ein gesunder und preiswürdiger Kosttisch eingerichtet ist. Der zweite Stock — ein großer 200—300 Personen fassender Saal und daneben vier andere geräumige Zimmer für Unterrichtsstunden, Lesezimmer und Bibliothek, sind ganz für die Zwecke des Arbeitervereins bestimmt. Hinter dem Hause ist noch ein Garten, der jetzt als Gartenwirtschaft benutzt wird, der später aber gleichfalls überbaut werden soll zu Magazinen und Bäckerei für den Konsumverein und darüber zu einem ganz großen etwa 1000 Personen fassenden Saal für den Arbeiterverein.

Aus Schwäbisch-Hall wird dem „Consumverein" (1868 S. 46) berichtet, daß der dortige Verein mit großen Schwierigkeiten zu kämpfen habe; namentlich klagt man dort auch darüber, daß sich der Arbeiterstand so wenig beim Vereine beteilige. Wie es scheint, ist es hauptsächlich die Barzahlung, welche viele Arbeiter abschreckt.

Die Erörterung gerade der letzten Frage spielt im „Consumverein" eine große Rolle, denn für manche Vereine ist es geradezu ein Problem geblieben, die Arbeiterschaft, für die doch in erster Linie die Konsumvereine geschaffen waren, heranzuziehen. Eine interessante Zusammenstellung über die **Berufszusammensetzung der Konsumvereinsmitglieder** gibt eine Statistik vom 1. Januar 1869, aus der wir folgende Zahlen hier einfügen wollen:

Ort	Mitgliederzahl	Hand- und Fabrikarbeiter %	Handwerker %	Kaufleute %	Beamte %	Sonstige Mitglieder %
Augsburg. . . .	84	83	5	—	7	5
München	1377	18	3,5	2,5	40	36
Stuttgart. . . .	1121	26	13	10	17	34
Wien (Fünfhaus)	707	88	7	—	—	5
Karlsruhe . . .	458	2,5	13	8,5	38	38
Heilbronn . . .	160	10	34	15	7	34
Wasseralfingen .	122	54	11	—	21	14
Freiburg	353	25,5	10,5	2	22,5	39,5
Aalen	43	73	6	—	—	21
Eßlingen	371	96	2	—	—	2
Bietigheim . . .	70	74,5	25,5	—	—	—
Pforzheim . . .	619	68	7	2	1	22
Lörrach.	189	97	3	—	—	—
Heltau	131	—	94	1	—	5
Ulm	266	6,5	5	1,5	49	38
Pirkenhammer. .	72	98,5	1,2	—	—	—
Mannheim . . .	357	21	16,5	12	3,5	47
Geislingen . . .	75	45	28	—	8	19
Hermannstadt . .	390	—	7	8	59	26
Immenstadt. . .	140	67	3	2	4	24
Schwäbisch-Hall .	48	29	4	—	50	17
Weißenburg. . .	50	56	44	—	—	—
Stein „Eintracht"	61	100	—	—	—	—
Gießen	134	34	19	6	13	28
Darmstadt . . .	175	15,5	5	4	37,5	38

Mit **internationalen** Erfahrungen hatte Pfeiffer seine Genossenschaftstheorie gebildet, wie wir zu Anfang unserer Betrachtungen zeigten, und international sind seine Beziehungen die ganze Zeit über geblieben. Vor allem war es immer wieder England, welches das hervorragende Beispiel abgab, von der die junge deutsche Bewegung gut lernen konnte. England zeigte damals eine ungeheuere Entwicklung und einzigartige Ausweitung des Konsumgenossenschaftswesens und ließ Pfeiffer den großen gelehrigen Schüler werden, der das Gelernte für seine besonderen heimatlichen Verhältnisse zu übersetzen wußte. Aber nicht nur als Schüler finden wir Pfeiffer in der internationalen Genossenschaftsgeschichte. Auch für das Ausland wurde er bald Lehrer. Seine deutschen Konsumvereinsbestrebungen wirkten so vor allem auf Frankreich, auf die Schweiz und Österreich. So war das genannte französische Konsumvereinsbüchlein „Des Sociétés coopératives de consommation" von 1867, eine Übersetzung des Pfeifferschen Konsumvereinsbüchleins von 1865, wie wir bereits mitteilten. Pfeiffer schätzte die fruchtbaren internationalen Beziehungen. So veröffentlichte er im Juni 1868 in seinem „Consumverein" einen anschaulichen Bericht über „Die 28 Pioniere von Rochdale" aus dem Munde eines derselben. Es hieß dort: „Ja, ich bin einer von den 28 und ich bin stolz, so sagen zu dürfen. Wir waren Pioniere, denn wir rissen die Schranken des Monopols nieder, wir brachen die Stützpfeiler übermäßigen Gewinnes und räumten für uns und unsere Kinder so viel Spitzbübereien aus dem Weg." (S. 29.)

Vom 31. Mai bis 3. Juni 1869 nahm Pfeiffer an dem englischen „allgemeinen Genossenschaftskongreß" in London teil, an welchem der allgemeine Verband der britischen Genossenschaften, die „Cooperative Union" gegründet wurde. (Konsumgenossenschaftliche Rundschau 1914, S. 469.) Zur Feier des 25jährigen Jubiläums des Rochdaler Konsumvereins (25. Dezember 1869) wurde vom Verbande der Konsumvereine aus eine „Glückwunschadresse" erlassen, zu deren Unterzeichnung auch die dem Verbande nicht angehörigen Konsumvereine eingeladen waren. Im „Consumverein" von 1870 (S. 146 und 156) ist die wertvolle „Rede des Herrn Thomas Hughes bei der Eröffnung des genossenschaftlichen Kongresses in London" abgedruckt.

So knüpfen sich schon von Anfang der Pfeifferschen Konsumvereinstätigkeit an, und von ihm mit besonderer Sorgfalt gepflegt, die zarten Fäden von Land zu Land zur gegenseitigen Befruchtung, Kenntnis und Weiterhilfe. Viel später, erst im Jahre 1895, kam für die Konsumvereine eine engere Berührung, eine Vereinigung zu einem „Internationalen Genossenschaftsbunde" zustande.

Dieses Jahr 1869 ist der Höhepunkt der Pfeifferschen Konsumvereinstätigkeit. Es ist bereits das siebente Jahr angespanntester und konzentriertester Arbeit für die Ausgestaltung und die Entwicklung einer Sache, deren Bedeutung, einmal erkannt, ihn zur freiwilligen Widmung seiner besten Mannesjahre trieb. Ein erhabenes Beispiel von „Widmungsdienst", das uns ahnen läßt, was der Genossenschaftsgeist, wenn er einmal so weit hineingeflossen ist in die Lebensbetätigung eines gesamten Volkes, wie hier in seinen ersten großen deutschen Verkünder und Organisator, in Jahrhunderten vielleicht auch allgemein wird bewirken können. Zu jener Zeit konnte Pfeiffer in sein Tagebuch schreiben: ich habe nun die sicheren Beweise, daß die Fäden meiner

Wirksamkeit sich von Tilsit und Riga bis Wien und Hermannstadt in Siebenbürgen erstrecken. Es ist dies ein befriedigendes Gefühl, das mir neuen Mut zu neuer Arbeit geben muß, da ich sehe, daß dieselbe nicht vergebens ist.

Vergegenwärtigen wir uns noch einmal in kurzem Rückblick die Gesamtkonsumvereinstätigkeit Eduard Pfeiffers, einschließlich des Jahres 1869; werfen wir einen Blick auf die sieben fruchtbaren Jahre der Pfeifferschen Konsumvereinsepoche.

In seiner Genossenschaftstheorie von 1863 stellt Pfeiffer ein kooperatives System dar, das zur Lösung der sozialen Frage, im besonderen zur Lösung der Arbeiterfrage Hervorragendes leisten will. Ein Jahr später versucht Pfeiffer schon den ersten Schritt zur praktischen Verwirklichung seiner Pläne in Stuttgart. Der Stuttgarter Konsumverein wird ein gelungenes Vorbild und ihm an schließt sich bald eine ganze Bewegung dieser neuen Konsumvereinsart in Deutschland. In der Hauptsache angeregt und geleitet durch Pfeiffer selbst, der ein wirkungsvoller Agitator war, und der 1865 die ersten ausführlicheren Gründungs- und Organisationspläne für Konsumvereine und eine Konsumvereinsbewegung ausgearbeitet hat. Diese Konsumvereine sollen vor allem ein Befreiungsmittel für die Arbeiterklasse sein, denen zu helfen Pfeiffer an den Herzensverstand der höheren Klassen und deren Edelmut appellierte.

Noch sind diese Konsumvereine keine Anklage gegen die Geschäftswelt; aber bald, in den Jahren 1866 und 1867 kommt die Erkenntnis, daß sie die Aufgabe einer Reform der privaten Erwerbswirtschaft auf sich nehmen müssen, ja noch mehr, daß sie deshalb, weil sie eine höhere, geeignetere Form der Güterverm ittlung darstellen, den erwerbsmäßigen Handel immer weiter verdrängen sollen. Diese Konsumgenossenschaftsgebilde sind bemüht, das Prinzip der Ökonomie im Wirtschaftsleben immer vollständiger in Anwendung zu bringen! Das ist die schon viel klarere Erkenntnis des Buches von 1869. Diese Konsumvereine sind mehr und mehr Neues geworden und haben sich von dem alten System der Konsumvereine in Deutschland weit entfernt. Viele der Vereine sind schon weitergegangen und haben den eigenen Läden, eigene Bäckereien und Metzgereien, also lokale Produktionsgenossenschaften angegliedert.

Zur gleichgerichteten Entwicklung der Konsumvereine ist eine Organisation höherer Ordnung notwendig. Das erkannte Pfeiffer bald.

Er mußte seine Art von Konsumvereinen in einem besonderen Verbande zentralisieren, wenn er dem großen Ziele näher kommen wollte. Denn das Pfeiffersche Genossenschaftswesen stellt sich immer mehr in scharfen Gegensatz zu den im Allgemeinen Genossenschaftsverbande vertretenen Interessen. Pfeiffer wollte mit seinen Genossenschaften nichts Historisches, volkswirtschaftlich überflüssig Gewordenes erhalten und stützen — er wollte Neues bauen, von zukünftigen wirtschaftlichen Organismen den Anfang schaffen. Deshalb war es ein Widersinn, die Konsumvereine mit Handwerkergenossenschaften zusammenzupferchen, einfach nur deshalb, weil diese sich auch „Genossenschaften" nannten. Innerlich waren es Gegensätzlichkeiten! Aus diesem Grunde veranlaßte Pfeiffer den Schritt zur Selbständigkeit und Unabhängigkeit der Konsumvereine mit einem besonderen Konsumvereinsverbande. Die Berechtigung, ja das notwendige Bedürfnis[46] dieses speziellen Konsumvereinsverbandes zu verstehen, ist das Entscheidende; denn an ihm sollte Pfeiffer schließlich scheitern. Für den „Idealisten" beginnt mit dem harten Kampf um die Existenz seines Verbandes die schwerste Zeit seiner Praxis.

Es sei hier schon ein späteres Urteil eingefügt, um die kommenden Vorgänge für den Pfeifferschen Verband besser zu verstehen. Denn wie recht Pfeiffer mit seinem Plane eines gesonderten und selbständigen speziellen Konsumvereinsverbandes gehabt hat, beweisen die viel späteren Vorgänge in der Konsumgenossenschaftsgeschichte, bekannt als „Kreuznacher Tagung" (1902). Es handelte sich dort um die Frage, wie der Anwalt des Allgemeinen Verbandes Crüger es selbst ausdrückte, und wie es Pfeiffer schon damals erkannte: „Wollen wir im Allgemeinen Verbande zwei Genossenschaftsbewegungen zusammenhalten, die vollkommen verschiedenen wirtschaftspolitischen Zielen und Aufgaben nachstreben?" Dort stieß der Allgemeine Verband die Konsum-

[46] An dieser Stelle sei auch noch auf eine Erscheinung aufmerksam gemacht, die es zu beachten gilt, wenn man den Unterschied von Pfeiffers und Schulzes Konsumvereinsbestrebungen ganz erfassen will. Pfeiffers Wirksamkeit in den Konsumvereinen war von vornherein bewußt und absichtlich gänzlich unpolitisch; er trennte Politik und wirtschaftliche Reformbewegung. Das gelang Schulze nicht; und die anderen Führer des Allgemeinen Verbandes, Parisius und Richter, waren wie er liberal. So wurde — wie Brentano einmal sagt — „das ganze Genossenschaftsprogramm Schulze-Delitzschs ein Teil des liberalen Programms" und man kann die Behauptung nachweisen, daß Schulze seine Genossenschaften zu politischen Zwecken benutzt hat.

vereine der „Hamburger Richtung", welche die große Idee Pfeiffers instinktiv vertraten und seinem Ziele zustrebten, aus. Und über diese jüngere Trennung hat die neutrale genossenschaftliche Literatur unserer Tage reichlich geurteilt und sie für innerlich notwendig erachtet, während jener Trennung der Genossenschaftsverbände zu Pfeiffers Zeit kaum eine Betrachtung geschenkt ist. So schreibt Richard Finck zur Kreuznacher Tagung von 1902[47]: „Den Keim zu diesem Zwiespalt hatte Schulze-Delitzsch gelegt, indem er alle Genossenschaftsarten aller Berufsstände unter die Fittiche des Allgemeinen Verbandes zu nehmen suchte, die noch nichts weiter einte als das hehre Prinzip der Selbsthilfe und die gleiche gesetzliche Grundlage. Dadurch ist die Verfassung des Allgemeinen Verbandes zu einer systemlosen geworden. Ein Teil marschiert nach diesem, ein anderer Teil nach dem entgegengesetzten Ziel, und die Verbandsleitung gerät in eine widerspruchsvolle, komische Situation. Das Universalitätsprinzip muß sich rächen, auch in Zukunft, sobald eine andere Genossenschaftsart im Allgemeinen Verband emporwächst neben den allumfassenden, allgewaltigen Kreditgenossenschaften, auf deren Prinzipien und Ziele die Grundtendenz des Allgemeinen Verbandes doch allein abgestimmt ist. Dann treten die früher einigenden allgemeinen genossenschaftlichen Gesichtspunkte zurück, und die wirtschaftlichen Gegensätze unter beiden rivalisierenden Genossenschaftsarten gelangen scharf zum Ausdruck."

Daß die Vereinigung feindlicher, ganz wesensverschiedener Bestrebungen in einem Universalverbande einmal praktisch undurchführbar werden mußte, das sah Pfeiffer voraus und dem wollte er mit seinem speziellen Konsumvereinsverbande zuvorkommen. Viel Umwege, Kraft und Mittel wären erspart geblieben! Pfeiffer sah damals die Kluft, denn er selbst hatte ja die neue, besondere Aufgabe den Konsumvereinen gesetzt, die sie erst recht in Widerspruch zum Allgemeinen Verbande brachte. Eine Richtung, welcher bald der größte Teil der Konsumvereine nachfolgte. Hören wir noch einmal Richard Finck[48]: „... Nun ist es klar, ein solchergestalt sich entwickelndes Konsumvereinswesen paßt nicht in den Allgemeinen Verband mit seinen mittelständischen Bestrebungen. Was will der Allgemeine Verband? Schulze-Delitzsch hatte ihn sich als ein System von Genossenschaften gedacht, das dem Wohle und der Aufrechterhaltung des selbständigen kleinen Unter-

[47] Richard Finck: Das Schulze-Delitzschsche Genossenschaftswesen, S. 248.
[48] Das Schulze-Delitzschsche Genossenschaftswesen, S. 246.

nehmertums in Stadt und Land dienen sollte. Später hatte er die Konsumvereine und dann die Baugenossenschaften in seinen Verband mit hineingenommen, ohne Zeit seines Lebens zu merken, daß diese Genossenschaftsarten gar nicht in einen Verband von Kleinproduzentengenossenschaften hineingehörten, daß sie sich organisch in sein System gar nicht einfügen würden... Der Fehler mußte sich aber rächen, sobald die Konsumvereine zu größerer Entwicklung und zu einer schärferen Durchführung ihrer Prinzipien gelangten[49]."

Der hochverdiente Genossenschaftspraktiker Konrad Barth schreibt einmal[50] bei einem Rückblick auf die Zeit des Anschlusses der Pfeifferschen Konsumvereine an den Allgemeinen Verband: Dreißig Jahre später war Kreuznach! Vielmals hörte ich damals die Worte „es dürfte für die Konsumvereine wohl besser gewesen sein, wenn der Anschluß an den Allgemeinen Verband nie erfolgt wäre".

Um ein Menschenalter wären die deutschen Konsumvereine weiter in ihrer Entwicklung, wenn Pfeiffers Pläne damals zu verwirklichen gewesen wären.

Die von Pfeiffer ausgezeichnet geleitete Zeitschrift „Der Consumverein" vor allem findet immer weitere Verbreitung und wird nach und nach, da das Organ des Allgemeinen Verbandes die Konsumvereine weiter sehr stiefmütterlich behandelt, das Organ der Konsumvereine, ja weit über Deutschlands Grenzen hinaus. Als der Verbandstag der sächsischen Konsumvereine vom April 1870 zur Wahl eines Verbandsorganes schreitet, nachdem bereits „Der Consumverein" interimistisch (1870 S. 66) als Verbandsorgan benutzt worden war, führt der Referent auf der dortigen Tagung folgendes aus (1870 S. 118): Man müsse und dürfe mit Recht an ein Vereinsblatt die Anforderung stellen, daß es sich nicht auf den engen Kreis einer Provinz beschränke, sondern auch einen Blick in das Genossenschaftsleben außerhalb der Grenzen des engeren Vaterlandes tun lasse und neben den kleinen Erfahrungen der einzelnen Vereine, die darin niederzulegen seien, auch belehrende Aufsätze über uns naheliegende Fragen zu bringen habe. Ein eigenes derartiges Blatt zu begründen sei der Verband zurzeit nicht in der Lage. Es empfehle sich deshalb die Wahl eines bestehenden

[49] Leider kennt Finck weder die Pfeiffersche Literatur noch seine Verbandsbestrebungen, so daß er bei der Darstellung der Kämpfe im Allgemeinen Verband die interessanten ersten Phasen derselben nicht darstellen konnte.

[50] Konsumgenossenschaftliche Rundschau 1910, S. 62.

derartigen Fachblattes, wobei es sich wohl nur um die beiden Blätter: Blätter für das Genossenschaftswesen von Schulze-Delitzsch und den „Consumverein" von E. Pfeiffer handeln könne. Erstere, so vorzüglich sie auch für das Genossenschaftswesen im allgemeinen sind, und so empfehlenswert auch das Lesen derselben für alle Genossenschaften ist, können den Verhältnissen nach doch gerade den Konsumvereinen weniger Rechnung tragen, und anderteils sind sie für unsere Verhältnisse zu teuer. Dagegen entspricht der den Vereinen bereits bekannte „Consumverein" in jeder Beziehung den Anforderungen, die man gerechterweise an ein Blatt für Konsumvereine stellen kann, wobei Referent die wichtigsten größeren Aufsätze des letzten Jahrgangs namhaft macht und stellt schließlich folgenden Antrag: „In Erwägung, daß der von E. Pfeiffer in Stuttgart herausgegebene ‚Consumverein' den Interessen der Konsumvereine in anerkennenswerter Weise gedient hat, und daß sich die Kosten desselben auch billiger stellen als bei anderen Blättern, beschließt der zweite Verbandstag der sächsischen Konsumvereine, das genannte Fachblatt zu seinem Verbandsorgan zu erklären." Dieser Antrag wurde zum Beschluß erhoben.

Nicht in ruhiger Entwicklung, immer weiter vor- und aufwärts, soll sich Pfeiffers Wirken auswachsen und ausreifen können. Gerade die, welche ihm am nächsten stehen sollten, und ihn ohne Schaden stützen könnten, wollen oder können sein Werk nicht verstehen. Sie sehen immer wieder das Persönliche, daß da einer etwas Neues und Anderes will, und, da er es in ihrer Organisation nicht erreichen kann, eine eigene Organisation dafür schafft, damit die Sache gedeihen kann. Und das ist im Augenblick wohl ein kleiner materieller Schaden für sie, sie wehren sich dagegen, bekämpfen ihn und — siegen schließlich. Pfeiffer steht die ganze Zeit über fast allein; seine Gegner im Allgemeinen Verbande dagegen sind eine vielköpfige Macht mit gefährlichen Mitteln. L. Parisius setzt seine Angriffe gerade im Jahre 1869 mit neuer Schärfe in den „Blättern für Genossenschaftswesen" (Neue Folge der „Innung der Zukunft") fort. Der gemeinschaftliche Großeinkauf der Pfeifferschen Konsumvereine ist — nach außen — vor allem das Streitobjekt. Immer heftiger, oft in recht unschönen Formen, wird die gegnerische Agitation getrieben.

Dazu kommt, oder ist eine Folge: die Beteiligung der Verbandsvereine an der „**Einkaufs-Genossenschaft Mannheim**" (E. G. M.) ist unbefriedigend. Im „Consumverein" vom Februar 1870 heißt es:

„Ein Wort über die Einkaufs-Genossenschaft". „... Als wir nach manchen Anstrengungen ans Land gekommen, nach vielem Suchen endlich das Band gefunden hatten, das geeignet schien die einzelnen Vereine zur Förderung gemeinsamer Interessen enger aneinander zu schließen, als nach Feststellung unseres Genossenschaftsstatuts die Vereine Stuttgart, München und Mannheim zum Zwecke gemeinschaftlichen Warenbezugs sich zuerst vereinigten, da hofften wir — wir können dies nicht verhehlen — in der Entwicklung des Geschäftes der Einkaufsstelle bis heute weiter gekommen zu sein, als dies tatsächlich der Fall ist. Liegt auch kein Grund vor mit den Anfängen des Unternehmens unzufrieden zu sein, so haben wir doch auch keine Ursache uns über einen besonders günstigen Erfolg zu erfreuen... Was den Zweck unserer Genossenschaft betrifft, so könnte man uns wohl einwenden, daß hierüber schwerlich ein Verein sich im unklaren befinde, weil der § 1 unserer Statuten in dieser Beziehung sich deutlich genug ausspreche. Die Beschaffung möglichst billiger und guter Waren durch gemeinschaftlichen Einkauf war allerdings das zunächst liegende Motiv zur Gründung der Genossenschaft, aber es war nicht das einzige. Wem von uns, der der Entwicklung des Genossenschaftswesens, insbesondere in Süddeutschland, gefolgt ist, wäre nicht bekannt, mit welch großem Argwohn das Entstehen, mit welch neidigem Blicke das Fortkommen der Konsumvereine von seiten des Handelsstandes, des großen, wie des kleinen, betrachtet und welche Mittel nicht selten angewendet wurden, beides zu hintertreiben. Was haben nicht hier und dort die Krämer alles aufgeboten, diesen ‚gemeinschädlichen' Instituten den Garaus zu machen; wie oft ist es vorgekommen, daß Grossisten aus engherzigen Rücksichten jede Verbindung mit Konsumvereinen abgelehnt haben! Und diese Tatsachen gehören der Vergangenheit nicht allein an, sie kommen noch fortwährend zum Vorschein. — Unsere wirtschaftliche Aufgabe wird der Krämer wie der Zwischenhändler stets als eine feindliche Position betrachten, als eine permanente Bedrohung ihrer Existenz... Und wie beim Krämer, so auch meistens beim Grossisten. Auch er sieht mit Mißtrauen auf die Fortentwicklung der Konsumvereine, auf die Konsequenzen einer Vereinigung derselben zum Zwecke gemeinsamer Beschaffung ihrer Warenbedürfnisse. Der Grossist, resp. Zwischenhändler erkennt wohl, daß das Umsichgreifen des Konsumvereinswesens, oder auch ‚Unwesens', wie es nicht selten betitelt wird, das Geschäft des Kleinhändlers beeinflußt, er weiß, daß mit der Zeit die Rückwirkung hiervon auch für ihn fühlbar werden muß, und wenn er sich trotzdem herbeiläßt den Konsumvereinen seine Dienste anzubieten, so dient dies nur im wohlverstandenen eigenen Interesse, selten wohl mit der Ehrlichkeit, die man seinen Kunden schuldet... Das Sonderinteresse ist der Erbfeind jeder genossenschaftlichen Bewegung. Sollen unsere Konsumvereine wachsen und gedeihen, so muß der Boden, auf welchem sie stehen, gereinigt werden von allen schädlichen Einflüssen, die ihre Entwicklung hemmen; sie müssen suchen sich unabhängig zu machen, vor allem unabhängig von dem Zwischenhandel, der sie nur solange hält, solange sie ihm dienen und dessen organisierte Streiks sie heute noch empfindlich treffen könnten, weil sie noch nicht frei sind! Erreicht kann alles dies werden, durch die E.-G., und nur durch diese. Die derselben gestellte Aufgabe ist somit eine weitaus größere, als der angezogene § 1 des Statuts besagt. Sie kann aber nur gelöst werden durch ein einmütiges Zusammenwirken der Vereine in der Erkenntnis dessen, daß der Zwischenhandel die natürliche Konkurrentin unserer genossenschaftlichen Arbeit und soviel als möglich zu umgehen ist. Freilich hat diese Konkurrentin seit dem Bestehen der Einkaufsstelle selbst Opfer nicht gescheut, den Einfluß der letzteren bei den Vereinen abzuschwächen oder gänzlich zu verdrängen, wodurch auch die verhältnismäßig geringe Beteiligung an der Genossenschaft erklärlich wird. Hierfür sprechen auch noch andere Gründe..." Solche Gründe sind im einzelnen nachgewiesene „Bestechungsversuche", indem den Lagerhaltern oder Geschäftsführern der Vereine Provisionen oder Taschengelder zugesichert wurden und zum anderen sei ein Grund darin zu suchen, daß die den Einkauf besorgenden Persönlichkeiten (welche oft aus sehr kleinen Verhältnissen hervorgehen) eine gewisse Eitelkeit darein setzen „von den Herren Reisenden besucht und hofiert zu werden". „... Die Stellung der Konsumvereine zu der E.-G. darf nur eine solche sein, wie sie das genossenschaftliche Prinzip bedingt. Es muß hier ganz das nämliche Verhältnis eintreten, wie es bei den Mitgliedern eines Konsumvereins zutrifft, die den Verein als ihr eigenes Werk, ihr eigenes Geschäft mit Stolz betrachten und das Interesse der Gesamtheit über das der einzelnen Mitglieder stellen. Faßt diese Anschauung bei den Vereinen Wurzel, dann können wir mit Ruhe einer gedeihlichen Fortentwicklung unserer E.-G. entgegensehen."

Wir vermögen nicht direkte Einflüsse der gegnerischen Agitation von der genossenschaftlichen Seite her, welche weniger fortschrittlich war und sich geradezu vor solchen Konsequenzen, wie sie eine selbständige Organisation des Großhandels, wenn folgerichtig weitergedacht, mit sich brachte, nachzuweisen und für diese mangelhafte Beteiligung mit verantwortlich zu machen. Sichtliche Ereignisse wüßten wir wenigstens keine dazu anzuführen. Wir verstehen auch die Tragik, die darin liegt, wenn eine Bewegung plötzlich in eine andere Bahn gedrängt wird und Folgeerscheinungen zeitigt, die höchst unerwünscht sein mögen — wie die Dinge z. B. jetzt für Schulze-Delitzsch, in bezug auf die Konsumgenossenschaften, lagen. Wir werden auch keineswegs einzelne Konsumvereine von Trägheit und Verständnislosigkeit gegenüber solchen wichtigen Gemeinschaftsdingen für den genossenschaftlichen Weiterbau freisprechen können. Denn die ganze Reihe von Vorstufen und die Vorerziehung, die zu solch hoher Organisationsform notwendig sind, konnten hier noch nicht erreicht sein. Organisierte doch z. B. England erst 20 Jahre nach Gründung der ersten modernen englischen Konsumgenossenschaft in Rochdale seine Großeinkaufszentrale im Jahre 1864. In Deutschland können wir frühestens 1863 bis 1865 moderne Konsumvereine finden, und schon 1869 wurde die Mannheimer Einkaufsvereinigung ins Leben gerufen — dieses Tempo war etwas schnell; aber trotzdem hätte es gelingen können, und früher als in irgendeinem Lande hätte die deutsche Konsumgenossenschaftsbewegung das wirtschaftliche Machtmittel in Händen gehabt, das auf dem kürzesten Wege dem idealen Zustande genossenschaftlicher Wirtschaft entgegenführt. So aber mußte zu der geringen genossenschaftlichen Schulung noch eine Gegenagitation von verwandtschaftlicher, daher einflußreicher Seite kommen, die das notwendige Vertrauen in eine ganz neue, wir können sogar sagen, gewagte Sache soweit erschüttern konnte, daß eine gewisse Zurückhaltung vieler Vereine die natürliche leichtverständliche Folge sein mußte. Für diese verhängnisvolle Rolle, zu deren Anwalt sich der Allgemeine Verband damals in den 60er Jahren machte, hat die Geschichte ein hartes Urteil. Und es tut dem Geschichtschreiber weh, das Bild des um das Genossenschaftswesen in Deutschland sonst so außerordentlich verdienstvollen Schulze-Delitzsch damit beflecken zu müssen.

In ihrem ersten Abschluß für die Zeit vom 12. August 1869 bis 31. März 1870 berichtet die E.-G., daß, obwohl leider bisher nur 19 von 52 Verbandsvereinen Mitglied seien, doch schon für 48 809 Gulden Waren umgesetzt worden wären mit einem Gewinn von 996 fl. Unter den Mitgliedervereinen waren Cannstatt, Eßlingen, Hall, Karlsruhe, Lörrach, Mannheim, München, Pforzheim, Stuttgart, Ulm u. a. Die Geschäftseinlagen der Vereine betrugen zusammen nur 5600 fl. Nach den Statuten mußten $12^1/_2$ % zugunsten des Reservefonds abgeschrieben werden, so daß 2 % Dividende auf den Umsatz verteilt werden konnten. Der Bericht über den für die junge Genossenschaft somit recht günstigen ersten Rechnungsabschluß schließt mit den Worten: „Die Leistungsfähigkeit unseres Unternehmens hat sich glänzend bewährt. Es wird diese Tatsache hoffentlich ein Sporn für unsere Vereine sein, auch ihrerseits für das Aufblühen der Genossenschaft nunmehr mit aller Entschiedenheit einzutreten. Werte Freunde, gehen wir anderen Verbänden, die sich seit längerer Zeit für das Zustandekommen eines gemeinschaftlichen Wareneinkaufs vergeblich abmühten, mit aufmunterndem Beispiele voran, der Erfolg kann nicht ausbleiben, denn im Zusammenwirken aller schlummert eine Macht, die, richtig angewendet, Großes zu leisten vermag."

Am 5. und 6. Juni 1870 ist der vierte **Verbandstag** deutscher Konsumvereine in Ulm[51], an dem 37 Abgeordnete teilnehmen. Der Verband vertritt nun 54 Vereine mit etwa 11 000 Mitgliedern und zählt mehr als 2 Millionen Gulden Gesamtumsatz. Das Verbandsorgan „Der Consumverein", das bereits seit Anfang 1870 monatlich zweimal erscheint („Man abonniert bei den sämtlichen deutschen Postanstalten, bei allen Buchhandlungen und bei dem Herausgeber. Jährlich 42 Kreuzer süddeutscher Währung = 12 Silbergroschen."), hat über 1100 Abonnenten und wird in allen Teilen Deutschlands und Österreichs, in der Schweiz, Italien, Belgien, Frankreich, Dänemark und Rußland gelesen. Im April 1870 ist es auf dem zweiten Verbandstage der sächsischen Konsumvereine auch zu deren Organ gewählt worden. Die E.-G. hatte zu der Tagung eine Ausstellung von Reis, Seife, Kaffee usw. veranstaltet; besonders lehrreich für die Vereinsvertreter war eine Zusammenstellung von 60 Mustern Kaffee, darunter gefärbten und sonst gefälschten. Duffing beantragte eine Erhöhung der Maximaleinlage für die E.-G., was genehmigt wurde.

Im Mittelpunkte der Ulmer Konsumvereinstagung stand das Referat: „Die Stellung des Konsumvereinsverbandes

[51] Die Verhandlungen sind in einer besonderen Broschüre ausführlich wiedergegeben.

zum Allgemeinen Genossenschaftsverbande." Der Referent, Gerichtssekretär Pröbst aus München, bedauerte, daß die norddeutschen Vereine sich bis jetzt dem Konsumvereinsverbande zum größten Teil fernhielten und meint, die für alle Teile so nützliche Vereinigung ließe sich vielleicht am besten dadurch erzielen, daß alle deutschen Vereine dem Pfeifferschen Verbande beitreten — ein Ziel, das vielleicht am ehesten erreicht werden könnte, wenn der Pfeiffersche Verband sich dem Allgemeinen Verbande deutscher Erwerbs- und Wirtschaftsgenossenschaften anschließen würde. Dieser Beitritt müßte der nächste Schritt sein. Die Konsumvereine dürften eines freudigen Entgegenkommens von seiten der dortigen Anwaltschaft sicher sein. Pröbst empfahl den Antrag: „Der Verbandstag wolle allen ihm angehörenden Vereinen den Eintritt in den Allgemeinen deutschen Genossenschaftsverband empfehlen und nach Kräften dahin wirken, daß die Vereine diesen Eintritt so beschleunigen, daß schon am nächsten Allgemeinen Genossenschaftstage, der im August stattfinden soll, die nötigen Abänderungen des organischen Statuts beraten und beschlossen werden können. Der Verband der sächsischen Konsumvereine schrieb in der gleichen Angelegenheit, daß sich die Konsumvereine in Provinzialverbände mit selbständiger Verwaltung zusammenschließen sollten, um dann zusammen einen gemeinsamen eigenen deutschen Konsumvereinsverband bilden zu können. Dieser Leipziger Antrag fand einstimmige Annahme, und der Vorort, wiederum Stuttgart, bekam den Auftrag, die Vorarbeiten für eine diesbezügliche „Konferenz in der Mitte Deutschlands" zu tun.

„Die Verhandlungen des Ulmer Verbandstages scheinen einen sehr günstigen Einfluß auf den Fortgang der Einkaufsgenossenschaft ausgeübt zu haben," berichtet der ‚Consumverein' S. 141. „Trotz der gegenwärtig stillen Jahreszeit, nimmt der Umsatz mit jeder Woche zu." Um das gemeinsame Werk fördern zu helfen, werden die Vereine aufgefordert, ihre Einlagen bei der Genossenschaft zu erhöhen, „damit die Mittel derselben mit den gesteigerten Anforderungen im Einklang stehen. Der Mannheimer Verein ist mit gutem Beispiele vorangegangen und hat seine Einlage auf 3000 fl. erhöht." Diese Befugnis der Einlageerhöhung war auf der Ulmer Tagung beschlossen worden.

Dann brach der Deutsch-Französische Krieg aus. Wie vielen Konsumvereinen, brachte er auch der E.-G. Schädigungen. Auf den Bahnen traten Verkehrsstockungen ein, die Preise schnellten in die

Höhe; von Köln und Rotterdam konnten keine Waren mehr bezogen werden. Nach einem Rundschreiben der E.-G. vom 20. September 1870, berichtet der „Consumverein" (S. 161): „Die Tätigkeit der Einkaufsgenossenschaft, welche unter den kriegerischen Verhältnissen und hauptsächlich unter den eingetretenen Verkehrsstockungen sehr zu leiden hatte, kann jetzt in ihrer vollen Ausdehnung wieder aufgenommen werden. Wir hoffen, daß die Vereine nicht versäumen werden, soviel wie möglich Bestellungen der Einkaufsgenossenschaft zuzuwenden. Nur dadurch, daß die Vereine es ermöglichen, einen größeren Umsatz zu bewerkstelligen, kann die von uns gegründete Genossenschaft auch wirklich das leisten, was sie soll und den konkurrierenden Grossisten gegenüber vorteilhaft das Feld behaupten. Es scheint, als ob in einzelnen Vereinen die leitenden Persönlichkeiten sich noch immer nicht recht mit der Einkaufsgenossenschaft befreunden können, wir richten daher wiederholt die dringende Bitte an alle Vereine, unsere gemeinsame Schöpfung nicht im Stiche zu lassen. Wir verlangen ja kein Opfer. Was wir verlangen, ist nur, daß man stets vorurteilslos Preise und Muster prüfe, und daß man dann bei gleichem Preise und gleicher Qualität der Einkaufsgenossenschaft v o r anderen Grossisten den Vorzug gebe." Außerdem werden die Vereine aufgefordert, der E.-G. ein größeres Betriebskapital zuzuwenden, als dies bisher geschah. „Wenn man in Betracht zieht, daß das ganze Einlagekapital bei der Einkaufsgenossenschaft bis jetzt nur wenig über 8000 fl. beträgt (wovon Mannheim allein 3000 fl., Stuttgart 1000 fl. und München 500 fl. eingelegt hatte), so wird es jedem einleuchten, wie schwer es ist, mit einer so geringen Summe ein Engros-Geschäft zu führen. Wir hoffen jetzt, da die Zeiten wieder besser werden, daß die Vereine nicht versäumen werden, auch nach dieser Richtung hin ihre Schuldigkeit zu tun." Auf dem Verbandstage im Mai klingt der Rechenschaftsbericht wieder zuversichtlich. Der Reingewinn ist fast 2000 Gulden, $2^3/_4$ % Dividende können an die Vereine nach Höhe ihres Umsatzes verteilt werden. Selbst ferngelegene Vereine, wie Basel, Salzburg und Wien nahmen ihre Vermittlung in Anspruch. Höchstbeteiligt waren Karlsruhe, Mannheim, Stuttgart und Ulm. Die Geschäftseinlagen sind jetzt fast 12000 fl.

Es liegt die Frage nahe, ob die einzelnen Konsumvereine oder ihre Großeinkaufsgesellschaft mit den bestehenden Produktivgenossenschaften in irgendwelche engeren Beziehungen getreten sind. Daß einzelne Vereine Eigenproduktion, wie Bäckerei, Metzgerei usw. betrieben, haben wir bereits gesehen. Im Interesse der allgemeinen Genossenschaftssache, die ja nach Pfeiffer sowohl in Konsumvereinen als auch aus Produktivgenossenschaften bestand, hätte doch sicherlich eine gewisse Verbindung dieser zwei Genossenschaftsarten gelegen. So finden wir tatsächlich auch im „Consumverein" des öfteren Berichte über Produktivgenossenschaften und hören, daß verschiedentlich geschäftliche Beziehungen stattfanden; das letztere wird allerdings mehr von Sachsen berichtet, für dessen Konsumvereine ja auch das Pfeiffersche Blatt Verbandsorgan war.

Auf der Einladung zum sächsischen Verbandstage 1870 ist eine Stelle enthalten, die sich im besonderen an die Produktivgenossenschaften wendet und diese auffordert, an der Tagung teilzunehmen. Es heißt da (1870 S. 35): „Insbesondere gilt diese Einladung den zahlreichen deutschen Produktivgenossenschaften, mit welchen wegen gleichartiger Grundsätze möglichst Hand in Hand zu gehen, wir als eine wesentliche Aufgabe der Konsumvereine betrachten. Dieselben werden, wie wir sicher hoffen, durch den von uns bei diesem Verbandstag auf vielfachen Wunsch zu veranstaltende Ausstellung von Mustern unserer Verbrauchsartikel und der Erzeugnisse der Produktivgenossenschaften vielfach Gelegenheit finden, ihre Erzeugnisse auf den Markt zu bringen und sich neue Absatzquellen zu eröffnen, oder mindestens zur Beantwortung der Frage, wie dies am besten geschehen könne. Und wenn dies durch unsere bescheidene Ausstellung angeregt und gefördert wird, so ist dies schon ein befriedigendes Resultat, ein Weckruf, welchen diese Genossenschaften nicht unberücksichtigt lassen dürfen."

Auf dem sächsischen Verbandstag im April 1870 empfiehlt das Verbandsdirektorium den Konsumvereinen die Produktivgenossenschaften im Auge zu behalten und für den Vertrieb ihrer Waren besorgt zu sein und erwähnt einen Antrag des Konsumvereins Oberoderwitz auf kommissionsweisen Austausch der Produkte der einzelnen Vereine (es handelte sich hier um den Absatz von Leinwarenprodukten, welche in einer mit der Tagung verbundenen Ausstellung vertreten waren), der zur Erwägung und möglichsten Beachtung zu empfehlen sei. Ferner lag diesem Verbandstage folgender Antrag des Werdauer Vereins vor: „In Erwägung, daß die Konsumvereine nur erst dann ihren wahren Zweck erreichen, wenn dieselben direkt die Produkte aus der Hand des Arbeiters zum Konsumenten überführen, überhaupt jedes Unternehmen der Arbeiter, ihre Produkte selbst auf den Markt zu bringen, dadurch möglich machen; daß hingegen das Beziehen der Waren aus den Strafanstalten als der freien Arbeit nachteilig zu betrachten ist, weil dieselben vom Staate erhalten werden, der den in Haft befindlichen Arbeitern keinen Lohn zu zahlen hat, und damit der freien Arbeit Konkurrenz bietet und den freien Arbeiter zur gleichen Stellung herabdrückt, wolle der Verbandstag erwägen, ob es nicht besser sei, wenn sich die sämtlichen Vereine moralisch verpflichten, von solchen Bezugsquellen keinen Gebrauch zu machen." (1870 S. 115.) Pfeiffer selbst schreibt einmal im „Consumverein" (1870 S. 109) nach Erwähnung einer sächsischen Stuhlarbeiter-Produktivgenossenschaft und einer solchen, welche Leinenzeuge fabriziert: Von den beiden Genossenschaften wurde uns eine reichhaltige Mustersammlung der von ihnen fabrizierten Waren zugesandt, aus der wir mit Befriedigung ersehen, welch schöne und gute Stoffe von diesen Arbeiter-Assoziationen hergestellt werden. Wir glauben es kaum nötig zu haben, den Konsumvereinen dringend ans Herz zu legen, wenn irgendmöglich diese Genossenschaften durch Bestellung zu unterstützen, denn die Bestrebungen jener Genossenschaften sind ja mit denen in unseren Vereinen so sehr verwandt, daß es von selbst angezeigt ist, sich gegenseitig in die Hand zu arbeiten. Dabei werden bei einer solchen direkten Verbindung — wie bei jeder gesunden Geschäftsverbindung — sicherlich beide Teile ihre Rechnung finden. Für diejenigen Vereine, welche geneigt sind mit den sächsischen Produktivgenossenschaften in Geschäftsverkehr zu treten, fügen wir bei, daß Briefe an . . . . zu richten sind.

Den Gedanken, einer Eigenproduktion der Einkaufsgenossenschaft, also einer zentralen Eigenproduktion, wie wir sie heute verwirklicht sehen, fanden wir in jener Zeit noch nirgendwo ausgesprochen oder auch nur angedeutet. Nicht einmal eine engere Beziehung von E.-G. und Produktivgenossenschaften ist uns bekannt geworden.

Die Frage der Stellung des Pfeifferschen Konsumvereinsverbandes zum Allgemeinen deutschen Genossenschaftsverband drängt von Monat zu Monat mehr zu einer befriedigenden Lösung, um das Unerquickliche zweier Konkurrenzverbände zu beseitigen. Pfeiffer ist bereit, auch unter Opfern auf das Ziel einer Vereinigung zuzustreben, damit Einigkeit in die deutsche Konsumvereinsbewegung komme. Das war ja bereits sein Ziel damals gewesen, als er den besonderen Verband für Konsumvereine begründete, aber ohne ein Entgegenkommen von der anderen Seite konnte diese, im Interesse der gedeihlichen Weiterentwicklung notwendige Vereinigung aller deutschen Konsumvereine in einem Zentralverbande mit mehreren Unterverbänden nicht erreicht werden.

Im Januar 1871 schreibt Pfeiffer in einer längeren Ausführung im „Consumverein" (1871 Nr. 2) über die Stellung der beiden Verbände in ruhiger sachlicher Weise und gibt damit eine Klärung der ganzen Verhältnisse. Wir zitieren das Folgende daraus:

„Als wir vor nun bald vier Jahren die Anregung zur Gründung unseres Verbandes gaben, gingen wir von dem Gedanken aus, daß es wünschenswert sei, für die deutschen Konsumvereine einen gemeinsamen Mittelpunkt zu schaffen, um den gegenseitigen Austausch der Erfahrungen der einzelnen Vereine untereinander und die Mitteilungen der besten Bezugsquellen usw. zu erleichtern und zu fördern. Ein zu gründendes Verbandsorgan sollte alle wichtigeren Vorkommnisse aus den einzelnen Vereinen zur allgemeinen Kenntnis bringen und prinzipielle Fragen über die Einrichtung und Verwaltung der Vereine in fachlicher Weise erörtern; auch wurde sofort die Anbahnung eines gemeinsamen Ankaufes im großen ins Auge gefaßt. Von den 32 Vereinen, welche bei der Gründung unseres Verbandes zugegen waren, wurde einstimmig die Nützlichkeit und Zweckmäßigkeit einer solchen Vereinigung anerkannt.

Es bestand zwar damals schon seit längeren Jahren der Allgemeine deutsche Genossenschaftsverband, der auch eine Reihe von Konsumvereinen unter seinen Mitgliedern zählte, dessenungeachtet wurde die Gründung des besonderen Konsumvereinsverbandes für zweckmäßig erkannt, und zwar aus folgenden Gründen. Der schon länger bestehende Genossenschaftsverband hatte sich in allgemeinen — allen Genossenschaften gemeinsamen Angelegenheiten — z. B. in der Agitation um Erlangung eines deutschen Genossenschaftsgesetzes, in der Erörterung vieler prinzipieller Fragen und vor allem in einer fortgesetzten Propaganda für das Genossenschaftswesen überhaupt sehr große Verdienste erworben, es war daher sehr begreiflich, daß auch die Konsumvereine vielfach diesem Verbande beitraten. Dennoch waren die Konsumvereine in diesem Allgemeinen Genossenschaftsverbande in verschwindender Minderheit geblieben. Im Anfange des Jahres 1867, als wir unseren Verband gründeten, zählte jener Allgemeine Genossenschaftsverband im ganzen 646 Vereine, darunter ungefähr 550 Vorschußvereine, etwa 40—50 Rohstoff-, Magazin- und Produktivgenossenschaften und

52 Konsumvereine. Die ganz natürliche Folge dieses Zahlenverhältnisses war, daß in diesem Allgemeinen Verbande die Vorschußvereine, die ihrer Zahl nach sechs Siebentel des ganzen Verbandes ausmachten, eine sehr vorherrschende Rolle spielten. Auf den Verbandstagen sowohl, wie in dem gemeinsamen Verbandsorgane, wurde den Vorschußvereinen fast das ausschließliche Interesse gewidmet, die Konsumvereine dagegen wurden sehr stiefmütterlich behandelt. Das gemeinsame Organ für 1866 z. B. enthielt unter mehr als 100 Artikeln nur sechs über spezielle Konsumvereinsangelegenheiten und neben einer Masse von Berichten über Vorschußvereine nicht mehr als drei über Konsumvereine.

Unter solchen Umständen war es gewiß nichts Auffälliges, wenn die Konsumvereine glaubten, ihre speziellen Angelegenheiten besser befördern zu können in einem besonderen Verbande und mit einem eigenen ausschließlich den Interessen der Konsumvereine gewidmeten Organe. Dem einzelnen Vereine blieb es dabei ganz unbenommen noch nebenher auch im allgemeinen Genossenschaftsverbande zu bleiben. Die Scheidung in gesonderte Verbände, je nach der Art der Genossenschaften hatte gar vieles von selbst Einleuchtendes für sich. Sollten die Konsumvereine ein gemeinsames Organ halten und 20 Artikel über die Organisation von Vorschußvereinen lesen, die für sie gar kein, oder nur ganz untergeordnetes Interesse haben, bis sie einen über Konsumvereine finden? Sollten sie sich an den Verbandstagen beteiligen, auf denen zwei bis drei Tage lang über die Angelegenheiten der Vorschußvereine verhandelt wurde, bis dann zuletzt noch in aller Eile ein paar allgemeine Sätze über Konsumvereine ausgesprochen wurden? Dazu kam noch, daß das Organ des Allgemeinen Verbandes seinem Preise nach den meisten Mitgliedern der Konsumvereine unzugänglich blieb ... Die Konsumvereine mußten sich sagen, daß für ihre Mitglieder, die zum vorwiegenden Teil aus Handarbeitern bestehen, ein so teueres Blatt unmöglich große Verbreitung unter ihren Mitgliedern würde finden können. Zudem war das Blatt, seiner ganzen Redaktion nach, sicher für einen anderen Leserkreis als für gewöhnliche Arbeiter berechnet. Was war also natürlicher, als daß sich nun die Konsumvereine zusammentaten, um in einer gemeinsamen Organisation und in einem besonderen Vereinsblatte die Förderung ihrer Interessen zu betreiben? Diese Umstände waren es, welche zur Gründung unseres Verbandes führten, und wir nannten unsere Vereinigung deutscher Konsumvereinsverband. Weil, wie Herr Pröbst zu Ulm richtig hervorhob, wir uns der Hoffnung hingaben, der Verband werde nicht auf einzelne Provinzen und Staaten beschränkt bleiben, weil wir nicht von vornherein durch eine geographische Beschränkung in unserer Firma irgendeinen Verein, der gleiche Ziele mit uns verfolgt, läge er dem Gründungsorte noch so ferne, vom Beitritte abschrecken wollten, weil uns jeder Brudervereín als Mitglied willkommen sein sollte, soweit die deutsche Zunge klingt, weil überhaupt die genossenschaftliche Idee nicht durch Schlagbäume und Grenzpfähle gehemmt und aufgehalten werden darf.

Die von uns angestrebte Vereinigung aller deutschen Konsumvereine in e i n e n großen Verband mit einem besonderen Organe ist jedoch bis heute nicht gelungen. Von Anfang an nahm der Allgemeine Genossenschaftsverband eine nichts weniger als freundliche Stellung gegenüber von unserem Verband und dem Einfluß, der von dieser Seite ausgeübt wurde, ist es wohl zuzuschreiben, daß bis jetzt nur ganz vereinzelte Vereine aus Norddeutschland unserem Bunde beigetreten sind. Die Anwaltschaft des Allgemeinen Verbandes erblickte in unseren Bestrebungen gewissermaßen einen Eingriff in ihre Befugnisse und schien zu glauben, unsere Absicht sei auf Untergrabung oder Beeinträchtigung ihrer Stellung und ihres Einflusses gerichtet. Dementsprechend mußten wir es uns gefallen lassen, mehrfach der Gegenstand heftiger Angriffe in dem Organe der Anwaltschaft zu werden. Wir dagegen — unsere Leser werden dies gewiß bestätigen — haben von Anfang an alles sorgfältig zu vermeiden gesucht, was der Anwaltschaft Anlaß hätte bieten können zu der öfter zutage getretenen Gereiztheit. Wir unsererseits haben uns auch das gegenseitige Verhältnis nie anders gedacht, als daß unser Verband in eine freundschaftliche und engere Verbindung mit dem Allgemeinen Verband zu treten, oder daß er sich mit der Zeit als ein Unterverband desselben zu konstituieren hätte. Eine völlige Verschmelzung mit diesem hielten wir und halten wir heute noch nicht im wahren Interesse der Konsumvereine. Zwar hat der Genossenschaftsverband — oder wie ihn das Leipziger Konsumvereins-Direktorium in bezeichnender Weise nannte: der Vorschußvereinsverband — seit dem Inslebentreten unseres Verbandes der Sache der Konsumvereine weit mehr Beachtung geschenkt als bis dahin ..." Aber demgegenüber bleibt die Tatsache bestehen, daß so wenig als auf den Verbandstagen dort die Konsumvereinssache genügend gepflegt werden kann, dies in den Blättern für Genossenschaftswesen geschehen kann. „Es hat für die Mitglieder der Konsumvereine wenig

Interesse, lange Artikel zu lesen über die Inkasso von Wechseln, über die Rechnungsprüfung in Vorschußvereinen, über Formulare zu Kautionshypotheken usw.; ein Konsumvereinsmitglied, das regeres Interesse an seinem Verein nimmt, will in diesem Blatte doch hauptsächlich Dinge lesen, die sich auf die Konsumvereine beziehen." Ein solches Blatt kann um weit mäßigeren Preis hergestellt werden, und gerade dieser Kostenpunkt ist für manchen jungen und kleineren Verein mit von entscheidender Wichtigkeit, ob es einem Zentralverbande angehören kann. So sind denn schließlich überhaupt die Verbandskosten ganz bedeutend im Pfeifferschen Verbande niedriger gehalten gewesen, als im Allgemeinen Verbande. „Die Kosten in unserem Verbande konnten bisher nur so niedrig bemessen werden, weil der Herausgeber dieser Blätter (das war Pfeiffer) für seine Müheleistung keinerlei Entschädigung beansprucht[52]." Zum Schluß heißt es in dem genannten Artikel:

„Wir glauben, daß die Frage, welche Stellung unser Verband zum Allgemeinen Verband zu nehmen hat, eine baldige Lösung finden sollte, und die gegenwärtigen Zeilen haben keinen anderen Zweck, als die Lösung dieser Frage zu erleichtern dadurch, daß wir eine öffentliche Diskussion derselben anbahnen. Eine Vereinigung aller deutschen Konsumvereine in e i n e n Verband ist von so einleuchtendem Vorteil, daß das Wünschenswerte einer Einigung gar nicht der Erörterung bedarf. Und jetzt gar, da auch nach außen hin das Deutsche Reich geeinigt dasteht, sollten die Konsumvereine allein getrennt bleiben nach Nord und Süd? Wird aber von allen Seiten der Nutzen einer Einigung richtig erkannt, so kann die Erreichung des Zieles auch nicht schwer fallen. Man muß dann aber von beiden Seiten sich entgegenkommen und gegenseitig sich kleine Zugeständnisse machen.

Die Punkte, die wir besonders hervorgehoben haben, können vielleicht einen Fingerzeig geben, auf welchem Wege etwa eine allseitig befriedigende Verständigung zu erzielen wäre. Jedenfalls kann die Erörterung dieser Frage, wozu wir auch andere Kräfte einladen, nur dazu dienen, sie aufzuklären und zur Feststellung dessen zu gelangen, was im Interesse der Konsumvereine das Wünschenswerteste ist. Das soll dann auch ausgeführt werden ohne jegliche Rücksicht auf Personen und besondere Liebhabereien."

---

[52] Zu dieser Bemerkung war Pfeiffer durch einen Artikel in den Blättern für Genossenschaftswesen (1870 Nr. 52) veranlaßt.

Allerorts tritt jetzt der lebhafte Wunsch zur Regelung der Angelegenheit eines allgemeinen Konsumvereinsverbandes in Erscheinung. Zu gleicher Zeit mit vorstehender Erörterung veröffentlichte der Verband sächsischer Konsumvereine einen Statutenentwurf für einen „Allgemeinen deutschen Konsumvereins-Verband", (Consumverein 1870 S. 22). Die §§ 1—3 des Entwurfes lauteten wörtlich:

§ 1. Die bestehenden Verbände deutscher Konsumvereine vereinigen sich zu einem „Allgemeinen deutschen Konsumvereins-Verband".

§ 2. Der Zweck dieser Vereinigung ist die Förderung und Vertretung der Konsumvereinsinteressen auf den Gebieten:

a) Verbreitung des Verständnisses für die Genossenschaftsbewegung;
b) der Gesetzgebung;
c) Erörterung fachgenossenschaftlicher und praktischer Fragen;
d) direkter Warenbezug aller Konsumtilien;
e) die bankmäßige Geldwirtschaft der Konsumvereine.

§ 3. Als Mittel zum Zweck dienen:

a) die Provinzialverbände;
b) das gemeinsame Organ;
c) der Kongreß;
d) die Statistik;
e) Anbahnung einer Verbindung mit anderen Genossenschaften und Genossenschafts-Verbindungen, selbst internationaler.

Im Juli 1870 war John Meyer aus Marienwerder, der ein eifriger Mitarbeiter des „Consumverein" und Förderer der Pfeifferschen Pläne in Norddeutschland gewesen ist, bereits ernstlich dem Projekt eines Konsumvereinsverbandes der Provinz Preußen nähergetreten[53]. In seiner Provinz bestand ein „Verband preußischer Erwerbs- und Wirtschaftsgenossenschaften", in welchem neben 39 Vorschußvereinen 4 Konsumvereine verbunden waren. Auf den Verbandstagen dieses Verbandes, der ein Unterverband des Allgemeinen Verbandes ist, war 1864, 1865 und 1866 keinerlei Erwähnung der Konsumvereine geschehen. Erst auf späteren Tagungen wurde etwas Aufmerksamkeit auf die Konsumvereine gelenkt, doch war diese noch 1870

[53] Siehe „Consumverein" 1870 S. 128.

erstaunlich gering. Bei solchen Erörterungen zeigte sich dann jedoch bei den hauptsächlich vertretenen Vorschußvereinsleuten kein eigenes Verständnis, und es konnte vorkommen, daß irgendein Antrag, der absolut nicht im Interesse der Konsumvereine lag, mit großer Mehrheit, eben weil das eigene Verständnis der zur Abstimmung Berechtigten fehlte, angenommen wurde. So wurde z. B. auf der Tagung von 1869 über die Markengeschäfte der Konsumvereine fast der Stab gebrochen, zum Verderben zweier preußischer Konsumvereine. Für solche geringe Hilfe, die der Verband leistete, mußten die Vereine jedoch Beiträge zahlen, die sich (nach Meyer) „auf das Dreifache bis Vierfache der Kosten des Verbandes Deutscher Consumvereine in Stuttgart beziffern, der durch seine Zirkulare und den gegenseitigen Austausch der Verwaltungsberichte den einzelnen Verbandsvereinen eine größere Stütze bietet, während der von ihm ausgegangenen Gründung der Einkaufs-Genossenschaft in Mannheim wohl kein Werk der Anwaltschaft des Allgemeinen Verbandes, welches speziell für Konsumvereine geschaffen, entgegengestellt werden kann". John Meyer fährt fort: „Endlich handelt es sich darum, ob der heutige Provinzialverband die Verbreitung der Konsumvereine fördert, und ob er dazu überhaupt tauglich ist." Diese Frage verneint Meyer und bringt dafür einzelne Beispiele. Er betrieb deshalb eigenmächtig die Gründung eines „Provinzial-Verbandes preußischer Konsumvereine", dessen Aufgabe es sein sollte: 1. Die Vereine auf einer guten, zum Erwerb der Rechte einer eingetragenen Genossenschaft geeigneten Verfassung aufzubauen, dahin zu wirken, daß dieselben zum Tagespreise gegen Barzahlung verkaufen, den Gewinn nach dem Umsatze verteilen und aufsparen, endlich aber zur eigenen Produktion und zum Erwerb von Grundeigentum gelangen. 2. Die Förderung der Vereinsinteressen, Anbahnung und Unterhaltung einer Geschäftsverbindung der Vereine untereinander zum Nachweis vorteilhaften Warenbezugs und Erreichung des gemeinsamen Wareneinkaufs. 3. Gemeinsame Wahrung der speziellen Interessen der Genossenschaften im allgemeinen und besonders der Gesetzgebung gegenüber.

Satzungen, in denen dieser Verbandszweck als § 2 angegeben war, versandte John Meyer mit einer Geschäftsordnung an die Konsumvereine der Provinz Preußen. Die Aufnahme war eine sehr verschiedene; in der Hauptsache aber ablehnend. Meyer wollte deshalb zunächst ein „Konsumvereinsbureau" bilden, welches die Abschlüsse der einzelnen Konsumvereine sammeln würde, unentgeltlich Auskunft erteilte usw. Leider erlaubte ihm seine Zeit nicht die Ausführung dieses Vorhabens, und er beschränkte sich darauf, einen schon früher gedruckten Prospekt zur Gründung von Markenkonsumvereinen an ihm bekannte Lehrer, Beamte, Rentiers, Handwerker oder an die Vorstände von Vorschußvereinen in 200—300 Exemplaren zu versenden. Später gründete John Meyer in Danzig ein „Comité zur Ausbreitung der Konsumvereine", welches in Flugblättern oder wo es sonst zweckmäßig erschien, Belehrungen über den Wert von Konsumvereinen zu geben suchte. Über das erste der Flugblätter, das sich in gemeinverständlicher Weise über die Vorteile eines Konsumvereins ausspricht, berichtet der „Consumverein" 1870 S. 174.

Meyer tritt nun auch für die von dem Ulmer Verbandstage empfohlene Erledigung der Zentralverbandsverhältnisse ein, fügt jedoch hinzu: „... Allerdings verhehle ich mir nicht, daß ein wesentlicher Vorteil für die Konsumvereine daraus noch lange nicht erwächst; solange nicht, als die Konsumvereine in der Minorität jenes Verbandes bleiben. Aber ein Vorteil ist erreicht, daß die bisher gegeneinander gerichteten Erfahrungen nebeneinander für die Ausbreitung und Vervollkommnung der deutschen Konsumvereine nützlich wirken werden."

Die kritische Zeitlage während des Krieges hielten die Vorarbeiten zur Erledigung der Verbandsfrage, wie sie der Ulmer Verbandstag nach dem Referate von Pröbst vorgeschlagen hatte, längere Zeit in Rückstand. Die geplante Konferenz konnte nicht stattfinden. Pröbst empfiehlt nun im März 1871 (Consumverein 1871 S. 55), auf dem diesjährigen Verbandstage die Angelegenheit zur Erledigung zu bringen und jene geplante Konferenz mit dieser Tagung zusammenzulegen. Er betont gegenüber Pfeiffer die Notwendigkeit, daß die Konsumvereine dem Allgemeinen Verbande beiträten und verwirft den sächsischen Plan eines neuen Verbandes mit dem berechtigten Argument: „Hätte die Erwartung Berechtigung, daß alle deutschen Konsumvereine einem neugegründeten Verbande beitreten, dann genügte auch unser seit vier Jahren erfolgreich wirkender Verband vollkommen und wären weitere Schritte überhaupt nicht notwendig. Weil aber diese Hoffnung eitel ist, weil wir die Augen demgegenüber, was innerhalb und außerhalb der Konsumvereinsverbände vorgeht, nicht verschließen dürfen, darum habe ich den Anschluß an den Allgemeinen deutschen Genossenschaftsverband im Referate empfohlen und empfehle ihn heute wieder.

Es bleibt nur ein Weg zur Einigung. Rasches Eintreten möglichst vieler Vereine in den Allgemeinen Verband und i n demselben dann kräftige Aktion, daß erstens die Geldleistung für Konsumvereine möglichst billig gestellt, zweitens die Bildung von Unterverbänden nach Vereinszwecken statt nach der geographischen Lage herbeigeführt wird."

Auf dem nächsten **fünften Verbandstag** deutscher Konsumvereine in München am 28. und 29. Mai 1871 berichtet Pfeiffer wieder über die jüngste Entwicklung des Verbandes. 48 Delegierte sind anwesend; von dem ersten Bürgermeister und einem Vertreter des Königlichen Ministeriums wird die Versammlung im Namen der bayerischen Regierung begrüßt. Der Redner, Oberregierungsrat Moser, betonte dabei, daß die Staatsregierung dem berechtigten Streben der Konsumvereine entgegenzukommen suche und es nach Kräften unterstützen werde. Von den 52 Verbandsvereinen haben 17 in Bayern, 16 in Württemberg, 9 in Österreich und Ungarn, 8 in Baden und 2 in Hessen ihren Sitz. Pröbst referiert wieder über die Organisation des Verbandes und seine Stellung zum Allgemeinen Verband. Er knüpft an seine vorjährigen Ausführungen an und trat dem sächsischen Plane eines eigenen großen Konsumvereinsverbandes entgegen; das große Ganze könne nur gefördert werden durch Anschluß an den Allgemeinen Verband, besonders, da sich die dort bisher angeschlossenen Konsumvereine sicher nicht trennen würden und so also das Ideal nicht zu erreichen sei. Auch die Einkaufsgenossenschaft könne durch einen Anschluß, der ihr Gebiet vergrößere, nur gewinnen. Ein Leipziger Vertreter trat dem letzteren besonders entgegen, da ja vom Allgemeinen Verbande stets der Nutzen der Einkaufsgenossenschaft bestritten werde. „Er ermahnte, nicht bedingungslos in den Allgemeinen Verband einzutreten, meinte, es heiße die Bescheidenheit, die süddeutsche Gemütlichkeit zu weit treiben, wenn man ohne weiteres darauf vertrauen wollte, daß im Allgemeinen Verbande die Wünsche der Konsumvereine bereitwillige Berücksichtigung finden werden. Man solle die Existenz der Einkaufs-Genossenschaft nicht bedrohen, deren Nutzen von seiten des Allgemeinen Verbandes bei jeder Gelegenheit bestritten werde, der überhaupt das vom Referenten gerühmte Entgegenkommen nicht zeigte, da trotz ergangener Einladungen nur ein Vertreter der Anwaltschaft bei den Verbandstagen erschienen sei." (Verbandsdirektor Germann-Leipzig, S. 94.) Jedenfalls versicherte er jedoch, daß er den Beschluß — er falle so oder so — in seinem Verbande zur Annahme empfehlen werde, wenn nur das bisherige Organ „Der Consumverein" erhalten und die Selbständigkeit der Beratungen auf den allgemeinen Vereinstagen gewahrt bleibe. Pfeiffer sprach sich diesesmal dafür aus, daß er den Anschluß, so wie die Verhältnisse jetzt liegen, für wünschenswert halten müsse, daß aber vorher noch Verhandlungen mit der Anwaltschaft des Allgemeinen Verbandes zu pflegen seien, um bestimmte Zusicherungen zu erhalten dafür, daß das selbständige Organ erhalten bleibe und der Minimalbeitrag für die Konsumvereine herabgesetzt werde. Duffing aus Mannheim erinnerte noch einmal an die stiefmütterliche Behandlung, die die Konsumvereine bisher dort gefunden hätten und forderte zum mindesten gesonderte Verbandstage für die Konsumvereine. Ein Pfeiffer-Duffingscher Antrag in beider Sinne fand darauf einstimmige Annahme.

Weiter kamen auf diesem Verbandstag noch zur Besprechung nach zwei Vorträgen von Pfeiffer „Die Stellung der Konsumvereine zum Genossenschaftsgesetz" (dem Pfeiffer sich zu unterstellen empfahl) und „Musterstatuten für Konsumvereine", sowie „Verwendung von Gewinnanteilen zu Bildungszwecken" (Referent Thomann aus Immenstadt). Die Wahl zum Vororte fiel wieder einstimmig auf Stuttgart, was Pfeiffer unter der Voraussetzung annahm, daß die Arbeiten des Vorortes durch den baldigen Anschluß an den Allgemeinen Verband überflüssig oder doch in beträchtlicher Weise herabgemindert werden.

Nach Erledigung der Tagesordnung ergriff der Oldenburger Vertreter das Wort und dankte dem Verbande, insbesondere dem Vororte Stuttgart für die „mächtige Förderung, die durch Gründung und bisherige Leistungen des Verbandes den Konsumvereinen, besonders auch im Norden geleistet wurde, die damals im Allgemeinen Verbande geradezu keine genügende Beachtung finden konnten". (S. 100.)

Der „Consumverein" berichtet bald über die Verschmelzung des Konsumvereinsverbandes mit dem Allgemeinen deutschen Genossenschaftsverbande, das Folgende: Wir freuen uns, den Vereinen die angenehme Nachricht geben zu können, daß diese Verschmelzung, die wir nun seit mehreren Jahren anstreben, ihrer Verwirklichung entgegengeht. Die Vertreter des Münchener Vereins und der Vorort Stuttgart fanden das entschiedenste Entgegenkommen bei Herrn Schulze-Delitzsch, nachdem zuerst die Vertreter des Vereins München (am 31. Mai) Besprechung mit Herrn Schulze-Delitzsch gepflogen. (Schulze-Delitzsch war zu dem am 1. Juli in München tagenden Verbandstag seines Unterverbandes der fränkischbayerischen Genossenschaften anwesend.) Später hatte Herr Dr. Pfeiffer Gelegenheit, die Verhandlungen in Berlin zum Abschlusse zu bringen. Das Resultat ist nun, daß die Anwaltschaft die Unterstützung der von uns aufgestellten Wünsche zusagte, um zunächst die Zustimmung des Engeren Ausschusses dazu zu erlangen und dann das Ganze dem nächsten Genossenschaftstage zur Genehmigung vorzulegen. Danach werden nun auf dem Allgemeinen Genossenschaftstage die Konsumvereine in gesonderter Weise über ihre Angelegenheiten verhandeln. Vom 1. Januar 1872 ab soll sodann als Beilage zu den „Blättern für Genossenschaftswesen" ein speziell den Konsumvereinsinteressen gewidmetes Blatt erscheinen; bis dahin erscheint „Der Consumverein" in der bisherigen Form weiter. Was schließlich die Minimalbeiträge betrifft, so hielt es die Anwaltschaft nicht für zulässig, sie im allgemeinen auf einen Taler herabzusetzen, dagegen schlug sie vor, für später noch zu bezeichnende Vereine, welche noch nicht genügend erstarkt sind, eine solche Ermäßigung eintreten zu lassen. „Somit wäre nun allen unseren Wünschen Rechnung getragen, und da die Anwaltschaft es zugesagt hat, den eben erwähnten Einrichtungen im Allgemeinen Genossenschaftsverbande seine Befürwortung angedeihen zu lassen, so ist an der schließlichen Genehmigung durch den Genossenschaftstag wohl kaum mehr zu zweifeln. Wir ersuchen nun dringend alle Vereine unseres Verbandes, in ihrer Mitte alle nötigen Vorbereitungen so zu treffen, daß ihr Beitritt zu dem Allgemeinen Genossenschaftsverbande bald, spätestens bis zum 1. Januar 1872, erfolgen kann. Möge diese Zusammenfassung aller deutschen Konsumvereine in einem Verbande unserer gemeinsamen Sache neue, mächtige Förderung bringen, und sie zu immer schöneren Erfolgen führen!" (S. 102.)

Wir wollen nun noch kurz die Geschichte des Pfeifferschen Konsumvereinsverbandes bis zu Ende berichten. Auf dem Vereinstag des Allgemeinen Verbandes vom 20.—22. August 1871 zu Nürnberg referierte Schulze-Delitzsch auf der Vorversammlung über die Anschlußbestrebungen. „Was er hierbei über die Leitung und Leistungen unseres Verbandes sagte, gereicht uns aus diesem Munde zu hoher Ehre und war vollkommen geeignet, das Wohlwollen der Versammlung unseren Wünschen zuzuwenden." (Bericht von Pröbst im Consumverein S. 141.) Der Antrag auf Aufnahme wurde einstimmig angenommen, wobei wohl noch (wie Pröbst schreibt) das Schlußwort des Referenten, Herrn Guttmann aus Insterburg, einen wesentlichen Anteil hatte: „Wägen wir die Konsumvereine nicht nach den Beiträgen, die sie leisten, sondern nach der Aufgabe, die sie in der ganzen genossenschaftlichen Bewegung lösen. Die Verpflichtung aller Genossenschaften ist eine solidarische, die Geldfrage daher nicht gerechtfertigt. Daß die Konsumvereine sich anschließen wollen, das ist ein nationales Ereignis, das wir freudig begrüßen wollen. Ich erwarte von demselben wichtige Förderung unserer tendenziösen Bestrebungen, und daß dadurch ein mächtiges Gegengewicht gegen die rein materiellen Bestrebungen herbeigeführt wird, welches die Konsumvereine in die Lage setzt, mit Ausdauer alle Schwierigkeiten zu überwinden, die ihnen begegnen."

Der Vorort Stuttgart übernahm dann noch die Versendung von formulierten Erklärungen zum Beitritt in den Allgemeinen Verband. Infolge des genannten Verbandsbeschlusses stellt dann der „Consumverein" sein Erscheinen mit Schluß des Jahres 1871 ein. In der letzten Nummer (Nr. 24) bringt Pfeiffer „Zum Abschied" noch einige Rückblicke auf die vergangenen fünf Jahre des Verbandes und seine Bestrebungen: „Wir haben heute die unangenehme Pflicht zu erfüllen, von unseren Lesern Abschied zu nehmen. Glücklicherweise ist es jedoch nicht ein Abschied auf Nimmerwiedersehen... Fünf Jahre hindurch haben wir nun die Herausgabe des ‚Consumverein' besorgt, und wenn wir zurückblicken auf das, was in diesem Zeitraume geleistet wurde, so fühlen wir wohl, daß wir die freundliche Aufnahme, die unser Blatt überall fand, vor allem dem nachsichtigen Wohlwollen unserer Leser zu danken haben. Dennoch dürfen wir annehmen, daß die Anregung, welche durch den ‚Consumverein' gegeben wurde, auch manche nützliche Früchte getragen hat. Mit ganz besonderer Genugtuung können wir auf die Vergangenheit zurückblicken, wenn wir ins Auge fassen, in welch erfreulicher Weise sich das Konsumvereinswesen in Deutschland überhaupt entwickelt hat seit der Gründung dieser Blätter. Damals, vor fünf Jahren, lagen nur vereinzelte Versuche von solchen Vereinen vor; von größerer Bedeutung waren in Deutschland kaum ein Dutzend von Konsumvereinen. Heute ist kaum eine größere Stadt vom Nordmeer bis zu den Alpen, die nicht ihren Konsumverein hätte, und sehr viele dieser Genossenschaften haben sich zu einer bedeutenden Größe emporgeschwungen. Auch die innere Organisation dieser Genossenschaften hat sich überall sehr vorteilhaft entwickelt, die rationellen Einrichtungen einzelner vorangeschrittener Vereine haben mehr und mehr allerwärts Nachahmung gefunden. Wir sind weit entfernt, davon uns hierbei das Hauptverdienst beilegen zu wollen, dennoch dürfen wir wohl sagen — und darin liegt eine große Befriedigung für uns —, daß wir nach besten Kräften mitgewirkt haben zur Erzielung dieser Fortschritte... Möge all das nun erreicht werden als Unterverband im Allgemeinen deutschen Genossenschaftsverbande, der unter der bewährten Führung von Schulze-Delitzsch eine der imposantesten Organisationen geworden ist." (S. 189.) Bescheiden und groß ging Pfeiffer von seinem ureigensten Werke. Nicht verbittert und nicht Spielverderber im neuen Kommenden will er sein. Er scheidet „nicht mit einem wehmütigen Lebewohl, sondern mit einem freudigen Auf Wiedersehen!" An die Freunde richtet er die Bitte, weiter „für die gemeinsame Sache tätig zu sein" und wünscht, daß der Weg weiter aufwärts gehe „zum Wohle der arbeitenden Klassen, zum Heile der Menschheit!"

Wir wollen an dieser Stelle auch noch ganz kurz einiges anfügen über die Einwirkungen Pfeifferscher Konsumvereinstätigkeit auf die **schweizerische Konsumvereinsbewegung.**

In der Schweiz[53a] gab es schon seit 1852 einen ganz bedeutenden Konsumverein in Zürich, über den ja auch in der Pfeifferschen Literatur Ausführliches, einschließlich Kritik desselben, zu finden ist. Dieser Züricher Konsumverein, der der „ersten Periode des schweizerischen Konsumvereinswesens" angehörte, scheint ohne fremdländisches Vorbild, rein schweizerischen Ursprungs zu sein. Erst im Jahre 1864 trat in Schwanden im Glarnerland ein „Cooperative Store" (als Abteilung des „Fabrikarbeitervereins") ins Leben, der nach englischem Vorbild bei der Verteilung des Reingewinns ganz nach Rochdaler Muster verfuhr. Dieser neue Typus von Konsumverein für die Schweiz hatte jedoch „zu viel Fremdartiges an sich, er war zu streng dem britischen Muster nachgebildet und trug den vielen und starken Besonderheiten der schweizerischen Verhältnisse nicht genügend Rechnung" sagt Hans Müller. Der Verein war zu sehr eine einfache Kopie.

Die Aufgabe, die Pfeiffer mit seinem Stuttgarter Konsumverein 1864 für Deutschland gelöst hatte: „die epochemachenden organisatorischen Erfindungen der britischen Bewegung beim Aufbau des

[53a] Über die geschichtliche Zeit der schweizerischen Konsumvereine unterrichtet ausführlich das ausgezeichnete Werk von Dr. Hans Müller: „Die schweizerischen Konsumgenossenschaften, ihre Entwicklung und ihre Resultate". Basel 1896.

nationalen Genossenschaftswesens zu verwerten", diese Aufgabe löste für die Schweiz der Allgemeine Konsumverein in Basel. „Er formte den neuen Typus der spezifisch schweizerischen Genossenschaftsorganisation und wurde zum Führer und Lehrmeister der gesamten neueren Bewegung in der Schweiz." (Hans Müller.)

Dieser Basler Konsumverein, der für die Schweiz etwa die Rolle übernahm, die der Stuttgarter Verein in der Entwicklungsgeschichte der deutschen Konsumvereinsbewegung spielt, ist im Juli 1865 gegründet. Die Männer, die seine Gründung anregten, im besonderen der damalige Regierungssekretär Dr. Fr. Göttisheim, der als Erstes einen öffentlichen Vortrag im Winter 1863/64 in Basel über Wesen und Systeme der Konsumvereine hielt, waren wohl durch das Pfeiffersche Buch von 1863 in der Hauptsache unterrichtet. Ebenso kannte wahrscheinlich Hoffmann-Merian, der über die Einrichtungen des Markenkonsumvereins in Lille des öfteren schrieb, das Pfeiffersche Buch und empfahl die Gründung eines „Basler Konsum- und Sparvereins", dessen (von H.-M. entworfenes) Statut dem des Stuttgarter Vereins ähnelte. Man plante auch zuerst nur einen Marken-Konsumverein einzurichten, war jedoch schließlich (wohl veranlaßt durch das Beispiel des Stuttgarter Vereins, der Anfang oder Mitte 1865 seinen ersten eigenen Laden eröffnete) sofort zur Einrichtung eines eigenen Geschäftsbetriebes (September 1865) geschritten. Auch der erste Präsident des Basler Vereins, Collin-Bernoulli, zeigt in seiner Schrift: „Die soziale Bedeutung der Konsumvereine. Drei Briefe an einen Freund in Basel zur Verteidigung des Basler Allgemeinen Konsumvereins (Basel 1867)" die Bekanntschaft mit Pfeifferschen Schriften.

Ungefähr um die gleiche Zeit wie in Basel — Mitte und Ende der 60er Jahre — entstanden auch in verschiedenen weiteren Orten der Schweiz, wie in Chur, Bern, Biel, Herisau, Grenchen u. a. Konsumvereine. Hans Müller sagt dazu (S. 186): „Woher der Anstoß zu diesen Gründungen kam, ließ sich nicht ermitteln... Dürfte man aus der Beschaffenheit der ersten Statuten einen Schluß auf die Natur und Herkunft der dabei mitwirkenden Einflüsse ziehen, so würden wir anzunehmen haben, daß hier das Beispiel der sich mächtig entwickelnden deutschen Genossenschaftsbewegung anregend gewirkt, dort die Literatur, die damals in Masse über die Bedeutung und das Wesen der Konsumvereine zutage gefördert wurde, zu praktischen Versuchen auf diesem Gebiete gereizt habe. Sehr wahrscheinlich ist jedenfalls, daß in vielen Fällen Exemplare der Schriften von Viktor Aimé Huber, Schulze-Delitzsch, Eugen Richter, Eduard Pfeiffer ihren Weg nach der Schweiz fanden und hier gelesen wurden." Wenn auch Pfeiffer hier an letzter Stelle genannt ist, so glauben wir doch gerade ihm den Hauptanteil bei obengenannter Anreizung zuteilen zu müssen. Huber und Schulze hatten nur wenig über Konsumvereine bis damals geschrieben, Richter unseres Wissens noch gar nichts, Pfeiffer aber bereits seine zwei Bücher von 1863 und 1865, die direkt auf Wirkung zur Tat abgestimmt waren. Der Churer Verein im besonderen war ganz wie der Stuttgarter organisiert und begann 1866 seinen Betrieb als reiner Markenverein wie dieser.

Ebenso entstanden in der Schweiz, wie in Deutschland, damals eine ganze Reihe von Arbeitervereinen, „die sich die Aufgabe stellten, ihre Mitglieder zu bilden, über ihre Interessen zu belehren und ihnen bei vorkommender Not Unterstützung und Handreichung zu gewähren. Auf eine bestimmte Doktrin waren diese Vereine nicht eingeschworen, sie suchten durch praktische Betätigung aller Art den Weg zu besseren Zuständen. Es konnte nicht ausbleiben, daß die in Bewegung geratenen Elemente der Arbeiterklasse auch auf das Genossenschaftswesen aufmerksam wurden." Diese Arbeitervereinigungen, die nach dieser Beschreibung Hans Müllers sehr den deutschen Arbeiter-Bildungsvereinen ähnelten, werden wohl auch mit diesen deutschen Vereinen und anderen Arbeitervereinen Deutschlands in Berührung gestanden haben und durch jene mit den Pfeifferschen Schriften bekannt geworden sein.

Schließlich sind noch die Bestrebungen in der Schweiz von Friedrich Albert Lange, dazumal Redakteur des Winterthurer Landboten (früher Gymnasiallehrer in Duisburg), zu erwähnen, der Hauptmitarbeiter der Pfeifferschen „Arbeit" war, und lebhaft das Markensystem[53b] nach Pfeiffer befürwortete, z. B. bei der Gründung des Konsumvereins in Töß Anfang 1868, wie Müller (S. 224) berichtet. —

Auf eine Betrachtung der ferneren Beziehungen der Konsumvereinsbewegungen herüber und hinüber, von Deutschland nach der Schweiz und umgekehrt, die mit der Zeit immer fruchtbarer wurden, können wir leider an dieser Stelle nicht weiter eingehen.

[53b] Daß Dr. Lange den Pfeifferschen Konsumvereinen näher stand, als den Bestrebungen von Richter und Schulze, beweist diese seine Eingenommenheit für Markenkonsumvereine.

C. Die weitere Entwicklung der Pfeifferschen Konsumvereinsschöpfungen.

Mit Ende des Jahres 1871 hörte mit dem „Consumverein" die letzte Quelle zu fließen auf, die uns immer in so ausführlicher Weise Bericht über die fruchtbare Konsumvereinstätigkeit Eduard Pfeiffers gegeben hatte. Was wir jetzt noch spärlich über Pfeiffer hören, flechten wir ein in eine kurze Nachgeschichte jener großen ersten Konsumvereinsepoche.

Zunächst ist es das von ihm mitgeschaffene Werk der Großeinkaufsgenossenschaft, deren kurze Geschichte wir noch zu Ende schreiben wollen. Die letzten Nummern des „Consumverein" beschäftigten sich noch in einer ganzen Reihe von Abhandlungen mit der Reorganisation der Einkaufsgenossenschaft. Der Vorort Stuttgart entwarf Mitte 1871 definitive Statuten, die der Genossenschaft eine Unterstellung unter das Genossenschaftsgesetz von 1868 ermöglichen, und die dem Münchener Genossenschaftstage zur Annahme vorgelegt werden sollten. Im § 5 dieser Statuten hieß es betreffend Solidarhaft: Sämtliche Vereine, welche der Einkaufsgenossenschaft der deutschen Konsumvereine beitreten, haften gemäß § 12 des Genossenschaftsgesetzes solidarisch und mit ihrem ganzen Vermögen. Alle dem Konsumvereinsverbande angehörigen Mitglieder konnten Mitglied der Genossenschaft werden, aber auch Nichtmitglieder (Vereine und Private) konnten Waren zu den festgesetzten Preisen beziehen, jedoch ohne Anspruch auf Dividende. Die Verkaufspreise der Zentrale sollten nach dem jeweilig billigsten Marktpreise berechnet werden. (Consumverein 1871 S. 80.)

Da auf dem Verbandstage die Frage der Reorganisation nicht zur Besprechung gelangte, wurde zwischen den Verwaltungsorganen der Vereine Mannheim und München eine Korrespondenz über die Reorganisation geführt, die im „Consumverein" großenteils wiedergegeben ist. Es handelt sich um eine Lösung in der Richtung, ob die Einkaufszentrale als eine Kommanditgesellschaft, oder eine Kommanditgesellschaft auf Aktien oder als eine reine Aktiengesellschaft reorganisiert werden sollte, oder ob die Form der Genossenschaft, wie sie Stuttgart vorschlug, gewählt werden sollte. Dabei handelte es sich in der Hauptsache darum, eine ausreichende Kreditbasis zu gewinnen. Denn: „wir reorganisieren in erster Linie ja nur deshalb, um ausreichendes Geld oder Kredit zu bekommen als Mittel zur Ausdehnung unseres Geschäfts, dessen Aufgabe es ist mindestens die gleiche Leistungsfähigkeit, wie die der Konkurrenz zu entfalten und überdies den Beteiligten den Genuß einer Dividende zu sichern. Bei Verfolgung dieses Zweckes handelt es sich zunächst darum, den Weg einzuschlagen, welcher der kürzeste und sicherste ist, der zum Ziele führt. Wir sind der Meinung, daß mit Rücksicht auf die Bedenken, die wir der Gründung einer Kommandit- oder Aktiengesellschaft entgegenstellen, die Form der Genossenschaft nach Maßgabe des Gesetzes die einfachste sein dürfte für die gesuchte Sicherstellung unseres Unternehmens, weil schon die dadurch bedungene Solidarhaft der beteiligten Vereine eine Erhöhung unseres Kredits ermöglicht, der uns alsdann über die schon öfters betonten pekuniären Schwierigkeiten hinweghilft, ohne den Eintritt wie den späteren Beitritt der Vereine in die Genossenschaft, weder in formeller noch in finanzieller Weise zu erschweren... Wir empfehlen die genossenschaftliche Form auch noch um deswillen, als angenommen werden darf, daß dieselbe dem Geschmacke der weitaus meisten Vereine am besten zusagt, namentlich den kleineren, deren finanzielle Lage es nicht gestattet, sich sofort an einem Aktienunternehmen ausreichend zu beteiligen." Diese Sätze aus dem Schreiben des Vorsitzenden Duffing vom 4. Juli 1871 an den Münchener Verein. (S. 180.) Die Antwort von München darauf bedauerte den Statutenentwurf als in seinen Grundlagen unannehmbar erachten zu müssen „teils wegen der Ungleichartigkeit der Mitgliedschaft, teils wegen Unangemessenheit der genossenschaftlichen Organisation". Dagegen wird vorgeschlagen, daß die Verbindung der Konsumvereine zum gemeinsamen Einkauf in der Art geschehe, daß sämtliche Vereine sich nur mit Vermögenseinlagen beteiligen (Aktiengesellschaft) oder daß ein Konsumverein das Einkaufsgeschäft an seiner Niederlassung allein führt und folgeweise unbeschränkt für das Geschäft haftet, und die anderen Konsumvereine sich hierbei lediglich auf Geldeinlagen beschränken. (Kommanditgesellschaft und stille Gesellschaft.) Die letztere Form der stillen Gesellschaft erscheint München das einfachste, und sie ließe sich nach seiner Ansicht in der Weise begründen, daß der Konsumverein Mannheim das Einkaufsgeschäft für die Konsumvereine als Geschäftsinhaber in selbständiger Absonderung von seinem Konsumvereinsgeschäft führt, während die übrigen Konsumvereine mit Einlagen an diesem Geschäfte als stille Gesellschafter sich beteiligen.

Der Konsumverein Mannheim antwortet darauf in einem Schreiben vom 14. Oktober 1871, daß er sich mit dem Münchener Vorschlage nicht vertraut machen könne, daß er jedoch den Plan, daß der Münchener Verein als Gründer einer stillen Gesellschaft auftrete, nach Kräften unterstützen werde und sich im Falle der Verwirklichung zu verschiedenen Diensten (Spediteur, provisionsfreie Weiterbeförderung und zollamtliche Behandlung, Lagerung von Waren usw.) bereit erkläre. Sollte der Münchener Verein dazu nicht in der Lage sein, so solle man nochmals untersuchen, ob sich dann vielleicht die Reorganisation in Form einer Aktiengesellschaft zustande bringen lasse. Das Schreiben von Mannheim schließt: „Sollte aber gegen alle Erwartung eine befriedigende Lösung dieser Angelegenheit nicht vorauszusehen sein, so würden wir uns zu unserem großen Bedauern genötigt sehen, den Vorort zu ersuchen, die Leitung der Einkaufsgenossenschaft anderen Händen anzuvertrauen, da wir der Verwaltung die Sorge und die Plackereien, mit welchen sie bei der Unzulänglichkeit der Betriebsmittel fortgesetzt zu kämpfen hat, nicht länger mehr zumuten können." (S. 195.)

Darauf antwortet München, daß ihm die erste Erfordernis für eine solche Übernahme „die günstige Situation des Marktes und die Nähe der Bezugsquellen" fehle und deshalb den Antrag nicht annehmen könne. Es sollen darauf dann also Maßnahmen zur Umwandlung in eine Aktiengesellschaft unternommen werden. Das Schreiben schließt mit den Worten: „Von der Wichtigkeit und Nützlichkeit des Unternehmens für die Konsumvereine, durch die Erfahrung überzeugt, wünschen wir, daß dasselbe in Bälde ins Leben gerufen werden möge und sehen Ihrem Zirkulare zur Ermittlung der Kapitalbeteiligung von seiten der Vereine entgegen." (S. 196.)

Während der Auseinandersetzungen über die Verbandsauflösung ging das Unternehmen selbst zurück, und bald nach der Auflösung des Verbandes, schon am 14. Juli 1872, stellte Pfeiffer den Antrag auf Auflösung der Einkaufsgenossenschaft, da dieselbe zur Sanierung in eine Aktiengesellschaft umgewandelt werden sollte. Am gleichen Tage erfolgte die Konstituierung der „Wareneinkaufs-Aktiengesellschaft" in Mannheim. Man „brauchte schlechterdings Kapital", sagt Paul Göhre (S. 475) „und da dieses von der Seite der Konsumvereine ausblieb, mußte man eben die Hilfe des Privatkapitals in Anspruch nehmen." Nun bezogen von der Wareneinkaufs-Aktiengesellschaft auch den Genossenschaften Fernstehende Waren. 1875 sagt einmal Duffing, der Direktor geblieben war: Es sei eine auffallende Erscheinung, daß während von den Vereinen sich leider sehr häufig lebhafte Unzufriedenheit mit den Leistungen der Gesellschaft ausspreche, dieselbe zahlreiche Privatgeschäfte vom besten Klange bediene und von diesen stets das Zeugnis vollster Zufriedenheit erhalte. Trotzdem war jedoch die Gesellschaft nicht zu halten. Zu Beginn des Jahres 1876 zeigen die „Blätter für Genossenschaftswesen" folgendes Ende mit dieser Bekanntmachung an: „In der zweiten außerordentlichen Generalversammlung am 7. November 1875 der Wareneinkaufsgesellschaft Mannheim, ist der Beschluß auf Auflösung der Gesellschaft (auf Antrag von Stuttgart) angenommen worden. Mit der Abwicklung der Geschäfte wurde der seitherige Direktor der Gesellschaft, Herr Duffing, als Liquidator betraut"; es wurden 58 % ausbezahlt.

Auferstanden ist das Projekt des Großeinkaufs für Konsumvereine erst wieder im Jahre 1893. In diesem Jahre wurde jene mächtige Organisation der „Großeinkaufsgesellschaft (G.E.G.) deutscher Konsumvereine" in Hamburg geschaffen. Solange war das Mannheimer Experiment das einzige in Deutschland geblieben, trotz der mannigfachen Pläne, die wir erwähnten. Alle Versuche mußten scheitern, „da der Allgemeine Verband diesem Plane seine materielle und geistige Kraft versagte. Daß es so gekommen, ist vielleicht die am wenigsten rühmliche Seite in der Geschichte des deutschen Genossenschaftswesens". (H. Zeidler S. 234.) Wenn wir nach einem Grund für das Verhalten des Allgemeinen Verbandes suchen, so finden wir einige Jahre später einen Ausspruch, der eine tiefere Erklärung geben könnte. Dr. Schneider[54], der Mitarbeiter und Nachfolger Schulzes schreibt nämlich einmal bei Besprechung der 1874 erschienenen Schrift von Dr. Kuntz „Vorschlag zur Gründung des deutschen Consumverbandes mit Produktion für eigenen Bedarf" das Folgende: „... Eine Zentralisation des Einkaufs, selbst wenn sie durchführbar wäre, kann nur als eine Konsequenz des sozialistischen Staates wünschenswert sein, dem Geiste der deutschen Genossenschaften widerspricht sie." Dasselbe empfand

[54] Nach H. Zeidler, S. 237.

Schulze damals schon. Dem Geiste der Pfeifferschen Genossenschaften entsprach es aber vollkommen. Deshalb mußten die Konsumvereine der Pfeifferschen Richtung sich damals vom Allgemeinen Verbande lostrennen — wenn es auch nur auf ein paar Jahre sein konnte. Diese genügten dennoch, um den Geist zu säen, mit dem die Konsumvereine einige Jahrzehnte später nun aus eigenster Kraft sich endgültig lossagen konnten, um geradeaus ihren besonderen Weg zu gehen und im Jahre 1903 einen neuen „Zentralverband deutscher Konsumvereine" zu gründen.

Ende 1871 hörte Pfeiffers „Consumverein" zu erscheinen auf. Und schon auf dem Allgemeinen Verbandstage im Juli 1872 waren die Konsumvereine mit ihrem Sonderabdruck aus den „Blättern für Genossenschaftswesen", den sie in ganzen 435 Exemplaren abonnierten, nicht zufrieden. Von vielen Seiten wurde der „allgemeine Wunsch" ausgesprochen: es möge den Konsumvereinen „wieder ein Organ geboten werden, das in populärem Tone, wie es früher beim ‚Consumverein' gewesen, im Sinne der Vereine redigiert werde und möglichst reichhaltige Mitteilungen aus deren eigenen Erfahrungen und Erlebnissen bringe". Zu dem im Juni 1873 auf dem Verbandstage gestellten Antrag auf Fortführung des Organs in der früheren Weise, erklärte Pfeiffer, daß es ihm unmöglich sei, diesem Wunsche nachzukommen. 1874 hat sich der Absatz des Sonderabdruckes so vermindert, daß sich die Druckkosten dafür nicht mehr lohnten und es mit Ende des Jahres eingehen mußte. Dafür waren nun die „Blätter für Genossenschaftswesen" Konsumvereinsorgan. Wie mäßig das Interesse daran war, beweist die Abnahme im Jahre 1879: Im ganzen beziehen die süddeutschen Konsumvereine 64 Exemplare; wovon Stuttgart allein 19 und Karlsruhe 13 Stück bezogen. Erst 1883 feiert das Pfeiffersche Organ gewissermaßen eine Auferstehung, als von dort ab eine Zeitschrift „Der Consumverein" von München aus in kleinem Oktavformat wieder allmonatlich für Süddeutschland erscheint. Für ganz Deutschland erscheint dann vom Jahre 1904 ab erst wieder ein eigentliches Konsumvereinsblatt, die „Konsumgenossenschaftliche Rundschau" des Zentralverbandes deutscher Konsumvereine.

Wie ging es dem Pfeifferschen „Verband deutscher Consumvereine"? Wir berichteten, daß auf der Augusttagung 1871 des Allgemeinen Verbandes der „Verband deutscher Consumvereine" in diesen aufgenommen wurde, wo sich bald (Juli 1872) seine Hauptvereine zu einem Unterverband süddeutscher Konsumvereine zusammengeschlossen. Die Zugehörigkeit zu diesem Unterverband wurde von der zum Allgemeinen Verband abhängig gemacht. Man wollte Stuttgart wieder zum Vorort des Unterverbandes machen unter Pfeiffers Leitung. Pfeiffer lehnte jedoch mit Entschiedenheit ab, da er sich mit der Führung desselben aus Familienrücksichten nicht befassen könne. Ebenso lehnten die übrigen Vertreter des Stuttgarter Vereins in dessen Namen die Fortführung des Vororts ab. Darauf übernahm München die Vorortsgeschäfte des „Verbandes süddeutscher Konsumvereine" und wählte Pröbst zu seinem Vorsitzenden, der seit 1874 den Titel Verbandsdirektor führte. Von Pfeiffer hören wir erst wieder im Juni 1876, daß er sich an den Verhandlungen des zehnten Verbandstages in Stuttgart beteiligte. Von da ab hören wir fast nichts Konsumgenossenschaftliches mehr von ihm. Als der derzeitige Verbandsdirektor Konrad Barth im Jahre 1910 über die Vorjahre jenes süddeutschen Verbandes schrieb, sagte er im Vorwort, der ersten Mitglieder desselben gedenkend: „Sie sind wohl schon alle zur ewigen Ruhe gebettet; nur die Seele jener Zeit lebt noch: der hochverdiente Herr Hofrat Dr. E. Pfeiffer."

In der deutschen Konsumgenossenschaftsbewegung folgte damals bald eine Zeit, von der Heinrich Kaufmann sagt, daß die Konsumvereine „auf einen toten Punkt angelangt" (S. 41) seien, „den sie nur langsam und mit großer Anstrengung überwanden".

Die Zeit bis zur bekannten Kreuznacher Tagung im Jahre 1902, an der eine ganze Reihe von Konsumvereinen der sogenannten „Hamburger Richtung", welche das Erbe des Pfeifferschen Konsumvereinsverbandes und seiner Bestrebungen antraten (in Hamburg bestand seit 1894 wieder eine Großeinkaufs-Gesellschaft deutscher Konsumvereine), aus dem Allgemeinen Verbande wegen des Gegensatzes wirtschaftlicher Tendenzen ausgeschlossen wurden oder danach selbst austraten, haben wir hier nicht weiter zu verfolgen, noch diese Tagung selbst darzustellen. Nur erwähnt sei, daß sofort nach dem Kreuznacher Akt der Direktor Barth einen außerordentlichen Verbandstag des süddeutschen Unterverbandes nach Stuttgart berief (5. Oktober 1902), wo die süddeutschen Vereine als erste geschlossen — bis auf wenige Vereine — den Austritt aus dem Allgemeinen Verbande erklärten. Diese Vereine schlossen sich dann zusammen zu einem „Verband der Konsumvereine in Bayern, Württemberg und Baden" mit der Absicht, sich dem neu zu gründenden deutschen Verbande anzugliedern. Es wurde auf dieser Tagung folgende

Resolution angenommen: „Der Verbandstag begrüßt freudig die Begründung des Verbandes deutscher Konsum- und Produktivgenossenschaften. Er erblickt in einer solchen gemeinsamen Organisation der Konsumvereine das berufene Mittel zur Entwicklung des konsumgenossenschaftlichen Lebens und zum Ausbau der genossenschaftlichen Arbeit. Der verdiente Praktiker Konrad Barth schreibt am Ende seiner Geschichte (S. 151) der Verbandsbestrebungen der süddeutschen Konsumvereine mit dem Jahre 1902: Dieses war also das Ende der 30jährigen Mitarbeit im Allgemeinen Verbande. — In schönen glatten Reden wurden die Konsumvereine für den Anschluß gewonnen; es wurde allerdings auch viel geleistet für die innere Organisation und den inneren .Ausbau der Vereine, aber jeder freien Regung zur Erreichung der großen Ziele trat man hemmend und hindernd in den Weg. Wenn auch noch so viele Hindernisse dem gemeinsamen Wareneinkaufe bereitet wurden, er schuf sich dennoch freie Bahn. Wenn man auch stets rundweg behauptete, daß die Ideale der Pioniere von Rochdale sich wohl für England gut bewährt haben mögen, aber für Deutschland würden sie nicht passen, so wird die Zeit nun doch bald näher kommen, wo von uns praktisch dokumentiert werden kann, daß dieses nicht bloß in England, sondern auch bei uns möglich war. Man trug sich wohl mit der Hoffnung uns durch die Gewalttat zu schädigen, es wurde aber das Gegenteil erreicht, wie der weitere Bericht über die Zeit nach dem denkwürdigen Jahre 1902 ergeben wird. Jedenfalls ständen wir jetzt auf vollkommenerer Stufe, wenn wir die Organisation aus der Zeit der Gründung nicht verlassen hätten.

Im Jahre 1903 wurde dann der neue „Zentralverband deutscher Konsumvereine“ mit dem Sitz in Hamburg gegründet. Von hier beginnt dann wieder eine so mächtige Aufwärtsentwicklung für die deutsche Konsumgenossenschaftsbewegung, die aufs beste beweist, von welch richtigen Gedanken und Erkenntnissen Pfeiffer sich damals bestimmen ließ, und welch zielbewußten Weg er mit allen seinen diesbezüglichen Organisationen eingeschlagen hatte.

Noch haben wir einiges über den Stuttgarter Konsumverein und Pfeiffer zu sagen. Der Gründer und Leiter der ersten Jahre (von 1864 bis 1871) blieb noch bis 1875 Aufsichtsratsvorsitzender. Von da zog sich Pfeiffer auch als letztes von dieser seiner ersten praktischen Konsumvereinstätigkeit zurück.

Manchen Kampf hat Pfeiffer in den langen Jahren, da er den

Stuttgarter Verein leitete, zu kämpfen gehabt. Der Idealist, der hier seine Theorien vor allem selbst in die Tat umsetzen wollte, ist oft hart angestoßen an dem Materialismus klein denkender Leute und ist wohl manches Mal in der von ihm erschaffenen Demokratie von der „Mehrheit" überwältigt worden. Mancher größere Plan ist gescheitert an dem Egoismus und den Selbstinteressen, gar manches Mal mag das Ziel weiter und weiter in die Ferne gerückt sein, denn die Gewinnsucht — einmal gerufen — ließ sich nicht leicht wieder bannen. Und so galt es damals schon, wie heute noch, anzukämpfen in erster Linie gegen jenen kleinkapitalistischen Geist und die Krämerei, die bald bei den Konsumvereinsmitgliedern sich breit machte und der Feind alles genossenschaftlichen Weiterschreitens wurde. Pfeiffer hatte schon jene gefährliche „Genossenschaftskrankheit" (wie dies F. Staudinger bezeichnet) gegen sich und gegen den genossenschaftlichen Fortschritt. So berichtet einmal der „Consumverein" im Jahre 1870 (S. 75) über folgenden Stuttgarter Fall: Im Fragekasten erkundigt sich der Cannstatter Verein, wie es komme, daß im nachbarlichen Stuttgarter Konsumverein das Petroleum billiger sei, als in den anderen Geschäften der Stadt, da doch § 1 der Statuten den Verkauf zu Tagespreisen für die Vereine bestimme? Pfeiffer antwortet darauf: „Obige Anfrage gibt uns erwünschte Gelegenheit über diesen Punkt unsere Ansicht auszusprechen... Sehen wir von der speziellen Erdölfrage ab und fassen die Sache etwas allgemeiner... da legen wir ein sehr großes Gewicht darauf, daß der Verein ein Sparverein sein soll. Wenn man aber ohne Not die Preise gar zu niedrig setzt, so schrumpft natürlich die zu verteilende Dividende mehr und mehr zusammen, und man untergräbt eine der heilsamsten Wirkungen unserer Vereine, die Kapitalbildung beim Arbeiterstand zu fördern[55]. Es ist begreiflich, daß durch die Lockungen sehr billiger Preise die Umsätze in den Vereinen und wohl auch die Mitgliederzahl sich rasch steigern, und dies mag für manche Vorstände etwas Verführerisches haben. Ob aber durch ein solches Vorgehen dem Vereine auf die Dauer gedient ist, dürfte sehr die Frage sein. Wir wenigstens sind entschieden der Ansicht, daß solche Mitglieder, welche nur kommen, weil sie im Vereine um ein paar Pfennige billiger

[55] Es ist hierbei zu beachten, daß Pfeiffer sich ja noch auf diesem Wege den Übergang zur genossenschaftlichen Produktion dachte: im Konsumverein sparen die Arbeiter Kapital und mit diesem Kapital gründen sie Produktivgenossenschaften. Es kam also in der Hauptsache auf die Höhe der ausbezahlten Dividende an.

einkaufen können, ein sehr zweifelhafter Gewinn sind. Diese Leute, welche für unsere weiteren Bestrebungen keinen Sinn haben, zu denen ja die Konsumvereine nur die Grundlage, die erste Vorstufe sein sollen; diese Leute, denen es nur darum zu tun ist, für den Augenblick für ihr Geld möglichst viel zu erhalten, nicht aber um zu sparen für spätere Zeiten, diese Leute, mit einem Worte, welche nur der Billigkeit nachlaufen, werden bei der ersten Schwierigkeit, die sich in den Weg stellt, den Vereinen ebenso schnell wieder den Rücken kehren, als sie herbeieilten, da sie einen augenblicklichen Vorteil darin zu finden glaubten. Darum ist uns ein langsameres Fortschreiten viel lieber, bei dem die Vereine sich nur aus solchen rekrutieren, welche unsere Bewegung auch recht verstehen und denen es ernst ist mit unseren Bestrebungen ... diese Mitglieder werden sich freuen, je rascher die Kapitalbildung in ihren Vereinen vor sich geht." Pfeiffer sagt dann zum Schluß: „Zur Vermeidung von Mißverständnissen müssen wir hervorheben, daß in den obigen Sätzen die persönliche Anschauung des Herausgebers dieser Blätter ausgesprochen ist, Anschauungen, mit denen er nicht immer so wie er es wünscht innerhalb der Verwaltung des Vereins, an dessen Spitze er steht, durchgedrungen ist. Ein Vorgehen des Stuttgarter Vereins, das also mit diesen Anschauungen nicht ganz übereinstimmen würde, dürfte also nicht als ein Widerspruch angesehen werden, sondern wäre eben nur ein Beweis dafür, daß auch der Vorstand eines Vereins einem Verwaltungsrate von elf Mitgliedern gegenüber mit seinen Anschauungen nicht immer durchdringt."

Im Jahre 1905, zur Vierzigjahresfeier des Stuttgarter Vereins, ist Pfeiffer von diesem zum Ehrenvorsitzenden gewählt worden.

Daß auch auf seine literarischen Werke dieses völlige Zurückziehen von der Sache, der er einst lebte, einen Einfluß hat, läßt sich leicht einsehen. Ohne die Initiative des Verfassers erlebte das bedeutsame theoretische Werk „Über Genossenschaftswesen" keine Weiterentwicklung und keine Neuauflage mehr. Im Buchhandel fast vergriffen, ist es einer späteren Generation von Genossenschaftern völlig unbekannt geblieben. Und bis zum heutigen Tage wüßten wir doch kaum ein Werk zu nennen, das in so umfassender Weise und von so hoher Warte aus das Genossenschaftswesen behandelte, wie das klassische Pfeiffersche Buch. Leider haben wir deshalb auch keine eigene Fortbildung der Pfeifferschen Genossenschaftstheorie von 1863 und mußten sie uns selbst nach der

Praxis weiterzuentwickeln suchen. So hat Pfeiffer noch kein Wort über die genossenschaftstheoretische Bedeutung der Eigenproduktion in Bäckereien, Metzgereien, der Großeinkaufsgenossenschaft usw. gesagt. Aber diese von Pfeiffer selbst geübte Praxis erweiterte doch um ganz Bedeutendes die theoretische Wichtigkeit der Konsumvereine für die eingeleitete Sozialwirtschaft. Das praktische Konsumvereinsbüchlein mußte bei dem neuen Entwicklungsgang der Konsumvereinsbewegung auch veralten und ist durch eine ganze Reihe denselben Stoff behandelnder Bücher ersetzt worden.

Schluß.

Wir stehen im Verlaufe dieser Betrachtung wieder vor dem eigenartigen Schicksal und fragen: Wie ist es denn möglich, daß man der ganzen Konsumvereinsarbeit Pfeiffers in der heutigen Genossenschaftsliteratur kaum mit einem Worte Erwähnung tut, geschweige, daß man eine gerechte Würdigung versucht hat. Soweit wir die Genossenschaftsliteratur überblicken, finden wir in der zeitgenössischen wissenschaftlichen Literatur überhaupt keine Andeutung über den Genossenschafts-theoretiker Pfeiffer. Bei ganz wenigen, wie bei Heinrich Kaufmann, Staudinger, Totomianz und Zeidler nur kurze Bemerkungen über den Genossenschafts*praktiker* Pfeiffer. Lediglich die öfter zitierten *Konrad Barth* und *Franz Feuerstein* in ihren Gedenkschriften sind sich in gewissen Dingen der Bedeutung Eduard Pfeiffers bewußt. Außerdem kennt *Paul Göhre* verschiedene Pfeiffersche Bestrebungen. Göhre kommt auf diese im Kapitel „Selbständigkeitsbestrebungen der bürgerlichen Konsumvereine" seines Werkes „Die deutschen Arbeiterkonsumvereine" (Berlin 1910) zu sprechen. Er sagt dort, daß die Konsumvereine bis 1865 und selbst noch später als „bloßes Organisationsanhängsel der Kreditvereine" von „völliger, ganz unbedeutender Nebensache von dem Allgemeinen Verbande" (S. 21) angesehen wurden. Infolge solcher „traditioneller Geringschätzung, war es nun in der Tat begreiflich, daß die seit 1863 erstarkenden Konsumvereine auf größere Rücksichtnahme, Selbständigkeit und Betonung ihrer Eigenart hindrängten. In Süddeutschland stellte sich Ed. Pfeiffer an die Spitze jener Bewegung". Das stimmt etwa mit unseren Ausführungen überein. Im folgenden nennt Göhre aber Pfeiffer in einem Munde mit Eugen Richter und sagt: „Überhaupt darf man sich selbst damals weder Richter noch Pfeiffer als irgendwie revolutionäre Neuerer vorstellen. So sehr sie sich bemühten, als Konsumvereinsspezialisten zu gelten... sie standen doch genau wie Schulze mit beiden Füßen auf kleinbürgerlichem und kapitalistisch-kaufmännischem Boden, beurteilten die Konsumvereine ebenfalls als durchaus bürgerlich und kapitalistisch bestimmte Spar- und Gewinngenossenschaften und verurteilten jeden leisesten Versuch, sie auf irgendwelchen proletarischen Boden hinüberzuziehen.“ Von dem Stuttgarter Konsumverein sagt Göhre im besonderen, daß er sich als „eine sehr raffinierte Vereinigung eines größeren Kolonialwarengeschäftes mit einer Sparkasse... eine kapitalistisch-kaufmännisch zugeschnittene Organisation zu einem rein individualistisch gearteten Erwerbszweck“ darstelle. „Auch ihm fehlt jede Spur einer Absicht, ein wirtschaftlich ganz Neues zu schaffen. Auch sonst ist Pfeiffers Verhalten und Urteil durchaus durch die Rücksicht auf die nächste kaufmännische Zweckmäßigkeit und den reinen Geschäftsprofit bestimmt... Allerdings hält er noch 1868 für stark entwickelte Vereine den Übergang zur Produktivgenossenschaft für möglich... doch das war für Pfeiffer nur radikale Theorie... Neue, größere Zukunftsaufgaben stellt er den Vereinen nirgends.“

Diesen Behauptungen Göhres möchten wir auf das Allerentschiedenste, was Pfeiffer anbetrifft, entgegentreten. Eine derartige Meinung konnte sich nur bilden nach ganz oberflächlichem Ansehen der zweiten Auflage des Pfeifferschen Konsumvereinsbüchleins, das einzige, was Göhre von Pfeiffer kennt. Sowohl Pfeiffers praktische Tätigkeit im Stuttgarter Konsumverein, als in seinem Verbande, vor allem aber sein theoretisches Werk über Genossenschaftswesen, das den Untertitel führte „Was ist der Arbeiterstand in der heutigen Gesellschaft? Und was kann er werden?“ müssen vom Gegenteil des von Göhre Behaupteten überzeugen. Und was die Erwähnung der Produktivgenossenschaft betrifft, so haben wir an Beispielen gezeigt, wie Pfeiffer die lokale Eigenproduktion der Konsumvereine in seinem Verbande förderte, jedoch an eine zentrale Produktionsgenossenschaft, solange die Verbandsfrage nicht geregelt und die Großeinkaufsgenossenschaft nicht ausgebaut war und gut funktionierte, nicht denken konnte.

Auch H. Zeidler bespricht verschiedentlich einzelne Pfeiffersche praktische Konsumvereinsbestrebungen, im besonderen die seines Konsumvereinsverbandes. Auf falscher Sachkenntnis muß aber diese eine Behauptung, seiner im übrigen höchst verdienstvollen Ausführungen, beruhen, wenn er es als eine „Folge des Sieges, welchen der Allgemeine Verband über die Sonderbestrebungen der süddeutschen und sächsischen Konsumvereine“ hinstellt, „daß das hauptsächlich durch Eugen Richters Buch (1867) vertretene deutsch-englische System allgemeiner angenommen und so eine größere Einheit in der Organisation der Konsumvereine herbeigeführt wurde“. (S. 228.) Zeidler übersieht einmal, daß vier Jahre vor Richters Buch das erste Pfeiffersche Buch und zwei Jahre vorher dasjenige über „Die Consumvereine" erschienen sind, und daß gerade das letztere das Prinzip des Verkaufs zu Marktpreisen (was Zeidler als hauptsächliches Merkmal des deutsch-englischen Systems bezeichnet) nachdrücklich propagiert hatte. Und zweitens, daß gerade die Vereine des Pfeifferschen Verbandes den Marktpreisverkauf und nicht den Selbstkostenverkauf (wie er bei Schulze-Delitzsch geübt wurde) in der Hauptsache von Anfang an schon eingeführt hatten.

Bereits in der ersten Aufzeichnung einer deutschen Genossenschaftsgeschichte, als welche wir die Einleitung von Ludolf Parisius: „Die Genossenschaftsgesetze im Deutschen Reiche" vom Jahre **1876** bezeichnen können, finden wir von dem uns in dieser Arbeit reichlich begegneten Verfasser, folgende irreführende Darstellung: „Die deutsche Konsumvereinsbewegung ist im Verhältnis zu der englischen noch sehr jung. Unter denjenigen 178 Konsumvereinen, welche sich in der Statistik Schulzes im Jahresbericht für 1874 beteiligten, ist kein einziger vor dem Jahre 1860 entstanden.

„Wenn es in vieler Beziehung ein großer Vorteil für die deutschen Konsumvereine war, daß sich an vielen Orten von vornherein Männer der wohlhabenderen und gebildeteren Klassen an deren Gründung in hervorragender Weise beteiligten, so trug dieser Umstand aber anderseits wesentlich die Schuld, daß unter dem Namen Konsumvereine vielfach, namentlich in Süddeutschland, Vereine entstanden, welche ihre Tätigkeit darauf beschränkten, mit einzelnen Händlern das Abkommen zu treffen, daß sie dem Vereine für Waren, die seine Mitglieder von ihnen entnehmen, einen bestimmten Rabatt bewilligen, und sodann den Rabatt nach Abzug der Unkosten an die Mitglieder zu verteilen. Die Vereinsmitglieder legitimieren sich bei den Händlern durch Vereinsmarken, mit denen sie den Kaufpreis bezahlen. Solche Vereine, die nur ‚Markengeschäfte' machen, werden Markenvereine genannt. Sie sind aus Frankreich zu uns herübergekommen und würden niemals eine so erhebliche Verbreitung gefunden haben, wenn sie nicht in der ersten deutschen Schrift, die über Konsumvereine erschien, nicht bloß als gleichberechtigt mit den eigentlichen Konsumvereinen behandelt, sondern fast ausschließlich dargestellt und empfohlen[56] waren."

[56] Wir zeigten, daß Pfeiffer das Markengeschäft für den Anfang empfahl, um dann nach und nach zum eigenen Geschäftsbetrieb überzugehen; und als nützliches Übergangsstadium hat sich das Markensystem bewährt.

(S. 35.) Parisius zitiert hier in einer Anmerkung das Pfeiffersche Buch „Die Consumvereine" von 1865 und bemerkt dazu: „... Das Buch hat, trotz der besten Absichten des Verfassers, vielleicht fast ebensoviel geschadet als genützt. Bei der zweiten, wesentlich veränderten und bedeutend vermehrten Auflage, ist zwar das Buch erheblich verbessert, dennoch empfiehlt es Schulze-Delitzsch nicht." Demgegenüber sagt jedoch Parisius über das Richtersche Buch „Die Consumvereine" von 1867: „... Diese in Veranlassung von Schulze-Delitzsch verfaßte vortreffliche Schrift war das erste praktisch brauchbare Buch über Konsumvereine." (S. 35.)

Solcher Art schreibt Parisius, der Gegner Pfeiffers, obwohl er einige Seiten vorher folgendes angab und dabei doch ganz genau wußte, daß gerade Pfeiffer als Erster Konsumvereine nach englischem Muster in Deutschland mit nachweislich praktischem Erfolg propagiert hatte, und daß Pfeiffer es war, der den Arbeiter-Bildungsvereinen nahe stand:

„Die gleichzeitig mit den Vorschußvereinen von Schulze ins Leben gerufenen Assoziationen für nötige Lebensbedürfnisse zu Delitzsch und Eilenburg fanden wenig Nachfolge und gingen selbst wieder ein. Auch die glänzenden Erfolge der englischen Konsumvereine, durch Hubers Schriften in Deutschland fast eher als in England besprochen, wirkten nicht viel... Erst durch die allgemeinen Arbeiter-Bildungsvereine wurden die unselbständigen Lohnarbeiter der Industriegegenden und großen Städte stärker in die Genossenschaftsbewegung hineingezogen. Noch mehr war dies seit 1863 der Fall. Die Agitationen Lassalles wurden an vielen Orten die Veranlassung, in den Arbeitervereinen über die Erfolge der genossenschaftlichen Selbsthilfe gründlichere Erörterungen anzustellen. Diese Erörterungen hatten praktische Versuche, namentlich die Begründung zahlreicher Konsumvereine zur unmittelbaren Folge. So entstanden seit 1863 in wenigen Jahren Hunderte von Konsumvereinen, bald lediglich von Arbeitern, oft mit absichtlichem Abschluß gegen Nichtarbeiter, in der Regel aber von vornherein unter hervorragender Beteiligung anderer Berufsklassen gegründet. Wenn viele der um jene Zeit entstandenen Konsumvereine die mannigfaltigen Schwierigkeiten der ersten Jahre glücklich überwanden und, zuweilen sogar unter Erdrückung eines großen Teils der heimischen Konkurrenten, zu mächtigen genossenschaftlichen Handelsinstituten emporwuchsen, so ist an dem glücklichen Erfolge der Umstand von nicht zu unterschätzendem Einfluß gewesen, daß in diesen deutschen Konsumvereinen mehr als früher die langjährigen Erfahrungen der englischen Konsumvereine, namentlich des ersten derselben, des der Pioniere zu Rochdale, benutzt wurden...

„Von den eigentlichen Konsumvereinen haben die seit 1863 gegründeten sich mehr und mehr den Hauptgrundsätzen der englischen Vereine angeschlossen; sie verkaufen nur gegen bar und zu den marktgängigen Tagespreisen und verteilen den Reingewinn nach Verhältnis der Warenentnahme[57], die durch Dividendenmarken festgestellt wird...

Wie in England gehen die entwickelteren Konsumvereine allmählich auch zur eigenen Produktion über oder befördern dieselbe; sie legen Bäckereien und Schlächtereien an, übernehmen kommissionsweise Verkäufe von Leinen- und Wollenfabrikaten der Produktivgenossenschaften und bilden zufolge ihres Grundsatzes des baren Wareneinkaufs die beste Kundschaft für Produktivgenossenschaften in solchen Branchen, wo die Fabrikation durch den Brauch ausgedehnter Kreditgewährung besonders gefährdet ist, z. B. in der Zigarrenfabrikation. Einen Anfang zur Herstellung einer gemeinsamen Großhandlung für Konsumvereine haben die süddeutschen Konsumvereine gemacht, indem sie zu diesem Zwecke die Wareneinkaufsgesellschaft zu Mannheim auf Aktien gründeten... Der Versuch scheint sich leider als verfrüht herauszustellen. Er wurde gemacht, als der dortige Verband eben aus der Sonderstellung, in der er sich mehrere Jahre befunden hatte, heraustrat, so daß auf die Beschlüsse der die Mannheimer Großhandlung gründenden Konsumvereine direkt und erfolgreich einzuwirken Schulze-Delitzsch kaum Gelegenheit hatte."

Wir verweisen auf unsere Darstellung weiter oben über die Bedeutung Pfeiffers für die Verbreitung einer neuen Art von Konsumvereinen in Deutschland, die gerade die Züge trugen, welche Parisius soeben aufgezählt hat ohne auch nur ein einziges Mal Pfeiffers Namen dabei gerechterweise würdigend zu nennen und weisen dabei daraufhin, daß die geschichtliche Darstellung von Parisius des öfteren die Grundlage zu Genossenschaftsgeschichten gegeben hat, was uns auch erklärt, warum Pfeiffer allgemein bisher so selten gewürdigt ist. Auf den versteckten Vorwurf, daß es bei der Mannheimer Großhandlung an den geeigneten führenden Persönlichkeiten gefehlt habe, und daß Schulze-

[57] Diese Einrichtungen sind gerade das besondere Verdienst Pfeiffers!

Delitzsch nicht habe mitwirken können, weshalb das Unternehmen wohl gescheitert sei, brauchen wir dem Manne, der sich bei den entscheidenden Anfangsjahren der Großhandelsgenossenschaft als ihr erbitterter Gegner betätigte, keine Erwiderung mehr zu geben.

Bedauerlicherweise leidet auch die geschichtliche Einleitung der ausgezeichneten Reinhold Riehnschen Studie „Das Konsumvereinswesen in Deutschland" von 1902 darunter, daß dem Verfasser die Wirksamkeit Pfeiffers unbekannt geblieben ist. So trefflich seine Hiebe gegen Schulze, die dieser so stark übrigens nun doch nicht verdient hat, fallen, so sehr sind seine Ausführungen zu ergänzen. Zum Beispiel lehren unsere Forschungen, daß es auch in Deutschland schon damals maßgebende Triebkräfte bei der Gründung von Konsumvereinen gegeben hat, während Riehn bezweifeln möchte, daß „überhaupt welche vorhanden waren" (S. 8) vor Anfang der neunziger Jahre. Keineswegs war auch „das Geschick der Konsumvereine in Schulzes Hand und Geist allein gelegt" (S. 11), wie es Riehn behauptet, denn diesen war ja in Pfeiffer eine ganz hervorragende Führerpersönlichkeit erstanden. Und daß er schließlich nicht durchdringen konnte, war doch nicht Schulzes Schuld ganz allein; letzten Endes muß doch die Schuld auch auf die Vereine zurückfallen, welche sich gegen Pfeiffers Bewegung stemmten und sich ihr nicht anschlossen. Daß Schulzes soziale Anschauungen für das deutsche Konsumvereinswesen ebenso bestimmend wurden, wie die Owens für das englische, kann heute nicht mehr behauptet werden, sonst hätte unmöglich in den 90er Jahren mit einem Male wieder der Pfeiffersche Geist in den Konsumvereinen so elementar hervorbrechen können. Ebenso widerlegt sind die Riehnschen Sätze, daß es in diesen 60er Jahren unter solchen Umständen zu einer Konsumvereinsbewegung nicht habe kommen können (es war ja zu einer gekommen!), da es an der leitenden Idee und der breiten Masse, auf die sie hätte wirken können, gefehlt hat, und noch mehr gefehlt habe an der Möglichkeit einer auf die Kritik und Kontrolle der organisierten Konsumenten gestützten frischen Selbstentwicklung der vorhandenen Konsumvereine. (Riehn S. 14.) Auf der anderen Seite wächst aber die Schuld — das muß immer wieder betont werden — des Mannes, der trotz allem Verdienste um die Konsumvereinsbewegung hat, die wir an anderer Stelle zu würdigen haben, dadurch, daß er sich den konsumvereinsfortschrittlichen Bestrebungen mit all der direkten und indirekten Macht, die er besaß, widersetzte und dadurch die deutsche

Konsumvereinsbewegung in ihrem ersten Aufstieg hemmte und zersplitterte, worunter die Bewegung heute noch stark zu leiden hat.

Es drängt sich zum Schluß noch die Frage auf nach dem Grunde, warum Eduard Pfeiffer so aus der Konsumvereinsbewegung hinausgeglitten ist. Diese Frage wollen wir nicht mit kalten Worten und „faßbaren" Gründen beantworten. Wir glauben, daß unsere ganze letzte Darstellung dies verständlich gemacht hat. Es war die einfache selbstverständliche Folge der Ereignisse für den Hochgebildeten und Feinempfindenden. Er fühlte, daß er hier nicht mehr die Arbeit tun könne und das erreichen würde, was er erstrebte. Innerlich ist er seiner Genossenschaftssache immer treu geblieben. Zwei Zeugnisse mögen auch hier einen Beleg geben. Aus Anlaß der 40jährigen Jubelfeier des Stuttgarter Konsumvereins, am 21. Juni 1905 wurde Pfeiffer, wie wir schon erwähnten, zum Ehrenvorsitzenden des von ihm gegründeten Vereins ernannt. Der Dank Pfeiffers, der der Jubiläumsversammlung anwohnte, wird im „Württembergischen Genossenschaftsblatt" (1. Juli 1905) folgendermaßen geschildert: „Nun ergriff unter lebhafter Begrüßung seitens der ganzen Festversammlung der Ehrenvorsitzende des Vereins, Herr Geheimer Hofrat Dr. Ed. von Pfeiffer, das Wort, um in einer kurzen Ansprache voll herzlichen, warmen Tons für seine Ernennung zum Ehrenvorsitzenden zu danken. Von all den Ehrungen, die ihm in seinem Alter zuteil geworden seien, sei ihm die Ernennung zum Ehrenvorsitzenden des Stuttgarter Konsumvereins die liebste. Er sei stolz, dessen Mitglied zu sein, und besonders gegenwärtig, wo die Konsumvereine von allen Seiten angefeindet werden. Er sei gern bereit, wenn die Notwendigkeit an ihn herantrete, trotz seiner hohen Jahre, auch jetzt wieder in den ersten Reihen für das Konsumvereinswesen zu kämpfen und ihm die Fahne voranzutragen. Sein Hoch galt dem deutschen Konsumvereinswesen. Die Rede des Ehrenvorsitzenden hatte einen tiefen Eindruck gemacht, und sie dürfte insbesondere deshalb von nachhaltiger Wirkung sein, weil Herr von Pfeiffer durch seine tätige Anteilnahme an den sozialen Reformarbeiten auf dem Gebiet des Wohnungswesens eine in allen Kreisen der Stuttgarter Bevölkerung bekannte und hochgeschätzte Persönlichkeit ist."

Weiter erhielt der Schriftleiter[58] des „Württembergischen Genossenschaftsblattes" am 4. Dezember 1910 folgendes bemerkenswerte

[58] Mitgeteilt bei F. Feuerstein, S. 132.

Schreiben: „Sehr geehrter Herr! Für die sehr freundlichen Worte, die Sie mir zu meinem 75. Geburtstag im Württembergischen Genossenschaftsblatt gewidmet haben, spreche ich Ihnen meinen verbindlichsten Dank aus. Es ist stets eine besondere Freude für mich, wenn das Interesse, das ich am Genossenschaftswesen und insbesondere an der Konsumvereinssache nehme, erwähnt wird, weil ich als Greis das noch für richtig halte, wofür ich als junger Mann gewirkt und gekämpft habe. Die neusten Verhandlungen im Reichstag über die Mittelstandsfrage zeigen leider wieder, wie notwendig es ist, im Kampfe für das Richtige und Wahre nicht zu erlahmen. Wie muß es in den Köpfen mancher unserer Gesetzgeber respektive Volksvertreter aussehen, wenn sie glauben, den wirtschaftlich Schwachen dadurch helfen zu können, daß sie alle gesetzlichen Hebel in Bewegung setzen, um eine Verteuerung der notwendigsten Lebensbedürfnisse herbeizuführen! Etwas anderes wird doch nicht erreicht werden durch die Maßnahmen, die sie vorschlagen und leider auch schon zum Teil durchgesetzt haben. Mit bestem Gruß Ed. Pfeiffer."

Dieser bezeichnende Brief paßt vollkommen dazu, daß der nun fast Achtzigjährige dem Stuttgarter Konsumverein während der gegenwärtigen Kriegszeit mit Rat und Tat zur Seite stand und verschiedentlich über die Bewährung der deutschen Konsumvereinsbewegung während der Kriegszeit seiner Freude Ausdruck[59] gab.

[59] Gerade während des Druckes dieser Arbeit hat Pfeiffer in eindrucksvoller feuriger Weise auf der am 16. Mai 1915 in Stuttgart stattgefundenen Kriegstagung der württembergischen Konsumvereine das Wort ergriffen. Das „Württembergische Genossenschaftsblatt" (1915, S. 59) berichtet über diese Rede des „allseitig geachteten Nestors der deutschen Konsumgenossenschaften": Herr Geheimer Hofrat Dr. E. v. Pfeiffer dankte für die ihm zuteil gewordene Begrüßung und bemerkte, daß eine derartige Versammlung von Vertretern von Konsumvereinen für ihn immer eine Quelle großer Befriedigung sei. Aus der heutigen Zusammenkunft trete wiederum hervor, daß unsere Bewegung in Deutschland im Fortschreiten begriffen sei. Noch nie trat das gesunde Prinzip der Konsumgenossenschaften so deutlich hervor, wie zur Zeit des Krieges! Siegreich haben unsere Vereine die Erschütterungen überstanden. Noch wichtiger sei die Tatsache, daß Staat und Gemeinde unsere Bahn betreten haben und nunmehr suchen, Hand in Hand mit uns den Mißbräuchen des Zwischenhandels entgegenzutreten und mit uns zu erreichen suchen, daß die notwendigsten Lebensbedürfnisse der Masse des Volkes so billig wie möglich zugeführt werden können. Der Unterschied sei nur der, daß der Staat durch Zwang der Not zu steuern suche, während wir ihr durch Selbsthilfe steuern wollen, und nicht erst dann, wenn die Not zu Maßnahmen zwinge, sondern um für die Dauer bessere Zustände herbeizuführen. Die Selbsthilfeorganisation der Konsumenten möge so ausgestaltet werden, daß die Warenvermittlung technisch vollkommen und so billig wie möglich geschehe. Ein alter Mann rufe den jungen Freunden zu: Halten Sie fest an der Fahne — der Sieg winkt uns in naher Zeit!

Im übrigen ist Pfeiffer seit jenen 80er Jahren nicht mehr literarisch und nicht mehr praktisch für die allgemeine Konsumvereinsbewegung hervorgetreten; es sei denn, daß man seine treue Anhänglichkeit an den Stuttgarter Konsumverein, in welchem er seine Mitgliederpflichten, im besonderen, was das Kaufen anbetrifft, bis heute bewunderungswürdig erfüllt, auch als eine Genossenschaftspraxis ansieht.

Wenn Pfeiffer damals von der Genossenschaftsbewegung wegging, dann tat er es wiederum in ihrem eigensten Interesse. Die Dinge dort mußten sich erst klären und die Verhältnisse wieder ruhiger werden, mehr auf das Sachliche und das rechte Ziel eingestellt. Das brauchte Jahre und Jahrzehnte. Das seitdem nun verflossene halbe Jahrhundert hat dies vollbracht. Der „Zentralverband deutscher Konsumvereine" mit seinen (1914) 1109 Konsumvereinen[60] mit 1717519 Mitgliedern, die einen Umsatz von 493 Millionen Mark im eigenen Geschäft hatten; die „Großeinkaufsgesellschaft (G.E.G.) deutscher Konsumvereine" mit einem Jahresumsatz (1913) von 154047316 Mark, davon (im gleichen Jahre) für bereits 10089314 Mark Umsatz in selbstproduzierten Waren. Die „Verlagsgesellschaft deutscher Konsumvereine" (Druckerei und Papierwarenfabrik) mit über 4 Millionen Mark Umsatz; die „Konsumgenossenschaftliche Rundschau" in wöchentlich 14448 Exemplaren (1913) und das „Konsumgenossenschaftliche Volksblatt"[61] in halbmonatlich 749000 Exemplaren (November 1914) verbreitet, sind ein paar Beweise dafür, auf welch rechtem Wege Pfeiffer damals gewesen ist. Mit Vergangenem braucht man nicht mehr zu rechten; die Gegenmacht damals ließ ihn äußerlich unterliegen, die Geschichte hat ihm den schließlichen Sieg gegeben. Ed. Pfeiffers Arbeit „für ein organisiertes deutsches Konsumvereinswesen" (Feuerstein) ist reich gesegnet.

Für Eduard Pfeiffer selbst begann mit den Jahren, da er sich mehr und mehr von der Konsumvereinsbewegung zurückzog, eine neue reiche Arbeitsperiode. Nicht so sehr innerlich verschieden von der seiner „Jugendzeit", als rein äußerlich so scheinend. Seinen hohen Idealen ist er immer treu geblieben. Das „Kooperationsprinzip" auf allen möglichen Gebieten zur Anwendung zu bringen, ist seine große segensreiche

[60] Die folgenden Zahlen sind nach dem Jahrbuch des Zentralverbandes deutscher Konsumvereine 1914 wiedergegeben.

[61] Einschließlich dem in Stuttgart erscheinenden „Württembergischen Genossenschaftsblatt".

Lehre und der Hauptgegenstand seiner unermüdlichen Arbeitskraft und Organisationsgabe geblieben. Wir hatten hier nicht die Absicht, eine Biographie Eduard Pfeiffers zu schreiben, wie sehr das auch reizen möchte, und so sehr das Fehlen einer solchen heute dies verlangen würde. In dieser Arbeit handelte es sich lediglich um die Darstellung des Verhältnisses von Pfeiffer zur Konsumgenossenschaftsbewegung und seiner Bedeutung für diese. Bis auf wenige Striche glauben wir diese gestellte Aufgabe erfüllt zu haben. Aber es wäre ein unbefriedigendes Bild, wollten wir hier abbrechen, eine große unverständliche Lücke lassen, um an dieser Stelle einen Abschluß zu machen, der doch nur künstlich wäre. Denn es scheint nur so, als ob Pfeiffer der Genossenschaftsbewegung nun plötzlich entglitten wäre und seine diesbezügliche Tätigkeit mit einem Male abgebrochen hätte. Pfeiffers theoretisches Genossenschaftsgebäude, das wir am Anfang darzustellen suchten, bestand ja nicht nur aus Konsumvereinen. Diese waren wohl die Grundlage und der Anfang.

Die billigere und bessere Beschaffung der Lebensmittel sollte ein Schritt, der erste Schritt zur Besserung der Lage der arbeitenden Klassen sein. Und den Konsumvereinen war diese erste Aufgabe zugedacht, um dann daran weiteres anzuschließen. Die Konsumvereine taten ihre nächste Pflicht, aber an das genossenschaftliche Weiterbauen dachten sie nicht, konnten sie damals noch nicht denken. Sie mußten sich erst klären, ausreifen, entwickeln — das konnten sie besser ohne den „Idealisten", der immer mehr wollte. Und Pfeiffer hatte darum recht, sie allein zu lassen, um selbst an einer anderen Stelle des großen gemeinsamen sozialen Werkes anzufangen.

Das Wohl der arbeitenden Klassen zu fördern, auf jegliche Art zu fördern, das war Pfeiffers sozialpolitisches Programm. Und neben den Aufgaben, die dazu die Konsumvereine leisten sollten und sonstige Genossenschaften — also Selbsthilfemittel hauptsächlich der Arbeiter selbst — war es vor allem der 1866 gegründete „Verein für das Wohl der arbeitenden Klassen" in Stuttgart, unter Pfeiffers Führung von Anfang an, auf den sich nun, nachdem die praktische Tätigkeit für die Konsumvereine in den Hintergrund getreten war, seine Arbeitskraft hinwandte. In diesem Verein, dem die ersten Vertreter aus den wohlhabenden Kreisen Stuttgarts angehörten, war der andere Weg, den Pfeiffer von Anfang an im Auge hatte, klar ausgesprochen und wurde auch mit viel Erfolg gegangen. Nämlich: die

Unterstützung des mühevollen und schwierigen Weges der Selbsthilfe und Selbsterziehung durch die sogenannten besitzenden Klassen; das war das Programm und das Motiv zur Gründung gewesen. So finden wir es im ersten Rechenschaftsbericht des Vereins für das Jahr 1866/67 angegeben, der wohl auch schon aus der Feder Pfeiffers stammt, wie fast die ganze Reihe der Vereinsberichte bis zum heutigen Tage, die eine Fülle sozialgeschichtlich wertvollen Materials bieten. Die Tätigkeit des Vereins ist mehr als Wohltätigkeit; sie ist eine eigene Art die Arbeiter anzuspornen und die Willigen höher zu heben, es ist eben ganz Pfeiffer, und wer diese Vereinsarbeit hier recht verstehen und würdigen will, wird von den in dieser Schrift mitgeteilten Theorien und praktischen Versuchen Pfeiffers ausgehen müssen. Im ersten Vereinsjahr sollte so von dem Verein eine Wasch- und Badeanstalt und ein Haus für den Arbeiter-Bildungsverein erbaut werden. Jedoch infolge der politischen Ereignisse von 1866 und der damit eingetretenen Arbeitslosigkeit wurden dringendere, kleinere Arbeiten notwendig. Es mußte Verdienst geschaffen werden; der Verein ließ darum eine Straße bauen, unternahm Arbeiten auf dem Bahnhof, gab Mietbeiträge, Geld- und Speiseunterstützung. Arbeiter selbst waren in diesem Verein nicht Mitglieder. Die ganze Mitgliederzahl betrug in den ersten Jahren wenig mehr als hundert, diese versahen den Verein mit Geldmitteln. Wir finden in der ersten Mitgliederliste Seine Majestät den König und bekannte Stuttgarter Persönlichkeiten, wie Cotta, Engelhorn, Egloffstein, Federer, Rümelin, Schiedmayer, Siegle u. a. Die Darstellung der Gesamtarbeit des Vereins, dem immer reiche Geldmittel zur Verfügung standen, und der als Vereinszweck angab: Förderung der Interessen und Hebung der sittlichen und wirtschaftlichen Zustände der arbeitenden Klassen dürfte einmal eine dankbare Aufgabe für einen liebevollen Forscher werden. Wir können hier nur noch ein Gebiet streifen, dem sich Pfeiffers Hauptliebe in nächster Zeit, nach den Konsumvereinen, zuwandte.

Die Konsumvereine sollten das Bedürfnis nach guten, billigen Lebensmitteln befriedigen. Die Nahrung ist eines der elementaren Bedürfnisse. Ein anderes ist die Wohnung. Billige, gute, gesunde Wohnungen — das war Pfeiffers nächstes Ziel. Ihre Beschaffung hätte sich bei glücklicher schneller Fortentwicklung direkt den Konsumvereinsaufgaben angliedern lassen.

So hat in „intimem Zusammenhang“ mit dem Stuttgarter Konsumverein der dortige Arbeiter-Bildungsverein im Jahre 1869 die Frage der „möglichst leichten Erwerbung eigener Wohnhäuser für den Arbeiterstand“ durch die Begründung einer „Stuttgarter Baugenossenschaft“ zu lösen versucht. Ihren Zweck wollte die auf dem Grundsatz der Selbsthilfe beruhende, solidarisch haftende Genossenschaft „durch Erwerbung von Bauplätzen in der Stadt und Gemarkung Stuttgart zur Erbauung von billigen und gesunden Wohnungen erreichen, welche die Mitglieder durch allmähliche, möglichst leichte Abzahlung erwerben können, oder sie überläßt, gleichfalls auf Abbezahlung, an solche Mitglieder, welche selbst bauen wollen, Bauplätze und schießt ihnen das benötigte Baukapital bis zur Höhe von vier Fünftel der Herstellungskosten des Hauses vor“. Das Weitere über die Baugenossenschaft ist in Pfeiffers „Consumverein“-Zeitschrift (1869 S. 151) zu lesen, die, wie wir des öfteren sahen, sich mit allen möglichen in das Genossenschaftswesen fallenden Problemen beschäftigte. Bald hatte der Verein schon 162 Mitglieder mit einem Eintrittsgeld von 2 fl. und einer beliebigen monatlichen Einlage, jedoch nicht unter 1 fl., die von 10 fl. an mit 5% verzinst wurden.

Im Jahre 1896 schrieb Pfeiffer in bezug auf die Lösung der Wohnungsfrage: „Wir bleiben hier darauf angewiesen das Beste zu erhoffen von ganz unabhängigen und aus eigener Initiative hervorgegangenen Vereinigungen. Wir in Deutschland, die wir in den vielen auf Selbsthilfe beruhenden Organisationen eine Schule für Kooperation und Selbsthilfe haben, wie kaum eine andere Nation, wir sollten da, wo wir Mängel an unserem sozialen Körper wahrnehmen, selbst Hand anlegen, jeder an seinem Teil.“ (In Pfeiffers Buch „Eigenes Heim und billige Wohnungen. — Ein Beitrag zur Lösung der Wohnungsfrage“. Stuttgart 1896.) Für Stuttgart hat nun der genannte Verein für das Wohl der arbeitenden Klassen den Beweis erbracht, daß ganz Umfassendes durch gemeinnützige Gesellschaften für die Wohnungsreform geleistet werden kann. Unter Pfeiffers Führung und unter Darbietung privater Geldmittel, ging von dem Verein, gegen die anfänglich feindliche Haltung der Stuttgarter Stadtverwaltung, jenes 10-Millionen-Unternehmen der Wohnkolonien Ostheim, Westheim und Südheim aus. Hier sind etwa 1800 vorbildliche Wohnungen geschaffen, die für Hunderte von Familien die Frage der „billigen Wohnung“ tatsächlich gelöst haben. Hier ist übrigens auch eine der Vorlagen zu finden für die weitbekannte Ulmer Wohnungspolitik. Dieser Verein für das Wohl der arbeitenden Klassen mit seiner Unzahl von Einrichtungen der verschiedensten Art ist heute noch ein Schauplatz der Tätigkeit Pfeiffers.

Wie sehr Pfeiffer das Bildungsstreben der Arbeiter zu fördern suchte, haben wir bereits am Anfang dieser Schrift gesehen, im besonderen seine Betätigung im Arbeiter-Bildungsverein kennen gelernt. Wir erinnern auch an jene Bestimmung der Stuttgarter Musterstatuten, jeweils $12^1/_2\,^0/_0$ des Geschäftsgewinnes zu Bildungszwecken zu verwenden. Bis 1871 hatte der Stuttgarter Verein dafür 9000 Gulden dem Arbeiter-Bildungsverein zugewendet. Wir berichteten von den Konsumvereinen, die in diesem Sinne Bildungsarbeit in hervorragendem Maße leisteten. Hier fügen wir noch ein, daß verschiedene Konsumvereinsvorstände dieser, von Pfeiffer für Konsumvereine angegebenen Aufgabe, der „Bildung von Intelligenz“ neben dem „Ringen nach Kapitalbildung“ sich mit besonderer Sorge zuwendeten, wie z. B. der eifrige Genossenschaftsfreund Graf von Soden in seinem Konsumverein in Neustädles 1868 (S. 73) berichtet dieser im „Consumverein“: „Wir besitzen bereits eine kleine Bibliothek, aus welcher Bücher an Mitglieder gegen wöchentlich 1 Kr. ausgeliehen werden. In besseren Verhältnissen wird es leicht sein, verschiedene Gelegenheiten zur Selbstausbildung zu schaffen.“

Außerdem, daß Pfeiffer im „Consumverein“ eine Auswahl geeigneter Bücher und Zeitschriften für Konsumvereine empfahl und dabei bemerkte, daß der Verband Bücher mindestens unter 20% des Ladenpreises besorge (Consumverein 1868 S. 73), wurde auch dieser Punkt auf einem Verbandstage einmal eingehend erörtert. 1870 sollte bereits ein Referat über die „Verwendung von Gewinnanteilen der Konsumvereine zu Bildungszwecken“ gehalten werden. Dieses geschah jedoch erst 1871 durch Thomann aus Immenstadt; im „Consumverein“ von 1871 ist dasselbe abgedruckt. (S. 126.) Wir zitieren daraus folgende kurze klare Stelle: „Folglich kann also die Erreichung höchstmöglicher Dividenden nicht das einzige Prinzip eines Konsumvereins sein, ohne denselben nicht seiner höheren Bestimmung zu entkleiden und ihn zu einem gewöhnlichen, des puren Gelderwerbes halber errichteten Handelsgeschäft herabzuwürdigen.“ Wie sehr bei einer solchen geistigen Versorgung auf die genossenschaftliche Erziehung bereits Bedacht genommen wurde, besagt folgende Stelle aus den Satzungen des Konsumvereins Aich in

Böhmen: „Zweck des Vereins (außer den gewöhnlichen Zwecken eines Konsumvereins). Die allmähliche Anlegung einer kleinen Bibliothek zur Förderung von Kenntnis über Genossenschaftswesen und Erwirkung genossenschaftlichen Sinnes unter den Mitgliedern wird gleichzeitig mit in Aussicht genommen und ein Zwanzigstel des Reingewinns in dieser Absicht verwendet.“ Die angenommene Resolution auf dem Verbandstage besagte: „Es ist wünschenswert, daß die Konsumvereine Bestimmungen in ihre Statuten aufnehmen, wonach ein Teil ihrer Dividende zu Bildungszwecken verwendet werden soll.“

1871 war auch eine „Gesellschaft für Verbreitung von Volksbildung“ gegründet worden, der Pfeiffer als Komiteemitglied angehörte. Diese Gesellschaft sagte in ihrem Aufruf: „Kein würdigeres Denkmal können wir dem jungen Frieden widmen, keines das ihm längere Dauer verbürgt, das uns mehr vor dem Neide der Fremden und vor eigener Überhebung schützt, als — indem wir nach großem körperlichen Ringen, mit Ernst und aus freiem Antriebe zur Ausfüllung der Lücken unserer Volksbildung schreiten, stets eingedenk, daß die großen sozialen, politischen und freiheitlichen Fragen der Gegenwart, allein durch die Teilnahme der Masse des Volkes, welches durch mannigfache Bildungsmittel über sein jetziges Niveau emporgehoben werden muß, im Sinne menschlicher Gesittung gelöst werden können.“ Pfeiffer fordert nachdrücklichst die Konsumvereine dazu auf, sich dieser Vereinigung anzuschließen. „Mögen die Vereine stets eingedenk bleiben, daß ihre Aufgabe nicht nur die ist, materiellen Gewinn zu erzielen, sondern daß sie auch eine geistige Aufgabe zu erfüllen haben!“ (S. 150.)

Noch einiges Persönliche von Eduard Pfeiffer wollen wir hier anreihen, um unser Bild des Mannes so auch auf diese Grundlage zu stellen und um unsere Gesamtdarstellung ergänzend abzuschließen.

Die eminente Arbeitskraft dieses verdienten Mannes ist erstaunlich. Bedenken wir, daß seine Konsumvereinstätigkeit nur nebenher ging, daß, obwohl sie vielleicht von der Kraft seiner besten Mannes- und Jugendjahre genährt war, sie doch nur einen tatsächlich kleinen Ausschnitt aus Pfeiffers Gesamtwirken für die Volksgemeinschaft war.

Eduard Pfeiffer ist am 23. November 1835 in Stuttgart geboren, als Sohn des Bankiers, Hofrat Max Pfeiffer, Direktor der Königl. Württ. Hofbank daselbst. Er ist das jüngste Kind einer zahlreichen Familie. Schon in seinem 6. Lebensjahre verlor er seinen Vater. Nach seiner Stuttgarter Gymnasiumszeit studierte er in Heidelberg, Berlin und Leipzig, hauptsächlich Nationalökonomie, Finanzwissenschaft u. ä. Als Student korrespondierte er bereits an verschiedene Zeitungen. Nach seiner Promotion zum Doktor unternahm Pfeiffer Reisen nach England, Frankreich und Italien. In England lernte er das Genossenschaftswesen, besonders die Konsumvereine, wie wir bereits sahen, kennen, und faßte den Entschluß in Deutschland, vor allem in seiner Vaterstadt Stuttgart für die Genossenschaftssache zu wirken. Als er sich 1862 nach seinen „Lehr- und Wanderjahren" für dauernd in Stuttgart als „Schriftsteller" niederließ, hatte er die Absicht, nach bestem Wissen und mit all seinen Kräften dem öffentlichen Wohle zu dienen. Durch sein beträchtliches elterliches Vermögen war er finanziell völlig unabhängig und nicht genötigt einen Broterwerb zu suchen.

Mit ein paar Worten übergehen wir Dr. Pfeiffers politische Betätigung für eine deutsche Einheit als Mitglied des Nationalvereins und später der deutschen Partei, ebenso seine lebhafte Beteiligung an der Agitation des Zollvereins. 1868 war Pfeiffer Kandidat bei der Wahl zum Zollparlament im Bezirk Ulm gegen Schäffle; er wurde als „zu preußisch" bekämpft und unterlag. Bald darauf wurde Pfeiffer jedoch in die württembergische Zweite Kammer gewählt. 1871 trat Pfeiffer für die Reichseisenbahnen nach Bismarckschem Plane ein. Die Kaiserproklamation in Versailles und die Januarverträge der süddeutschen Staaten mit Preußen hatten seine nationalen Wünsche und Ziele befriedigt, seine Bestrebungen zur deutschen Einheit waren erfüllt, so daß er sich mehr und mehr auf sein eigenstes Gebiet: die soziale Betätigung zurückzog, die ihm mehr zusagte, als die Tagespolitik mit ihren oft häßlichen Begleiterscheinungen.

1863 trat Pfeiffer dem eben gegründeten Arbeiter-Bildungsverein bei, in dem er heute noch eine leitende Stellung einnimmt, um hauptsächlich dort für das Genossenschaftswesen wirken zu können. Hier war einer der Schauplätze für seine Sozialpolitik, die sich achtsam von aller Parteipolitik fern hielt. Seine Haupttätigkeit und seine Erfolge hier haben wir betrachtet, als wir von dem Stuttgarter Konsumverein sprachen, der ja ursprünglich nur ein „Consumverein des Arbeiter-Bildungsvereins" war. In diese Zeit fiel auch Pfeiffers größeres literarisches Erstlingswerk „Über Genossenschaftswesen".

Pfeiffers sonstige literarische und wissenschaftliche Tätigkeit sei hier auch kurz berührt. Wir finden Arbeiten von ihm in volkswirtschaftlichen Zeitschriften und in den preußischen Jahrbüchern, darunter eine schon während der Studienzeit in Berlin verfaßte. Aus den zahlreichen „Über Genossenschaftswesen" folgenden Buchwerken seien hier, außer den bereits genannten genossenschaftlichen, noch aufgeführt:

Europäische Staatsausgaben. 1865 (2. Auflage 1877) Stuttgart.

Die Staatseinnahmen. Geschichte, Kritik und Statistik. Stuttgart 1866. Zwei umfangreiche Bände.

Das Steuerwesen in Württemberg und die von der Regierung beabsichtigte Steuererhöhung. Ein Vortrag, gehalten in der Landesversammlung der deutschen Partei am 27. September 1867. Stuttgart 1867. Zwei Auflagen.

Württemberg und sein Verhältnis zum Zollparlament und zum Nordbund. Ulm 1868.

Über den Entwurf eines neuen Steuergesetzes für Württemberg. Stuttgart 1870.

Von der geschäftlichen Tätigkeit Pfeiffers sei erwähnt, daß er 1869 die Württembergische Vereinsbank in Stuttgart zur Unterstützung der württembergischen Industrie mitbegründete.

Diese Gründung, die mitten hinein in die Konsumvereinstätigkeit Pfeiffers fällt, zeigt, wie verschiedentlich Pfeiffer den Selbsthilfe- und kooperativen Gedanken zu verwirklichen suchte. Diese Vereinsbank, zur Selbsthilfe der Industriellen, von Industriellen in der Hauptsache gegründet, im Interesse der württembergischen Industrie, ist zu den Konsumvereinen, den genossenschaftlichen Selbsthilfeinstituten der Arbeiter, ein Gegenstück. Sie sollte im Gegensatz zu den Bankinstituten, die üblicherweise bisher von kaufmännischer Seite gegründet waren, eine von Industriellen für sich selbst ins Leben gerufene Bank sein. Pfeiffer wurde in den Aufsichtsrat der Vereinsbank gewählt und war lange Zeit dort erster Vorsitzender.

Ein anschaulich Bild von Eduard Pfeiffer in jenen 60er Jahren, wie wir keines, das ihn trefflicher kennzeichnen würde, entwerfen könnten, gibt uns ein von ihm selbst gegebener Bericht über seinen „Besuch bei den Konsumvereinen in Wien", den er im April- und Maiheft des „Consumverein" von 1869 veröffentlichte. Führer der Konsumvereine und Bankmann — wir vermögen uns dieses kaum zusammenzureimen — aber gerade das war Pfeiffer!

Ein paar bezeichnende Stellen aus jener Schilderung aus Wien seien hier wiedergegeben; sie geben zugleich eine treffliche Einführung zu einer Abhandlung über Sozialpolitik, wie sie Pfeiffer in jenen Jahren getrieben hat, und die heute noch zu dem Ausgezeichnetsten gehört, was über dieses Gebiet zu sagen ist. Pfeiffer schreibt damals in seinem Bericht:

„... Hoch über diesen vier Wiener Konsumvereinen thront in vornehmer Abgeschlossenheit der älteste der Wiener Konsumvereine, der Beamtenkonsumverein [62]. Die stolze Reihe der mehr oder minder hochgestellten Beamten wird nicht besudelt durch die Berührung mit plebejischen Elementen, und wenn auch die Frau Staatsrat und die Frau Regierungsrat gern bei ihren Einkäufen spart so gut es geht, so will sie dies doch nicht tun in Gemeinschaft mit der Tischlers- oder Schlossersfrau oder gar mit der Frau des Fabrikarbeiters. Ich habe selbst diesen vornehmen Verein nicht zu besuchen die Ehre gehabt, doch nachdem was mir mitgeteilt wurde, soll derselbe in einem ziemlich stagnierenden Zustande sich befinden und in den letzten Jahren zurückgegangen sein...

Alle übrigen Konsumvereine in Wien bieten ein Bild des schönsten Vorwärtsschreitens und der Besuch, den ich denselben machte, hat einen wahrhaft erquickenden Eindruck auf mich gemacht. Und der Eindruck war ein um so tieferer, als die fieberhafte Spekulationswut, in der sich eben die Geldaristokratie mit der großen Zahl ihrer Anhänger befindet, einen schroffen Gegensatz bildet zu dem frischen tätigen und sparsamen Leben in den Arbeiterkonsumvereinen. Wahrlich, wen diese sozialen Gegensätze, wie sie greller wohl nirgends zutage treten, nicht zu ernstem Nachdenken reizen, der hat überhaupt keinen Sinn für die großen Fragen unserer Zeit.

Ich hatte den Tag über Gelegenheit, mit den sogenannten Börsenkreisen zu verkehren und auch der Börse selbst meinen Besuch abzustatten. Welches wüste Treiben! Welche Verkehrung aller Begriffe von sittlicher Arbeitsamkeit und rechtlichem Erwerb! Das Spiel führt das Zepter, und all die verderblichen Wirkungen in seinem Gefolge lassen nicht auf sich warten.

Eine lange Reihe neuer Aktienunternehmungen waren gerade in diesen Tagen gegründet worden, und mit gierigem Verlangen wurden

---

[62] Siehe auch die Festschrift: „Zur Erinnerung an das 50 jährige Bestehen des Ersten Wiener Consum-Vereins" (1862—1912).

von dem spiellustigen Publikum die Aktien den Gründern aus den Händen gerissen, und dies mit ganz enormem Agio. Da hatten sich ein paar Leute die Konzession zur Gründung irgendeiner Bank zu verschaffen gewußt. Der Presse wurde — wie dies in solchen Fällen in Wien allgemein üblich ist — durch Überlassung einer Anzahl Aktien das nötige Interesse und Verständnis für die Sache beigebracht. Die Presse lobte, brachte von Zeit zu Zeit geheimnisvolle Notizen über größere einträgliche Geschäfte, welche die neue Bank im Werke habe — das Publikum pickte an, und sofort war das nötige Agio da. Mit 30, 40 fl. und noch mehr Agio wurden in kürzester Frist die Aktien verschlossen, und die paar Herren, welche die Aktiengesellschaft gegründet, hatten für ihre Mühe ein paar Millionen in der Tasche und von den eigenen Aktien vielleicht keine einzige mehr. Mag das Publikum selbst sehen, was aus der Aktienbank noch wird, sie haben ihren Nutzen im trockenen...

Ab jenem Tage, an dem ich die Börse besuchte, wurden wieder die Aktien einer neuen Bank zum ersten Male ausgeboten. In weniger als einer Stunde waren 16000 Stück abgesetzt mit einem Agio von durchschnittlich 26 fl. Die Gründer hatten also in weniger denn einer Stunde 416000 fl. miteinander verdient! Wieviel Elend und Not könnte mit einer solchen Summe gehoben werden? dachte ich bei mir. Wie vielen redlichen und fleißigen Arbeitern könnte damit die Grundlage gegeben werden zu einer selbständigen besseren Existenz, zu einer regeren und fruchtbareren Tätigkeit? Und in welche Hände gelangt nun dieses Geld? Was hilft es da, als daß ein neues Hunderttausend zu den alten, eine neue Million zu den früheren Millionen gelegt wird?

Ich sah zu, wie eine jener Börsengrößen 5000 Stück der neuen Aktien mit 25 fl. Agio kaufte und drei Schritte weiter nach kaum fünf Minuten hatte er sie wieder mit 28 fl. verkauft. Er hatte also für die Mühe zu sagen ‚ich nehme' und ‚ich gebe' 15000 fl. gewonnen. Kein Wunder, wenn man so sieht, wie hier gleichsam im Schlafe Geld verdient wird, daß alles auf die Börse strömt und da auch das Glück probiert. Der vornehme Adlige verzichtet auf einen Spazierritt, der Beamte verläßt sein Bureau, der Kaufmann seinen Laden, alle treffen sie sich auf der Börse wieder. Und ist es nicht natürlich, wenn schließlich auch der Schreiner den Hobel und der Schneider die Nadel liegen läßt; was sollen sie sich länger plagen, ist das Glück ihnen hold, so können sie doch auf der Börse — an diesem allgemeinen Glücksrad — an einem Tage mehr gewinnen, als sie in redlicher Arbeit ihr ganzes Leben lang ersparen könnten. So kauft jeder — nicht mit eigenem Gelde, sondern von einem Tage zum anderen auf Kredit, und so baut sich allmählich ein babylonischer Turm von schwindelhafter Höhe auf, bis schließlich der Tag kommen wird, wo in wüstem Durcheinander alles wieder zusammenstürzt.

Es ist die Zeit des Steigens, jeder gewinnt, und doch sah ich keine frohen Gesichter; ein kleiner Gewinn reizt nur zu neuer Begier, ein großer Gewinn macht die Begierde nach Mehr noch größer. Woher sollte Zufriedenheit und Selbstbefriedigung, ein wirklich stilles Genießen in diesem Treiben auch kommen? Wer eine Million schon erobert hat, wünscht schon die zweite in seinem Schranke zu sehen, und weit mehr als er sich über den eigenen Besitz freut, ärgert er sich darüber, daß sein Nachbar noch mehr hat als er; er denkt kaum daran, daß er so viel besitzt, nur das füllt schmerzlich seine Gedanken aus, daß er nicht am meisten besitzt.

Und welche Verwendung findet nun das so im Traume zusammengehäufte Geld? Sinnloser Luxus, der dem Elend Hohn spricht, üppiges sinnliches Leben, Eitelkeit und Prunksucht, das sind die unausbleiblichen Folgen dieses ganzen Treibens. Während in der Vorstadt in mühsamer einförmiger Tätigkeit der Arbeiter Tag für Tag sich abplagt, wird hier bei einem üppigen Mahle, oder bei einem Ballfest eine Summe verpraßt, die Hunderte von Familien in der Vorstadt auf immer hätte glücklich machen können. Während dort ein Leben von Entbehrung und Mühe es kaum dahin bringt, auch nur ein sorgenfreies Alter zu sichern, wenn einmal der alte Arm den Dienst versagen wird, oder um die Witwe vor Elend zu bewahren, werden hier in mühelosem Spiel an einem Tage die größten Reichtümer zusammengehäuft, und man wundert sich noch, daß eine soziale Frage besteht, wundert sich, daß man es da und dort schmerzlich empfindet, daß eine gesellschaftliche Ordnung nicht gesund ist, wo so grell die Gegensätze nebeneinander bestehen.

Anglobank, Frankobank, Baubank, orientalische Bank, internationale Bank, Wiener Bank, Generalbank usw., das war es, was mir überall in die Ohren klang. Zu Hause, bei Tische, im Café, am Wirtshaustisch kein anderes Gespräch mehr als von Kursen und wieder von Kursen. Das ist heute Wien, die Stadt!

Wie ganz anders nun und um wie vieles erfreulicher ist das Bild, das ich bei meinem Besuche bei den Konsumvereinen vorfand...

... Nachdem ich auch den Verein im VI. Bezirk besichtigt hatte, geleiteten mich die Ausschußmitglieder dieser beiden Wiener Konsumvereine in ein Gasthaus, wohin noch eine größere Zahl von Mitgliedern des Vereins aus Fünfhaus kamen, und wo wir noch bis in später Stunde uns über gemeinschaftliche Interessen in anregender Weise unterhielten.

Es war mir so wohl, einmal einen Ort in Wien gefunden zu haben, wo nicht über Bankaktien und Kurse, sondern über die allgemeinen Interessen Deutschlands und der Menschheit gesprochen wurde. Hier fand ich zum ersten Male auch den deutschen Gedanken — das Gefühl der Zusammengehörigkeit mit dem übrigen Deutschland — noch lebendig. Hier sah ich, ganz anders wie in der Stadt, heitere und frohe Gesichter um mich, Männer, die im Bewußtsein ihre Pflicht getan zu haben, mit frohem Mute auf ihre Tagesarbeit zurückblickten, die sich da sagen konnten, daß sie nicht allein für sich gearbeitet hatten, sondern daß auch jeder nach Kräften zur Hebung der Lage seiner Kameraden, zur Besserung der gesellschaftlichen Zustände das Wenige getan hatte.

In später Stunde verabschiedeten wir uns. Dieser Abend unter den Wiener Arbeitern, die an der Spitze der dortigen Genossenschaften stehen, wird mir stets eine liebe Erinnerung sein, und ich nahm die Überzeugung mit von dannen, daß hier in diesen bescheidenen, ja oft knappen Verhältnissen doch mehr wahre Freude und wirkliches Glück zu finden ist, als in den üppig ausgestatteten Palästen der Börsenkönige.

Wann endlich wird wohl die Zeit kommen, die wir alle erstreben, wo nicht mehr wie heute die Güter der Welt so verteilt sein werden, daß auf der einen Seite Entsagung und Arbeit, auf der anderen ein Überfluß zu Hause ist, der nur zu übermütigster Vergeudung reizt, nur betäubt, nicht aber wirklich befriedigt?"

(Mit besonderer Liebe hat Pfeiffer immer nach den Wiener Vereinen gesehen und des öfteren im „Consumverein" über sie berichtet. Es gab ja auch manches dort in Österreich, wovon in Deutschland nichts zu berichten war. So z. B. jene Tatsache, daß dem Reservefonds des Wiener Arbeiterkonsumvereins „Fünfhaus" im Jahre 1870 eine Spende von 400 Gulden vom Kaiser von Österreich zugewiesen worden war. Pfeiffer sagte dazu: „Auf solche Weise wollte der Kaiser ohne Zweifel seiner Anerkennung für die Leistungen des Vereins Ausdruck geben und überhaupt seine Sympathien für die genossenschaftlichen Bestrebungen zu erkennen geben." [1871 S. 34.])

Pfeiffers Absichten, der Volkswohlfahrtspflege zu dienen, besonders in Stuttgart, hat er reichlich ausgeführt. Stuttgart hat ihm dafür mit der Ehrenbürgerschaft gedankt. Pfeiffer ist heute noch dort in der Verwaltung einer Reihe von gemeinnützigen Unternehmungen tätig. Er ist Mitbegründer des Stuttgarter Volksbades, der Stadtgartengesellschaft, der allgemeinen Pfandleihanstalt, des Vereins für Volksheilstätten der Knabenhorte, Ferienkolonien, Kindererholungsheime, Kinderkrippen, Säuglingsheime u. a. mehr. Seine Tätigkeit im Konsumverein, dem Arbeiter-Bildungsverein und im Verein für das Wohl der arbeitenden Klassen haben wir schon verschiedentlich genannt. Bemerkenswert ist noch die Pfeiffersche Schöpfung des „Bureau für Arbeitsnachweis" im Jahre 1868, welches die erste neutrale Arbeitsnachweisstelle gewesen ist.

Von Eduard Pfeiffer nimmt die kooperative, oder wie sie heute oft genannt wird, die „genossenschaftssozialistische", besser: die sozialwirtschaftliche oder gemeinwirtschaftliche Bewegung in Deutschland ihren Ausgang. Wir versuchten im besonderen in dieser Arbeit die Bedeutung Pfeiffers für die deutsche Konsumgenossenschaftsbewegung, welche die sichernde Grundlage für eine werdende Sozialwirtschaft schafft, darzutun.

Der Sozialökonom Pfeiffer, wie wir den Begründer jener sozialen und wirtschaftlichen Reformbewegung kennzeichnen können, hat durch seine genossenschaftliche Praxis weit den Rahmen, den seine theoretische Arbeit über Genossenschaftswesen von 1863 gesteckt hat, überschritten. Wohl ist die Grundanschauung gleichgeblieben: die Konsumvereine sollen die Grundlage, die erste Stufe einer ausgedehnten genossenschaftlichen Wirtschaftsorganisation sein. Aber als zweite Stufe folgte gleich der Sparverein, die dritte Stufe war eine lokale Eigenproduktion, wie Konsumvereinsbäckereien, Metzgereien usw.; eine Verbandsorganisation legte die Grundlage für die vierte Stufe, die Großhandelsgenossenschaft folgte, und sicherlich wäre es für Pfeiffer, der konsequent die Folgerungen aus seinem Anfang mit der neuen Art von Konsumvereinen zog, nur eine Frage der Zeit gewesen, wenn die Großeinkaufsgenossenschaft damals geglückt wäre, eine zentrale genossenschaftliche Eigenproduktion dem ganzen genossenschaftlichen Gebäude anzugliedern. Mittlerweile hatte ja Pfeiffer die Überzeugung gewonnen, daß die Konsumvereine eine höhere Aufgabe haben, als nur die Lösung der Arbeiterfrage zu erstreben; sie sollten die kapitalistische Volkswirtschaft mit sozialen Ideen und mit sozialwirtschaftlicher Praxis durchdringen, wie wir es im einzelnen im Verlaufe der Arbeit belegt haben. Die Konsumvereine leiten eine „Sozialwirtschaft" ein! Und so wenig wie Pfeiffer eine lokale Eigenproduktion und die Mannheimer Großhandelsgenossenschaft abgelehnt hat, so würde er heute wohl die zentralisierte Eigenproduktion des Zentralverbandes deutscher Konsumvereine oder das Versicherungsunternehmen „Volksfürsorge" oder sonst irgendeine Unternehmung der fortgeschrittenen Konsumgenossenschaftsbewegung ablehnen. Denn alle diese genossenschaftlichen Dinge liegen auf der großen Richtungslinie, die Pfeiffer als erster angegeben hat. Heute ganz in den Hintergrund getreten sind die selbständigen Produktionsgenossenschaften; das entspricht ganz der Stellung, die Pfeiffer selbst, noch in den 60er Jahren, zu ihnen eingenommen hat. Er ließ sie leben und unterstützte sie, wo sie bestanden, aber besonders für ihre Förderung und Ausdehnung, etwa in der Art wie für die Konsumvereine, ist er nicht mehr eingetreten, obwohl er sie einst doch als Ziel aufgestellt hat.

Die konsumgenossenschaftliche Bewegung in der Pfeifferschen Richtung ist in Deutschland, nachdem sie lange Jahre im Allgemeinen Verband unterdrückt, oder doch stark gehemmt worden war, erst mit Beginn des neuen Jahrhunderts wieder ungehemmt in Erscheinung getreten und findet erst in jüngster Zeit wieder ihre theoretischen Verfechter und neuen Begründer, da Pfeiffers Tätigkeit bisher unbekannt geblieben ist. Es ist die Bewegung, die sich — wie wir schon zeigten — an den schon genannten Zentralverband deutscher Konsumvereine anschließt, der das große Erbe Pfeiffers angetreten und in seinem Geiste mit hervorragenden Erfolgen verwaltet.

In der nach dem Krieg kommenden Zeit wird der in Deutschland plötzlich entfaltete Geist des Gemeinsinns und der Drang, dem Staat zu dienen, auch im Wirtschaftsleben seine Spiegelung finden wollen[63]. Und da werden die Konsumgenossenschaften an allererster Stelle die bewährten Vorbilder zum Aufbau einer gesamten deutschen

[63] Vgl. Edgar Jaffé: Volkswirtschaft und Krieg. 1914.

Volkswirtschaft auf mehr gemeinwirtschaftlicher Grundlage sein können. „Überwindung der egoistisch-kapitalistischen Wirtschaft“ mit ihren sozialen und kulturellen Gefahren, heißt der neugestärkte Ruf.

Als einer der ersten in Deutschland hat Eduard Pfeiffer den Kapitalismus kritisiert, Reformen gefordert und selbst einen gangbaren Weg zur Überwindung gewiesen: Kooperatismus, Sozialwirtschaft!

Möge dieser Weg auch in Hinkunft so erfolgreich weiter beschritten werden, wie es bisher durch ihn gelungen ist, ein Stück einer nicht genügenden Wirtschaftsordnung wenigstens zu ergänzen. Zur Erfüllung der Aufgabe einer deutschen „Volkswirtschaft“ ist dieser segensreich aufbauenden Konsumgenossenschaftsbewegung steigender Einfluß auf unser gesamtes Wirtschaftsleben und den ihm zugrundeliegenden Geist zu wünschen.

Möge diese Genossenschaftsarbeit jedoch vor allem einmal eine gerechtere Beurteilung und neue Tatkraft finden im Sinne von Eduard Pfeiffers Worten (Der Consumverein 1870 S. 2):

> „Im großen müssen wir eine Sache betrachten, wenn wir sie richtig beurteilen wollen. Und da, wo es sich darum handelt, die ganze gesellschaftliche Einrichtung umzugestalten, da wird kein Vernünftiger erwarten, daß das Resultat einer tausendjährigen Entwicklung so leicht und rasch werde völlig umgeändert werden. Da bedarf es des energischen und fortgesetzten Zusammenwirkens aller derjenigen, denen es ernst ist mit der Verbesserung unserer Zustände. Da gilt es Stein um Stein mühsam zusammenzutragen, bis der Bau fertig ist. Aber die Arbeit, die wir leisten, ist eine schöne und eine ermutigende, weil wir bei jedem neuen Abschnitte sehen, wie schön der Bau vorwärts schreitet und wie groß und befriedigend das Werk zu werden verspricht, wenn es einstens fertig ist.“

Quellennachweis und Literaturangabe.

I.

Ein Teil der angeführten Tatsachen wurden dem Verfasser freundlichst von Herrn Geh. Hofrat Dr. Eduard von Pfeiffer in Stuttgart selbst mitgeteilt. Aus Herrn von Pfeiffers Hausbücherei wurde die folgende hauptsächliche Literatur zum Studium überlassen:

Eduard Pfeiffer: Über Genossenschaftswesen. — Was ist der Arbeiterstand in der heutigen Gesellschaft? Und was kann er werden? Leipzig, Verlag von Georg Wigand, 1863 (247 Seiten).

— Die Consumvereine, ihr Wesen und Wirken. Nebst einer practischen Anleitung zu deren Gründung und Einrichtung. Auf Veranlassung des ständigen Ausschusses der deutschen Arbeitervereine herausgegeben. Stuttgart, Verlag von A. Kröner 1865 (168 Seiten).

— Die Consumvereine, ihr Wesen und Wirken. Nebst einer practischen Anleitung zu deren Gründung und Einrichtung (2. Auflage). Stuttgart, Verlag von A. Kröner 1869 (219 Seiten). Ladenpreis 1 fl. 12 kr. südd. W., 20 Sgr. Thlr.-W. — Für Verbandsvereine 54 kr.).

Dazu zu nennen sind:

— Des Sociétés Coopératives De Consommation. Traduit de l'Allemand par Louis Halphen et Ernest Frandon. Valence 1867. Bibliothèque de l'universelle (un Franc) (128 Seiten).

„Organ deutscher Consumvereine". Herausgegeben von Ed. Pfeiffer, Stuttgart (Zwölf autographierte Nummern vom Mai 1867 bis März 1868).

„Der Consumverein — Organ des Verbandes Deutscher Consumvereine", herausgegeben von Ed. Pfeiffer, Stuttgart. (4 Jahrgänge von 1868 bis 1871).

„Die Arbeit — Organ für die socialen Reformbestrebungen", herausgegeben von Eduard Pfeiffer. I. Jahrgang 1866, Verlag der Societätsdruckerei, Frankfurt a./M.

Eduard Pfeiffer: Eigenes Heim und billige Wohnungen. Ein Beitrag zur Lösung der Wohnungsfrage, Stuttgart, Verlag von Konrad Wittwer, 1896 (Zwei Auflagen).

II. Literatur zur Geschichte der deutschen Konsumgenossenschaften.

Archiv des Eßlinger und Stuttgarter Konsumvereins.

Barth, Konrad: Bericht über die Entwicklung des Verbandes süddeutscher Konsumvereine (1867—1902) Hamburg 1911. — Auch im Jahrbuch 1911 des Zentralverbandes deutscher Konsumvereine aufgenommen.

Bittel, Karl: Aus der Geschichte der deutschen Konsumgenossenschaften. In der „Konsumgenossenschaftlichen Rundschau" 1915.

Crüger, Hans: Aus Vergangenheit und Gegenwart der deutschen Genossenschaften. Berlin 1899.

— Die ersten fünfzig Vereins- und Genossenschaftstage usw. Berlin 1910.

„Der Arbeiterfreund — Zeitschrift des Zentralvereins für das Wohl der arbeitenden Klassen" (1863—1870). — Ebenso bringen die Mitteilungen dieses Vereins von 1848 ab wertvolles Material.

Döll, Albert: Die gewerblichen Assoziationen.

Dorth, Oskar: Geschichte der Konsumvereinsentwicklung in Rheinland-Westfalen. (Dissertation.) Bonn 1913.

Feuerstein, Franz: Die Geschichte des Spar- und Konsumvereins Stuttgart (1864—1914); eine Denkschrift zu seinem 50jährigen Bestehen. Stuttgart 1914.

Fink, R.: Das Schulze-Delitzsche Genossenschaftswesen und die modernen genossenschaftlichen Entwicklungstendenzen. Jena 1909.

Gierke, O.: Das deutsche Genossenschaftsrecht. 4 Bände. Berlin 1868, 1873, 1881 und 1913.

Glaser, J. C.: Die Erhebung des Arbeiterstandes zur wirtschaftlichen Selbständigkeit. 1865.

Göhre, Paul: Die deutschen Arbeiterkonsumvereine. Berlin 1910.

Hildebrandt, H.: 50 Jahre Verband der Konsumvereine der Provinz Brandenburg und der angrenzenden Provinzen und Staaten (1864—1913). Berlin 1914.

Kaufmann, Heinrich: Geschichte des konsumgenossenschaftlichen Großeinkaufes in Deutschland. Festschrift Hamburg 1904.

Knittel, Albert: Die Entwicklung der Konsumvereine in Deutschland — Ein Beitrag zur Geschichte des deutschen Genossenschaftswesens. (Dissertation) Karlsruhe 1894.

— Beiträge zur Geschichte des deutschen Genossenschaftswesens. Freiburg 1895.

Kuntz, Dr.: Vorschlag zur Gründung des deutschen Consumverbandes mit Produktion für eigenen Bedarf. Berlin 1874 (Im Selbstverlage — 41 Seiten).

Loening, E.: Entwicklung des Genossenschaftswesens in Deutschland. Halle 1911.

Müller, Hans: Die schweizerischen Konsumgenossenschaften, ihre Entwicklung und ihre Resultate. Basel 1896.

Munding, K.: V. A. Hubers ausgewählte Schriften über Sozialreform und Genossenschaftswesen. Berlin 1894.

Parisius, Ludolf: Die Genossenschaftsgesetze im Deutschen Reich. Berlin 1876. (Enthält in der Einleitung den ersten wertvollen Versuch einer deutschen Genossenschaftsgeschichte, wobei jedoch die Konsumvereine sehr einseitig behandelt werden.)

— Schulze-Delitzsch und Alwin Sörgel. Beiträge zur Geschichte der deutschen Genossenschaftsbewegung. Berlin 1899.

Pröbst, Franz Xaver: Die Grundlehren der deutschen Genossenschaften. München, 1. Band 1875; 2. Band 1884.

Raoux, M.: Des Sociétés mutuelles de consommation suisses — Vor 1867 erschienen.

Riehn, Reinhold: Das Konsumvereinswesen in Deutschland. (Mit einem Vorwort von Lujo Brentano) Stuttgart — Berlin 1902.

Richter, Eugen: Die Consumvereine — Ein Noth- und Hilfsbuch für deren Gründung und Einrichtung. 1867.

Schulze-Delitzsch: Associationsbuch für deutsche Handwerker und Arbeiter. Leipzig 1853.
— Die arbeitenden Klassen und das Associationswesen in Deutschland. 2. Auflage. Leipzig 1863.
— Die Entwicklung des deutschen Genossenschaftswesens in Deutschland. (Ein auszugsweiser Neudruck aus den „Blättern für Genossenschaftswesen") Berlin 1870.
Schneider, F.: Anweisung für Konsumvereine. Berlin 1870.
Staudinger, Franz: Von Schulze-Delitzsch bis Kreuznach. Hamburg 1903.
Thorwart, F. F.: Hermann Schulze-Delitzsch's Schriften und Reden. (I. und V. Band.) Berlin 1913.
Totomianz, V.: Theorie, Geschichte und Praxis der Konsumentenorganisationen. 1914.
Weißenborn, M.: Die Konsumvereine während des Krieges 1870/71. In der „Konsumgenossenschaftlichen Rundschau" 1915.
Zeidler, H.: Geschichte des deutschen Genossenschaftswesens der Neuzeit. Leipzig 1893.
Außerdem siehe die Abteilung „Genossenschaftstheorie und Genossenschaftsgeschichte" in der „Konsumgenossenschaftlichen Rundschau", sowie verschiedene wertvolle Gedenkschriften einzelner Konsumvereine.

III. Genossenschaftstheoretische und allgemeinwirtschaftstheoretische Literatur.

Domack, Hermann: Der Genossenschaftssozialismus. Leipzig 1913.
Fuchs, C. J.: Volkswirtschaftslehre. 2. Auflage. Berlin und Leipzig 1913. (Sammlung Göschen).
Jacob, Eduard: Volkswirtschaftliche Theorie der Genossenschaften. Berlin 1913.
Jaffé, Edgar: Volkswirtschaft und Krieg. Tübingen 1915.
Lindecke, O.: Das Genossenschaftswesen in Deutschland. Leipzig 1908.
Staudinger, Franz: Die Konsumgenossenschaft. Leipzig 1908.
— Sozialwirtschaftlicher Grundriß. Hamburg 1912.
— Kulturgrundlagen der Politik. 2 Bände. Jena 1914.
Wilbrandt, Robert: Die Bedeutung der Konsumgenossenschaften. Göttingen 1913.
Wygodzinski, W.: Das Genossenschaftswesen in Deutschland. Leipzig 1911.
(Zur „Genossenschaftsliteratur" siehe die Schrift dieses Titels von Heinrich Kaufmann, Hamburg 1912; Nachtrag 1914.)

IV. Konsumgenossenschaftliche Zeitschriften in Deutschland.

Organ deutscher Consumvereine 1867/1868 (Pfeiffer).
Der Consumverein — Organ des Verbandes Deutscher Consumvereine 1868—1871 (Pfeiffer).
Mitteilungen an die Vereine des Verbandes süddeutscher Consumvereine. München. Vom August 1881—1883.
Der Consumverein — Organ des Verbandes süddeutscher Consumvereine. München. 1883—1904.
Innung der Zukunft. Zuerst stehende Abteilung in der „Deutschen Gewerbezeitung"; dann Beilage (1854—1861). Von 1861—1864 selbständiges Monatsblatt im Verlage von Keil in Leipzig. Seit 1865 Wochenblatt. Später umgewandelt in:

Blätter für Genossenschaftswesen. Organ des Allgemeinen Verbandes deutscher Erwerbs- und Wirtschaftsgenossenschaften e. V. Berlin.

Konsumgenossenschaftliche Rundschau. — Organ des Zentralverbandes deutscher Konsumvereine und der Groß-Einkaufs-Gesellschaft deutscher Consumvereine m. b. H. Hamburg. Seit 1903.

Frauengenossenschaftsblatt. Hamburg 1902—1907.

Konsumgenossenschaftliche Korrespondenz. Hamburg.

Konsumgenossenschaftliches Volksblatt des Zentralverbandes deutscher Konsumvereine. Hamburg. Seit 1907.

Württembergisches Genossenschaftsblatt. — Organ der württembergischen Konsumvereine. Stuttgart. Seit 1904.

Konsumgenossenschaftliche Praxis — Hauptorgan des Reichsverbandes deutscher Konsumvereine e. V. Cöln-Mülheim. Seit 1912.

Der Konsumverein. — Zeitschrift des Reichsverbandes deutscher Konsumvereine e. V. Cöln-Mülheim. Seit 1908.

Internationales Genossenschafts-Bulletin. — Organ des internationalen Genossenschaftsbundes. Deutsche Ausgabe. Seit 1908.

Der Genossenschaftspionier. Berlin 1899—1908. (Gertrud David).

Genossenschaftliche Kultur. — Monatsschrift für Förderung genossenschaftlicher Entwicklung; unabhängiges Diskussionsorgan für genossenschaftliche Angelegenheiten. Tiefurt. Seit 1909.

Außerdem sind hier die verschiedenen Jahrbücher, Jahresberichte und eine Reihe wertvoller Geschäftsberichte und Festschriften von Vereinen zu nennen. Im besonderen:

Jahrbücher des Zentralverbandes deutscher Konsumvereine, Hamburg. Seit 1903.

Jahresbericht und später Jahrbücher des Allgemeinen Verbandes der auf Selbsthilfe beruhenden deutschen Erwerbs- und Wirtschaftsgenossenschaften, Berlin.

Von geschichtlich wertvollen Konsumvereins-Festschriften
sind zu nennen:

Zehn Jahre Entwicklung Konsumverein für Frankfurt a. M. und Umgegend, 1900—1910. Frankfurt 1900. (Enthält einen wertvollen einleitenden Beitrag: Konsumgenossenschaftliches aus früherer Zeit.)

Die ersten 25 Jahre des Allg. C.-V. in Basel, 1865—1890. Basel 1890.

Der Allgemeine Konsumverein in Basel, ein Führer durch seine Geschichte. Basel 1907.

Zur Erinnerung an das 50jährige Bestehen des Ersten Wiener Consumvereins, 1862—1912. Wien 1912.

Festschrift zum 50jährigen Bestehen des Konsumvereins für Harburg, 1864—1914. Harburg 1914.

Festschrift zum 50jährigen Bestehen des Konsumvereins für Magdeburg, 1864 bis 1914. Magdeburg 1914.

Die Geschichte des Spar- und Konsumvereins Stuttgart, 1864—1914. Stuttgart 1915.

Fünfzig Jahre Konsum- und Sparverein Eßlingen, 1865—1915. Eßlingen 1915.

Festschrift zum 50jährigen Bestehen des Konsumvereins für Glauchau, 1861—1911, Glauchau 1911.

Festschrift zum 50jährigen Jubiläum der Neuen Gesellschaft zur Vertheilung von Lebensbedürfnissen von 1856. Hamburg 1906.

Festschrift zur 50. Wiederkehr des Gründungstages des Stettiner Consum- und Sparvereins. Stettin 1913.

Festschrift zum 25jährigen Stiftungsfeste des Consumverein „Vorsicht" zu Berlin. Berlin 1890.

Lüdenscheider Konsum-Verein 1863—1913. Lüdenscheid 1913.

Geschäftsbericht über das 50. Geschäftsjahr des Konsumverein München von 1864. München 1915.

(Außer diesen Konsumvereinen, deren geschichtliche Denkschriften wir hier aufgeführt haben, bestehen heute nur noch von jenen bis 1865 gegründeten [und auf Seite 58—61 aufgezählten] 144 Vereinen, in direkter Beziehung zu ihnen stehend, die Konsumvereine in: Bernau [1], Braunschweig [2], Breslau [2], Calbe [1], Karlsruhe [2], Chemnitz [1], Finsterwalde [1], Freiburg [1], Forst [1], Harthau [1], Hirschfelde [1], Leutersdorf [1], Hohenlohehütte [2], Lörrach [2], Luckenwalde [1], Ober-Cunnersdorf [2], Pforzheim [1], Seifhennersdorf [1], Wittenberge [1].)

[1] Gaben auf eine Anfrage wegen Erinnerungsschrift keine Antwort.

[2] Liegt zurzeit noch keine besondere Erinnerungsschrift vor.

Altenburg
Piererſche Hofbuchdruckerei
Stephan Geibel & Co.

Kolibri 360 GmbH
Ferdinand-Jühlke-Straße 7
99095 Erfurt, Deutschland
produktsicherheit@kolibri360.de

Druck:
CPI Druckdienstleistungen GmbH
im Auftrag der
Kolibri 360 GmbH
Ferdinand-Jühlke-Str. 7
99095 Erfurt